新时代“大思政课”建设综合改革创新成果集

曾卫兵　吴爱萍　黄小惠　初景波◎主编

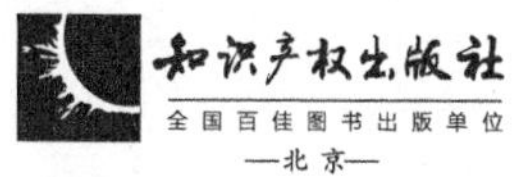

知识产权出版社
全国百佳图书出版单位
—北京—

图书在版编目（CIP）数据

新时代“大思政课”建设综合改革创新成果集／曾卫兵等主编．—北京：知识产权出版社，2024.12.
ISBN 978-7-5130-9608-9

Ⅰ.G641

中国国家版本馆 CIP 数据核字第 2024C1Y038 号

责任编辑：赵　昱　　**责任校对：**王　岩

封面设计：北京麦莫瑞文化传播有限公司　　**责任印制：**孙婷婷

新时代“大思政课”建设综合改革创新成果集

曾卫兵　吴爱萍　黄小惠　初景波　主编

出版发行：知识产权出版社有限责任公司　　**网　　址：**http：//www.ipph.cn
社　　址：北京市海淀区气象路 50 号院　　**邮　　编：**100081
责编电话：010-82000860 转 8128　　**责编邮箱：**zhaoyu@cnipr.com
发行电话：010-82000860 转 8101/8102　　**发行传真：**010-82000893/82005070/82000270
印　　刷：北京九州迅驰传媒文化有限公司　　**经　　销：**新华书店、各大网上书店及相关专业书店
开　　本：720mm×1000mm　1/16　　**印　　张：**19.5
版　　次：2024 年 12 月第 1 版　　**印　　次：**2024 年 12 月第 1 次印刷
字　　数：290 千字　　**定　　价：**98.00 元
ISBN 978-7-5130-9608-9

序　言

习近平总书记在全国教育大会上指出，要坚持不懈用新时代中国特色社会主义思想铸魂育人，实施新时代立德树人工程。不断加强和改进新时代学校思想政治教育，引导青少年学生坚定马克思主义信仰、中国特色社会主义信念、中华民族伟大复兴信心，立报国强国大志向、做挺膺担当奋斗者。

习近平总书记高度重视思想政治理论课建设。在2019年3月18日召开的学校思想政治理论课教师座谈会上，习近平总书记强调，思想政治理论课是落实立德树人根本任务的关键课程。青少年阶段是人生的“拔节孕穗期”，最需要精心引导和栽培。思想政治理论课的作用不可替代，教师队伍责任重大。学校思想政治理论课教师座谈会后，思想政治教育事业取得长足进展。2024年5月，习近平总书记对学校思政课建设作出重要指示：要坚持以新时代中国特色社会主义思想为指导，全面贯彻党的教育方针，落实立德树人根本任务，坚持思政课建设与党的创新理论武装同步推进。

北京石油化工学院深入贯彻落实习近平总书记关于思政课建设重要讲话精神，着力解决好培养什么人、怎样培养人、为谁培养人这个根本问题，聚焦全力打造首善之区工程师摇篮，遵循思想政治工作规律和学生成长成才规律，不断深化思想政治理论课改革创新，始终坚持“习近平新时代中国特色社会主义思想的生动实践在哪里，北石化的‘大思政课’就在哪里；新时代首都高质量发展的故事在哪里，北石化的‘大思政课’就在哪里”理念，积极推进以实践教学为主题的“大思政课”建设，倾心培养“思想纯良有品质、科学素养有内涵、技艺精湛有特色、攻坚进取有胆识”的时代新人。

在前期探索的基础上，学校持续推广运用“研讨有平台、教改有举措、实践有基地、活动有品牌”的北石化“大思政课”“四有”育人模式。通过一体化设计“大思政课”的教学内容，推动教学目标与学生需求对接，解决思政课程、课程思政和日常思政教育形成合力不够，思政课程课堂教学与现实结合不紧密，课程思政存在“硬融入”等现象。通过问卷、访谈等方式调研学生关注的问题，凝练“大思政课”实践教学主题，建设一批“沉浸式”思政课实践教学基地，编写一批京华大地生动实践教案，培育一批高素质思政课专兼职教师，打造针对性、吸引力强的“大思政课”实践教学“金课”，开展“开学第一课”、“红色摇篮”思政课、“孔子诞辰日中华优秀传统经典诵读”、“人文素养大讲堂”等品牌活动，培养学生爱党报国、敬业奉献、追求卓越、团结协作的精神，实现思政课程、课程思政和日常思政教育内容整合，不断提升育人实效。

北京石油化工学院思政课教师积极探索，锐意进取，坚持将理论与实践相结合、教学与科研相结合，及时总结提炼教学和研究过程中的经验做法，形成了《新时代“大思政课”建设综合改革创新成果集》。

为深入贯彻落实习近平总书记关于思想政治理论课建设的重要讲话精神，统筹推进大中小学思政课一体化建设，2024 年 4 月，北京石油化工学院举办了大兴区大中小学思政课一体化共同体工作交流会。大兴区教委、大兴区教育党校、首师大附中大兴南校区、大兴区第二小学、北京石油化工学院附属小学、大兴区青云店镇第一中心小学等大中小学思政课一体化共同体学校的主要领导和部分思政课教师代表参加了会议。5 月，北京石油化工学院马克思主义学院、大兴区教委及大兴区大中小学思政课一体化共同体学校的教师干部赴北京石油化工学院“大思政课”实践教学基地官地村开展实践研修活动。大中小学思政课一体化建设有序展开。因此，这部文集中还收录了一批北京市大兴区中小学思政教育的研究论文。“大思政课”教育教学改革创新受到学生欢迎，学生上“大思政课”的积极性显著提升，这部文集还收录了部分优秀学生的思政课作业，如调研报告等。

新时代新征程，思政课建设面临新形势新任务，必须有新气象新作为。我们要深入学习贯彻习近平总书记重要讲话精神，锻造好落实立德树人根本任务的关键课程，奋力谱写教育强国建设崭新篇章。

熊晓琳

2024 年 9 月

目 录

深化高校“大思政课”教学改革

提升中小学“大思政课”改革实效

思政理论与现实问题研究

大学生实践成果撷芳集萃

“红色摇篮”新生演讲比赛演讲稿选录

深化高校“大思政课”教学改革

以人民为中心思想融入全面从严治党专题教学的思考

吴爱萍　刘超杰　李建华*

摘　要：全面从严治党是中国特色社会主义“四个全面”战略布局的重要组成部分，是协调推进“四个全面”战略布局的关键；以人民为中心思想是新时代党中央治国理政的基本遵循，坚持以人民为中心必然要求深入推进全面从严治党。在“新时代中国特色社会主义理论与实践”课程中开展全面从严治党专题教学，将以人民为中心思想有机融入其中，提升课程的理论和实践意义。

关键词：以人民为中心；全面从严治党；专题教学

全面从严治党是“四个全面”战略布局的重要组成部分，也是“新时代中国特色社会主义理论与实践”课程的重要教学内容。以人民为中心思想则是新时代中国共产党人治国理政的基本遵循，贯穿于中国特色社会主义伟大事业的战略布局和基本方略之中，为新时代深入推进全面从严治党提供了价值支撑。在“新时代中国特色社会主义理论与实践”课程中开展全面从严治党专题教学，将以人民为中心思想有机融入其中，用习近平新时代中国特色社会主义思想武装大学生头脑，提升课程的理论和实践意义。从理论维度看，

* 吴爱萍，女，安徽宿松人，法学博士，北京石油化工学院马克思主义学院教授，从事马克思主义中国化研究；刘超杰，男，安徽蒙城人，法学博士，北京石油化工学院马克思主义学院讲师，从事中共党史研究；李建华，男，山东潍坊人，经济学博士，北京石油化工学院马克思主义学院副教授，从事马克思主义中国化研究。

专题教学能够帮助大学生学习领会和深刻理解全面从严治党思想的理论内涵和内在逻辑；从实践维度看，专题教学能够提升大学生贯彻落实马克思主义中国化最新理论成果的主动性和能动性。当前，正值“两个一百年”的历史交汇期，准确把握、深刻理解和全面贯彻全面从严治党思想，有助于协调推进“四个全面”战略布局，助力实现中华民族伟大复兴的中国梦。

一、全面从严治党是协调推进“四个全面”战略布局的关键

治国一定先治党，治党一定要从严。从严治党是新时代加强党的建设的基本要求，“办好中国的事情，关键在党，关键在坚持党要管党，全面从严治党”。[1]随着新时代党和国家事业的推进，以习近平同志为核心的党中央站在“四个全面”战略布局的高度阐释了全面从严治党的重要性。

“四个全面”战略布局的提出经历了一个逐步推进和不断完善的发展过程。2014 年 11 月，习近平总书记提出要协调推进全面建成小康社会、全面深化改革、全面推进依法治国，即“三个全面”；2014 年 12 月，习近平总书记将“三个全面”上升为“四个全面”，新增了“全面从严治党”，这也是对之前提出的全面建成小康社会、全面深化改革、全面推进依法治国的逻辑延展。随着现代化建设进程中全面建成小康社会目标的实现，党中央对“四个全面”战略布局中的战略目标进行了与时俱进的调整，在 2020 年 10 月党的十九届五中全会上，明确提出了协调推进全面建设社会主义现代化国家这一新的战略目标，形成了新时代“四个全面”战略布局的最新表达。综上所论，从“三个全面”战略布局到“四个全面”战略布局、从全面建成小康社会到全面建设社会主义现代化国家的战略目标，可以清晰地看到，“四个全面”战略布局在不断发展完善。

从“四个全面”战略布局的各个组成部分看，全面从严治党在“四个全面”战略布局中至关重要，是协调推进“四个全面”战略布局的关键环节。中国共产党是中国特色社会主义事业的领导核心，党的自身建设状况如何？能否永葆党的先进性和纯洁性？这直接关系到“四个全面”战略布局的推进

[1] 本书编写组. 毛泽东思想和中国特色社会主义理论体系概论［M］. 北京：高等教育出版社，2021：271.

效果。在中国共产党成立以来的百年历史中，尽管不同时期面对的困难和需要解决的问题不同，但不变的是党所担负的历史使命，我们党始终在为实现中华民族伟大复兴而不懈奋斗。当前时期，党面临形势环境的复杂性和严峻性、肩负任务的繁重性和艰巨性世所罕见、史所罕见。这也对中国共产党的执政能力提出了更高要求。同时，作为执政党，中国共产党还要应对自身可能面临的各种问题，比如“精神懈怠的危险”“能力不足的危险”“脱离群众的危险”“消极腐败的危险”等。在这样的国内国际环境下，中国共产党要带领十几亿中国人民完成实现中华民族伟大复兴的历史使命，就要做到“打铁必须自身硬”，通过全面从严治党提高党的战斗力，夯实党的执政基础。只有这样，我们党才有能力应对各种挑战和化解各种危险，确保我们党始终成为中国特色社会主义事业的坚强领导核心，推动改革开放和社会主义现代化建设迈上新台阶。

二、坚持以人民为中心必然要求深入推进全面从严治党

以人民为中心是中国共产党人对马克思主义基本理论的继承和发展，是中国共产党全心全意为人民服务的根本宗旨在新时代的生动表达。党的十九大报告指出，要坚持以人民为中心。人民是历史的创造者，是决定党和国家前途命运的根本力量。坚持以人民为中心，始终不渝把人民利益放在第一位，坚持不懈为实现人民对美好生活的向往而奋斗，这是党的宗旨和性质的必然要求。为了谁、依靠谁的问题，实际上反映的是党和人民的关系问题，这一问题直接关系党的政治立场，关乎党的执政地位和执政根基的根本性问题，也是判断一个政党是不是马克思主义政党的试金石。在无产阶级政党的第一个党纲《共产党宣言》中，马克思和恩格斯阐述了无产阶级政党的性质、宗旨等重大问题，指出“过去的一切运动都是少数人的或者为少数人谋利益的运动。无产阶级的运动是绝大多数人的、为绝大多数人谋利益的独立的运动”。[1] 这一重要论述揭示了党性和人民性的统一，党的立场和人民立场的统一，也内在包含了从严治党是无产阶级政党建设的必然要求。

---

[1] 马克思恩格斯选集（第1卷）[M]. 北京：人民出版社，1995：283.

中国共产党作为马克思主义政党，始终坚持以人民为中心。从党的十八届五中全会以人民为中心的发展思想首次明确提出，到2016年习近平总书记在庆祝中国共产党成立95周年大会上特别强调人民立场是中国共产党的根本政治立场，再到2021年2月党史学习教育动员大会上“江山就是人民、人民就是江山”重要论断的提出，以及党的十九届六中全会把“坚持人民至上”概括为建党百年来的十个历史经验之一，清晰地勾勒出以人民为中心思想的演进轨迹。虽然其中的表述和侧重有所不同，但以人民为中心的理念却一脉相承、与时俱进，生动反映了新时代中国共产党人对执政规律和治国理政认识的深化，彰显了中国共产党人的初心和使命，以及执政为民的责任担当。

坚持以人民为中心必然要求深入推进全面从严治党。纵观近代中国历史，人民之所以选择了中国共产党，就是因为中国共产党是为人民谋利益的政党。因此，我们党要始终坚持一切为了人民、一切依靠人民，充分发挥广大人民群众的积极性、主动性、创造性，不断把为人民造福事业向前推进。以人民为中心要求把是否维护最广大人民的根本利益作为评价党的工作的最高标准。实践也充分证明，只有坚持以人民为中心，认真回应人民群众的关切和诉求，与人民群众同呼吸共命运，人民群众才会紧密团结在党的周围，全面从严治党才能获得强大的力量支持和智力支持。反之也是如此，只有管党有力、治党从严，解决人民群众反映强烈的包括腐败等在内的党内突出问题，形成全面从严治党的党内党外的良性互动，才能真正做到为了人民、依靠人民和始终代表人民，才能真正体现出以人民为中心。

三、以人民为中心融入全面从严治党专题教学需要注意的问题

（一）专题教学的内容设计要契合教学目标，实现有机融入

2015年7月，中宣部、教育部印发的《普通高校思想政治理论课建设体系创新计划》提出，“各地各高校要积极推进专题教学，凝练教学内容，强化

问题意识，构建重点突出、贴近实际的教学体系”。[1] 开展全面从严治党专题教学，要处理好专题性与理论体系整体性的关系。相比教材的章节体系而言，专题教学在教材的基础上对教学内容进行了再次加工创造，它是打破教材原有的章节体系、整合教学重难点，形成若干主题并进行深入分析的一种课堂教学方式。但专题教学的内容设计不能脱离教材，在教学内容方面，要遵循教学大纲的基本要求，围绕教材的核心内容，在把握“新时代中国特色社会主义理论与实践”课程体系的基础上科学合理设计专题内容。因此，一方面，开展专题教学要以问题为导引，精选教材章节中的重难点内容，确定专题主题，对专题教学进行教学体系设计；另一方面，要做好整体设计，选择契合的教学环节和契合的知识点，将以人民为中心思想合乎逻辑地、全面系统地融入全面从严治党专题教学中。既要从整体认知角度解读和阐释好以人民为中心思想的内涵，又要讲清楚全面从严治党与以人民为中心的内在逻辑关联；既要整体把握、系统融入，也要突出重点、深度融入，更要以学定教，创新融入。只有这样，才能实现有机融入，增强融入效果。

（二）专题教学的讲授要坚持政治性和学理性的统一，以学术讲政治

培养新时代中国特色社会主义事业建设者和接班人是一项具有长远意义的战略性任务，以学术讲政治对于落实立德树人根本任务具有重要意义。

习近平总书记在2019年3月18日的学校思想政治理论课教师座谈会上指出，推进思政课改革创新要坚持“八个相统一”，其中特别提出要坚持政治性和学理性的统一，通过“透彻的学理分析”“彻底的思想理论”“真理的强大力量”来回应、引导和说服学生。因为“坚定的理想信念，必须建立在对马克思主义的深刻理解之上，建立在对历史规律的深刻把握之上”。[2] 其后，2021年中共中央办公厅印发《关于加强新时代马克思主义学院建设的意见》，明确提出要在“政治引导”、“学理阐释”和“价值塑造”等方面积极推进思

[1] 中央宣传部 教育部关于印发《普通高校思想政治理论课建设体系创新计划》的通知［EB/OL］.［2024-07-15］. http：//www.moe.gov.cn/srcsite/A13/moe_772/201508/t20150811_199379.html.

[2] 习近平主持召开学校思想政治理论课教师座谈会［EB/OL］.［2020-04-18］. https：//baijiahao.baidu.com/s? id=1628347132723154943&wfr=spider&for=pc.

政课的改革创新。[1] 坚持以学术讲政治，一方面，我们要通过讲解让学生接受书本上的结论，另一方面，要让学生弄懂结论背后的理论逻辑，帮助学生从更深刻的层面去把握党的理论，在提升理性思辨能力和强化思想理论涵养方面下功夫，在此基础上不断实现政治认同、情感认同和行动认同。这就需要我们不断增强以学术讲政治的能力，对全面从严治党理论的本质精髓及蕴含其中的逻辑关系进行深入研究和学理阐释，针对学生感到困惑和迷茫的问题，找准学术接口，讲清楚政策和问题背后的学理支撑，从中找到解决学生困惑和迷茫问题的切入点，讲出学术层面的“所以然”，引导大学生形成价值认同，做到真学、真懂、真信、真用，达到知识体系和信仰体系的同频共振。

（三）专题教学的方法要遵循学生的认知规律，以学生为中心

思政课要入脑入心，不仅要坚持内容为主，加强学理阐释，还必须适应当代大学生的认知特点，在教学方式方法上进行创新。在 2019 年 3 月 18 日的学校思想政治理论课教师座谈会上，习近平总书记回答了有关思政课的系列理论问题和实践问题，为思政课改革创新指明了目标和提供了基本遵循。“新时代中国特色社会主义理论与实践”课程是高校落实立德树人根本任务的关键课程之一，这门课程集中体现了马克思主义中国化的理论成果，是大学生学习党的基本理论和马克思主义中国化最新理论成果的重要课程，又是一门政治性、理论性和时效性很强的课程。正是由于“新时代中国特色社会主义理论与实践”课程承担着用马克思主义中国化的理论成果特别是党的创新理论武装大学生头脑的重要使命，因此，理论武装每前进一步，就要及时、充分地发挥“新时代中国特色社会主义理论与实践”课程的主渠道作用。在专题教学中，不仅让学生知晓“是什么”，更要告诉学生并让学生掌握“为什么”。增强“新时代中国特色社会主义理论与实践”课程专题教学的效果，必须充分发挥教师的主导作用和学生的主体作用，二者缺一不可。教师的主导作用主要体现在对全面从严治党理论进行阐释，从而提升理论的说服力和感染力；若要充分发挥学生学习的主体作用则可通过各种有效教学手段，综合

[1] 中共中央办公厅印发《关于加强新时代马克思主义学院建设的意见》［EB/OL］.［2022-10-11］. https：//www. gov. cn/zhengce/2021-09/21/content_ 5638584. htm.

运用各种教学方法，比如案例教学、启发式教学、研讨式教学等，激发学生深度学习的积极性和主动性。

如前所述，由于专题教学是围绕特定主题开展教学，打破了教材体系的局限，能够比较好地实现理论与实践两方面的结合，因此在教学中还可以组织学生开展形式多样的实践教学活动。党的十八大以来我们取得了许多历史性变革和历史性成就，其中全面从严治党的生动实践为“新时代中国特色社会主义理论与实践”课程的教师以学术讲政治、以中国话语讲好中国故事提供了丰富的研究样本。在专题教学中可以通过组织学生围绕特定主题撰写调查报告、创作微电影视频、进行演讲比赛、开展现场教学，以及邀请相关领域专家开设专题讲座等方式，逐步探索行之有效和切实可行的方式和方法，不断深化专题教学的效果。

（本文发表于《黑龙江教师发展学院学报》2023 年第 8 期，收入本书时有修改）

在文化自信的历史坐标中夯实意识形态教育文化根基

黄小惠*

摘　要：坚持文化自信既是理念又是指导思想，我们可以在不同的历史坐标中探寻到文化自信的根源，为大学生标示出文化自信的历史坐标图。高校作为文化育人的前沿阵地，应在新时代着力筑牢大学生文化自信，不断夯实意识形态教育文化根基，进而牢牢占据意识形态斗争高地，这是高校的历史责任担当。高校可以从增强文化育人的感染力、向心力、辐射力和感召力“四力合一”着手，综合推进文化育人，筑牢文化自信。

关键词：文化自信；文化育人；价值观教育

自信是指向未来的，它是基于自身的实践，内在形成对未来某种特定目标的合理与肯定的预期，带有潜在的价值选择倾向。文化自信即对文化建设的未来持有肯定性判断。党的十八大以来，文化自信一再凸显，习近平总书记曾在多种场合、多个重要讲话中谈到文化自信，党的十九大报告也先后六次提到文化自信。党的十九大报告强调：“没有高度的文化自信，没有文化的繁荣兴盛，就没有中华民族伟大复兴。”[1] 坚持文化自信是对未来文化建设的生命力、竞争力和影响力的高度肯定和乐观态度。坚持文化自信，使我们在

---

* 黄小惠，女，哲学博士，北京石油化工学院马克思主义学院副教授，主要研究方向为政治哲学、思想政治教育。

[1] 习近平．决胜全面建设小康社会 夺取新时代中国特色社会主义伟大胜利——在中国共产党第十九次全国代表大会上的报告［M］．北京：人民出版社，2017：41.

未来的文化发展中既能坚持传承与创新并行，又能在与多元文化的交流、交锋中坚持葆有自身特色兼收并蓄。

一、在文化发展的历史坐标中探寻坚持文化自信的缘由

党的十九大报告为我们指明，坚持文化自信就是对中国特色社会主义文化的自信，报告也明确了什么是中国特色社会主义文化，它是“源自于中华民族五千多年文明历史所孕育的中华优秀传统文化，熔铸于党领导人民在革命、建设、改革中创造的革命文化和社会主义先进文化，植根于中国特色社会主义伟大实践”。[1] 由此，文化自信的具体内容就清楚而确定，文化自信也有了清晰的历史坐标，我们便可以循着历史坐标去找寻坚持文化自信的缘由。

（一）优秀传统文化奠定文化自信的深厚底蕴

人类历史上唯一没有中断过的文明就是绵延了五千多年的中华文明，其中蕴含的博大精深、灿烂辉煌的中华文化，不仅引导了中华民族的发展壮大，也对人类的文明进步产生重大而深远的影响，这是我们十分突出的文化优势，也是我们必须坚守的基本文化立场。文化是中华民族共同的血脉，是我们共有的精神家园，我们在中华优秀传统文化中延续着中华文化的基因，它深厚的文化底蕴更深深地滋养着中国的当代文化，使得坚守中华文化立场的中国特色社会主义文化得以承续其优秀的血脉根基。我们完全有理由弘扬中华优秀传统文化，它为中国特色社会主义文化奠定了坚持文化自信的深厚底蕴。

（二）革命文化打造文化自信的独特标识

在中国共产党领导全国各族人民探索出以马克思主义为指导的中国革命道路中，在争取民族独立的艰辛斗争中熔铸成以不屈不挠、艰苦奋斗、不怕牺牲的五四精神、红船精神、井冈山精神、长征精神、延安精神、抗战精神等为代表的革命文化，在气吞山河的革命凯歌中奏响的是坚定的理想信念和

[1] 习近平．决胜全面建设小康社会 夺取新时代中国特色社会主义伟大胜利——在中国共产党第十九次全国代表大会上的报告［M］．北京：人民出版社，2017：41．

崇高爱国主义。中华民族威武不能屈的浩然正气凝魂聚魄于革命文化中，它自带民族烙印从而标示出独特的道德高地和精神优势，因此，习近平总书记强调“我们要发扬光荣传统、传承红色基因，不忘初心、继续前进”。[1]

革命文化是中国共产党领导全国各族人民在革命奋斗过程中形成马克思主义中国化的重要文化成果，它凸显恪守信仰、奋斗不息、不忘初心的不懈追求，现已然成为中国特色社会主义建设实践中不可或缺的优秀文化基因。鲜明昂扬的革命文化是中华民族文化中独一无二的文化瑰宝，在世界文化中打造了我们文化自信的独特标识。

（三）社会主义先进文化是供给文化自信的力量源泉

中国共产党带领全国各族人民在新中国成立后波澜壮阔的伟大建设与改革实践中，创造出以“两弹一星”精神、雷锋精神、铁人精神、抗洪精神、载人航天精神、青藏铁路精神、抗震救灾精神等为代表的社会主义先进文化，它们表征的是伟大创造、忘我奋斗、无私奉献的时代精神，彰显的是社会主义文化的先进本质，谱写的是社会主义现代化建设的崭新篇章。

社会主义先进文化始终坚持马克思主义的指导，在发展过程中成功实现中国本土文化与马克思主义理论的深度融合与创造性转化，发展了富有时代精神与创新意义的宝贵文化财富，实现对中华文化的时代性再造与创新。社会主义先进文化坚守了马克思主义与中华文化立场，弘扬了广大人民群众认同的文化价值观念，凝聚了中华民族共有的价值追求，代表着中国未来的文化发展方向，源源不断地供给我们坚持文化自信的力量源泉。

（四）“中国故事”是点亮文化自信的航标灯塔

文化“本身具有的即它一经获得便逐渐向前发展的相对独立性，它又对生产的条件和发展进程发生反作用”。[2] 社会意识的相对独立性表现在先进的文化对社会发展具有强大的推动作用。做好未来的文化工作就能更好发挥先进文化能动的推动作用，党的十九大报告为文化工作指明了方向，就是要

---

[1] 习近平．在纪念刘华清同志诞辰100周年座谈会上讲话［EB/OL］．［2019-05-22］．http：//www.xinhuanet.com/politics/2016-09/28/c_ 1119642521.htm.

[2] 马克思恩格斯选集（第4卷）［M］．北京：人民出版社，2012：609.

“推动中华优秀传统文化创造性转化、创新性发展，继承革命文化，发展社会主义先进文化”，要“不忘本来、吸收外来、面向未来，更好构筑中国精神、中国价值、中国力量，为人民提供精神指引”。[1] 我们在这个工作方针的指导下，要在未来讲好中国故事、传播好中国声音、树立好中国形象、履行好中国义务。

中华儿女要为实现中华民族伟大复兴的中国梦接力奋斗，在新时代的中国特色社会主义实践中进行伟大斗争，建设伟大工程，推进伟大事业，实现伟大梦想。时代是思想之母，实践是理论之源，实现这个伟大梦想的实践过程所形成的“中国故事”，势必闪耀着新时代的熠熠光辉，这将成为点亮文化自信的航标灯塔，值得我们在世界舞台中央自豪而响亮地发出中国声音，向世界自信地展示我们的中国智慧、中国方案，传递我们中国的价值观念。

二、推进文化育人、夯实大学生社会主义核心价值观是高校的历史责任担当

文化的重要作用就是“化育”人，促使大学生在潜移默化中提升素质，先进的文化有助于个体形成科学的世界观、人生观和价值观，坚持文化自信能为大学生坚持社会主义核心价值观、坚守社会主义意识形态阵地提供强有力的文化支撑。作为文化育人的前沿阵地，高校必然要扎实推进文化育人工作，以筑牢文化自信，不断夯实意识形态的文化根基，擦亮中国特色社会主义高校的底色。结合当下情况，高校可以从增强文化育人的感染力、向心力、辐射力、感召力“四力合一”出发，综合推进文化育人工作。

（一）传承优秀传统文化，主动加强文化交流激发创新，增强高校文化育人感染力

新时代背景下，我国正处在东西方文化交融碰撞的特殊时期，面对激烈的文化竞争，习近平总书记强调：“不忘本来才能开辟未来，善于继承才能更好创新。……有鉴别地加以对待，有扬弃地予以继承，努力用中华民族创造

---

[1] 习近平．决胜全面建设小康社会 夺取新时代中国特色社会主义伟大胜利——在中国共产党第十九次全国代表大会上的报告［M］．北京：人民出版社，2017：23.

的一切精神财富来以文化人、以文育人。……要处理好继承和创造性发展的关系，重点做好创造性转化和创新性发展。”[1]

高校就是传承与创造文化的重要场所。中华优秀传统文化是文化认同、价值观认同的根基，更是高校文化育人取之不尽用之不竭的宝库。高校必须弘扬中华优秀传统文化，创新文化育人载体，让大学生在中华优秀传统文化的持续浸润下完善人格修养，不断夯实意识形态的文化根基。在增强文化自信中完善人格修养，将个人理想与国家、社会的发展紧密结合起来。文化生长不仅得益于内生的自有力量，也有来自外部的助推之力。文化交流帮助我们在与外界的文化交往过程中看清自身的文化状况，增强文化鉴别力，坚定文化信心，高校方能在主动开放交流中激发文化创新力。高校要充分发挥人才聚集、学术研究、文化荟萃的优势，积极借助国家创设的文化交流机制、搭建的国际文化交流平台，在文化交流中修好内功、借好外力，努力打造好高校的文化创新基地、人才培养交流基地、文化传播基地等文化育人平台，激发文化创新力。

高校既要在热情的“请进来”中借鉴和吸收优秀的外来文化，又要坚持文化自信，在主动的“走出去”中展示中华优秀传统文化和新时代文化发展的最新成果，提升我国文化的国际影响力。只有这样，才能帮助大学生在面对国外纷繁复杂的文化价值之流时，坚持对中国特色社会主义文化的自信，坚持对社会主义核心价值观的高度认同。

（二）发挥“思政课程”与“课程思政”同向作用，唱响主旋律，增强高校文化育人向心力

在全球化语境多元价值观冲击下，处于理想信念成型阶段的大学生极易被误导。我国意识形态领域的斗争依然复杂，党的十九大报告强调，“必须坚持马克思主义，牢固树立共产主义远大理想和中国特色社会主义共同理想，培育和践行社会主义核心价值观，不断增强意识形态领域主导权和话语权”。[2]有关马克思主义理论、共产主义理想和社会主义核心价值观等内容的教育，

---

[1] 习近平．习近平谈治国理政［M］. 北京：外文出版社，2014：164.

[2] 习近平．决胜全面建设小康社会 夺取新时代中国特色社会主义伟大胜利——在中国共产党第十九次全国代表大会上的报告［M］. 北京：人民出版社，2017：23.

都是高校思想政治教育工作的重中之重，是高校要唱响的主旋律。唱响主旋律的有效路径就是坚持“思政课程”与“课程思政”的同向同行。

思政课是对大学生进行马克思主义理论等教育的最直接路径，思政课教师要善思、善创，在课程设计和教学改革上转变思路、敢于突破、勇于尝试，在整体上推进思想政治教育的思想性、时代性、科学性、丰富性和创新性。思政课上扎实开展马克思主义理论教育，让大学生真正能够听懂、学透、入脑、入心；把社会主义核心价值体系讲深、讲透，帮助大学生认同并巩固主流意识形态，坚定对社会主义的道路自信、理论自信、制度自信、文化自信。

习近平总书记在全国高校思想政治工作会议上强调，高校的课程要与思政课同向同行，发挥所有课程的思想政治育人功能，打造“课程思政”，共同唱响社会主义的主旋律。这要求我们必须打破传统的思维和观念，所有教师都应自觉承担起思想政治教育的责任，协同合作，建立全方位的社会主义核心价值观教育体系，共同驻守社会主义意识形态高地。高校要在“思政课程”与“课程思政”同向同行中有针对性地引导大学生积极汲取中国特色社会主义文化的营养。在“思政课程”和“课程思政”的双向同行中，要让主旋律的声音始终在大学生的耳中、脑中和心中唱响，不断增强高校文化育人的向心力。在持续文化育人浸润过程中，持续强化大学生对社会主义意识形态的认同。

（三）借助“互联网+”技术优势，助推高校文化建设，增强高校文化育人辐射力

新时代的大学生被称为“网络原住民”，这使高校的文化育人工作面临着“互联网+”带来的前所未有的机遇与挑战。大学生的网络化生存程度日益加深，其价值观念形成过程带有深刻的网络烙印。互联网为各种思潮的激荡提供泛化基础，使得正处在价值观念形成期的大学生容易受到影响，产生波动。同时，互联网的开放性、同时性、便捷性与广度却是任何传统传播载体无法比拟的。

紧随“互联网+”应运而生的新媒体环境，必然要求高校抢占先机占领网络的文化育人阵地，要用大学生喜闻乐见的文化元素、文化符号，全力打造正能量充沛、主旋律高昂的互联网文化，借助新媒介推动文化精品的网络化

传播，营造健康向上的文化育人环境。高校打造文化育人的网络平台，通过互联网开展文化教育与文化活动，传播正能量、弘扬主旋律，借助互联网优势吸引学生，增强高校文化育人辐射力。

高校在打造互联网文化载体和资源的同时，也要实施有效的网络舆论引领，最大限度地挤压负面信息的传播空间。高校作为教育者，面对网络的各种杂音，要有敢于“亮剑”的精神，充分运用高校的研究优势与宣传优势，在网络上实现社会主义核心价值观的引领与传播。高校利用好“互联网+”全时、全程、全方位，助推高校文化育人工作，提升文化育人的时效性、便捷性和辐射性，搭建好社会主义意识形态教育新平台，实现文化育人环境的“零死角”。

（四）打造优质校园文化，发挥文化环境浸润式教育功能，增强高校文化育人感召力

大学生参与文化、融入文化是实现文化育人的基本路径，校园文化活动是学生参与程度很高的群体性活动，高校要精心打造优质校园文化，通过各类校园文化活动的开展，传承与创新大学的文化底蕴。高校的文化氛围时刻影响着大学生，校园文化可以发挥文化环境浸润式的教育功能。

文化育人可以通过校园文化形成对学生“蓬生麻中，不扶自直”的隐性教育功能，高校应该充分利用各类校园活动，精心设计和组织，打造立意深远、优质的校园文化，呈现多维、多层次的文化细节，增强文化活动的吸引力，提高学生的文化参与和融入。开展多样的文化实践活动，充实文化育人内容，优化文化育人环境，这些都要求高校要坚守中华文化立场、明确文化育人理念，传承优秀传统文化，吸收借鉴优秀文化成果，更要与时俱进地结合高校、学生自身特点和实际状况进行创新，使校园文化活动符合学生成长成才规律、适应社会发展实际需求，增强文化育人感召力。

高校的文化育人工作既关系到学校教育功能的全面实现，也是一个关系到国家、社会发展的战略问题。因为高校的文化育人工作，既关系到大学生个体的文化身份认同和归属，还关系到大学生对社会主义核心价值观的认同，更关系到社会主义意识形态对大学生群体的塑造。所以，高校在党中央坚强领导下要扎实推进文化育人工作，不断夯实意识形态教育的文化根基，这将

在中国特色社会主义文化的文化环境建构、社会主义建设者和接班人的培育工作中发挥不可替代的作用。

（本文发表于《北京教育（高教）》2019 年 07-08 期，收入本书时有修改）

以党的二十大精神融入促进“马克思主义基本原理”课教学改革的思考与探索

陈运辉*

摘　要：党的二十大精神全面融入“马克思主义基本原理”课（以下简称“原理”课）教学，既是思政课责无旁贷的政治任务，更是深化“原理”课教学改革的内在需要。以新时代中国特色社会主义的生动实践和理论创新的最新成果全面融入“原理”课教学为抓手，以时代课题为中介，充实和完善教学内容，改革教学方法，优化教学过程，是提升“原理”课教学针对性和实效性的重要途径。

关键词：二十大精神；时代课题；融入；马克思主义基本原理

党的二十大精神是习近平新时代中国特色社会主义思想的最新成果，是中国化时代化马克思主义的最新总结，二十大精神融入“马克思主义基本原理”课是习近平新时代中国特色社会主义思想融入的新内容与新阶段，这既是思政课责无旁贷的政治任务，更是完善教学内容和改革教学方法的重要契机。

提高思政理论课教学实效，让学生真学、真信和真用，是思政课教学改革的根本目的。达成这一目的仅靠教学方法改革远远不够，教学内容的创新与完善——特别是将马克思主义指导中国新时代风云激荡的伟大变革的实践故事和伟大创新的理论精华带进“原理”课堂——才是提高实效的根本出路。

---

* 陈运辉，北京石油化工学院马克思主义学院副教授，主要研究方向为马克思主义基本原理。

具体来说，通过构建代入感强的教学问题情境，帮助学生提高站位、展开思考，带领学生研读二十大报告相关原典，概要介绍我党的战略研判与应对之策的具体内容，进而引导学生学习和理解“中国共产党为什么能”背后的世界观和方法论——马克思主义立场观点方法。将二十大精神的引入作为契机，以教学内容创新驱动教学方法优化，理论有效联系实际，充分展示马克思主义基本原理既作为世界观在解释真难题上“深入浅出、直击痛点”的洞察力，又作为方法论解决时代重大挑战上“逢山开路、遇水架桥”的战斗力。一句话，紧扣时代课题和现实挑战，展现了“归根到底马克思主义行”的理论逻辑、历史逻辑和实践逻辑，大大提高教学实效。

一、二十大精神融入“原理”课教学的积极意义和原则要求

（一）二十大精神融入教学是“原理”课教改的内在要求

首先，这是由马克思主义鲜明的实践性和与时俱进的理论品格决定的。“原理”课以经典的马克思主义基本原理为主，同时包括中国化时代化马克思主义的鲜活内容。二十大精神是中国化时代化马克思主义的最新总结，它极大地提升了马克思主义基本原理回答重大时代课题和解决巨大现实挑战上的能力，从根本上粉碎了“马克思主义过时论”，它不但不过时，而且是我们党从容应对内外挑战、积极引领“两个大局”的重要思想武器。

其次，这是以融入促进教学内容完善，切实提升教学实效的需要决定的。二十大报告原文本身就是内容丰富、逻辑严谨的中国化时代化马克思主义的鲜活教材，二十大精神展现了“活”的马克思主义的理论力量。二十大的召开本身就是一堂干货满满的大思政课，一堂基于当代实践、引领时代前行、有生命活力的大思政示范课。

最后，二十大精神融入“原理”课是“理论联系实际”教学方法改革的内在需要。理论如何联系实际、联系什么实际？从方法论原则看，从马克思主义基本原理抽象的世界观和方法论到具体丰富的时代实践之间存在较大落差，二十大精神正是沟通马克思主义抽象原理与中国特色社会主义具体实践的最佳桥梁。

（二）以二十大精神指导融入工作

二十大报告指出“中国共产党为什么能，中国特色社会主义为什么好，归根到底是马克思主义行，是中国化时代化的马克思主义行”，这一论断为“原理”课教学改革指明了基本方向——通过挖掘“中国共产党为什么能”的实践富矿和“中国特色社会主义为什么好”的生动故事，充分说明“中国化时代化的马克思主义行”，进而讲透“归根到底是马克思主义行”。以动态的历史逻辑和有力的实践逻辑支撑起“归根到底”的理论逻辑，为提高教学实效提供了教学设计指南。

二十大报告指出“中国共产党人深刻认识到，只有把马克思主义基本原理同中国具体实际相结合、同中华优秀传统文化相结合，坚持运用辩证唯物主义和历史唯物主义，才能正确回答时代和实践提出的重大问题，才能始终保持马克思主义的蓬勃生机和旺盛活力”。通过“两个结合”和“两个运用”，讲清我们党如何科学回答艰深棘手的重大时代课题，成功应对错综复杂的重大实践挑战，就一定能彰显马克思主义的生命力和战斗力，击碎各种“过时论”，极大提高教学的针对性和实效性。

二十大报告指出“必须坚持问题导向”，“问题是时代的声音，回答并指导解决问题是理论的根本任务”，坚持问题导向是提高“原理”课教学实效的根本途径。在中国特色社会主义建设的生动实践中，每天有大量的新闻故事、多样的深度观察和众多的热点好文出现在互联网媒体上，如果以二十大精神为指南，挑选紧扣时代课题、直指问题痛点的新鲜内容，深入浅出地阐释习近平新时代中国特色社会主义思想如何运用马克思主义世界观和方法论剖析复杂问题和探求解决之道，就能很好地展示马克思主义基本原理的批判力和战斗力。

二、紧扣时代课题，以有机融入完善和改革教学内容

“原理”课教学改革的最终目标是，学生学习马克思主义时能入脑入心，真正做到“内化于心、外化于行”。要达此目的，改革教学方法固然重要，但更根本的要靠教学内容的改革和完善，要让学生认识到马克思主义基本原理

在分析问题上的理论力量和解决问题上的巨大作用。习近平新时代中国特色社会主义思想的融入为“原理”课教学内容的完善和改革提供了难得的机遇和重要动力。

（一）融入为完善教学内容提供了源头活水

思政课教学改革的重点在提高实效，难点在充实完善教学内容，提高理论的说服力。改革开放以来，“原理”课教学遇到的新情况、新问题和新挑战很多。二十大报告在“十年前面临的严峻形势”论述中对此有深刻总结，思政课教学的整体外部氛围并不好，教学实效受到冲击。

上述问题远不是一般的教学方法改革能解决的，涉及马克思主义基本原理再理解和再升华，其中有相当一部分内容涉及党关于中国特色社会主义改革发展“向何处去”的科学研判与战略抉择，根本不是一般任课教师的学术能力所能把握的。正是在这一点上，二十大精神对于解决这类问题具有决定性的意义：既旗帜鲜明地强调坚持马克思主义的指导地位和坚持中国共产党的领导，坚定走中国特色社会主义道路，同时又以实事求是的务实精神和开拓创新的理论勇气全面深化改革，实现了马克思主义中国化时代化的新突破，开创了中国特色社会主义改革和发展的新局面。可以说，习近平新时代中国特色社会主义思想为广大的“原理”课教师坚持理论自信和解决“理论困惑”提供了解决方案和根本遵循，二十大精神的融入为“原理”课教学内容改革提供决定性的支持。

“立功”成而后“立言”信。中国特色社会主义在实践上取得了巨大成功，我们广大思政课教师“学原典悟原理”，务必讲透：伟大成就的背后是中国化时代化的马克思主义的正确指导，“归根到底是马克思主义行”。换句话说，我们党运用马克思主义立场观点方法在实践中都取得那么大的成就——把中华民族伟大复兴的惊天伟业推进到前所未有的高度，并开创了马克思主义的新境界——我们专职思政课教师如果再讲不好，也太不应该了。我们理应讲好新时代的成功故事，讲清和讲透马克思主义，当好帮助学生看清时代大势、解释时代难题的领航人。

习近平总书记指出“我们依然处在马克思主义所指明的历史时代”[1]。马克思主义仍然是我们观察当代世界的认识工具，是指引当代中国发展的行动指南，更是引领人类社会进步的科学真理。二十大报告又对习近平新时代中国特色社会主义思想在基本立场观点方法上的创新进行了新的总结，提出了“六个坚持”。应以二十大精神融入“原理”课为重要契机，全面充实和完善“原理”课的教学内容。

（二）教学内容融入的基本设想

我们根据“原理”课章节内容的逻辑结构和教学需要，将二十大报告的内容分层次、有重点地全面融入“原理”课教学中。

首先，融入要分层次进行，大体上分三个层面。一是马克思主义的立场观点方法层面，习近平新时代中国特色社会主义思想强调的“六个坚持”[2]是在世界观方法论层面对马克思主义基本原理的丰富和发展，是对“原理”课基本教学内容的直接拓展和充实。二是马克思主义基本原理指导当代中国实践的运用层面，二十大报告总结的新时代十年的伟大变革，本身就是“归根到底是马克思主义行”的精彩论证。三是二十大报告的丰富内容和素材是“原理”课教学取材的富矿，为“原理”课各部分的具体教学提供了大量的有力例证和精彩案例。

其次，要在全面融入的原则要求下，根据“原理”课和二十大报告相关内容的逻辑关联，在不同章节有重点地安排相关内容的融入。具体来说，一方面要全面融入，二十大报告共十五章，每一章在“原理”课至少一个相关章节承接融入任务；另一方面要有所侧重，二十大报告中的一、二、三、四章整章，报告中的一系列重大创新和突出亮点是重点融入的内容，这些突出重点包括开辟马克思主义中国化时代化新境界的“六个坚持”、新时代十年的伟大变革、中国式现代化、新发展理念和新发展格局、以党的自我革命引领

---

[1] 习近平在主持中共十八届中央政治局第四十三次集体学习时的讲话［EB/OL］.［2024-07-15］. https：//www. gov. cn/xinwen/2017-09/29/content_ 5228629. htm.

[2] 二十大报告指出，“继续推进实践基础上的理论创新，首先要把握好新时代中国特色社会主义思想的世界观和方法论，坚持好、运用好贯穿其中的立场观点方法”，即必须坚持人民至上、坚持自信自立、坚持守正创新、坚持问题导向、坚持系统观念、坚持胸怀天下。

社会革命等（见表1）。

表1　二十大报告与“原理”课相应章节的关联

二十大报告相应章节	“原理”课相应章节	备注
一、过去五年的工作和新时代十年的伟大变革	导论（归根到底是因为马克思主义行）、唯物史观（社会基本矛盾运动规律、改革动力）等	
二、开辟马克思主义中国化时代化新境界	导论（立场观点方法）、辩证法（矛盾问题精髓）、认识论（理论创新与实践创新）等	整体重点
三、新时代新征程中国共产党的使命任务	导论（马克思主义当代价值）、辩证法（矛盾问题精髓）、唯物史观（人民群众是历史的创造者、改革动力）等	关键重点
四、加快构建新发展格局，着力推动高质量发展	辩证法（内因与外因、内容与形式、矛盾运动）；唯物史观（生产力与生产关系的矛盾运动）等	整体重点
五、实施科教兴国战略，强化现代化建设人才支撑	唯物史观（生产力理论、经济基础与上层建筑辩证关系）等	新质生产力
六、发展全过程人民民主，保障人民当家作主	唯物史观（上层建筑、国体政体）、社会主义论（制度自信）等	
七、坚持全面依法治国，推进法治中国建设	认识论（社会主义核心价值观）、唯物史观（上层建筑理论）、社会主义论	
八、推进文化自信自强，铸就社会主义文化新辉煌	唯物史观（社会意识相对独立性和能动反作用）	
九、增进民生福祉，提高人民生活品质	唯物史观（生产力视角、人民群众是历史的创造者）、社会主义论（本质）	
十、推动绿色发展，促进人与自然和谐共生	唯物史观（人口与地理环境、新质生产力理论；文明）	
十一、推进国家安全体系和能力现代化，坚决维护国家安全和社会稳定	唯物史观（经济基础与上层建筑辩证关系）	
十二、实现建军一百年奋斗目标，开创国防和军队现代化新局面	唯物史观（上层建筑、国家机器理论、党的人民性与党指挥枪）	
十三、坚持和完善“一国两制”，推进祖国统一	唯物史观（生产力与生产关系矛盾关系的空间结构、上层建筑的制度创新）	
十四、促进世界和平与发展，推动构建人类命运共同体	唯物史观（交往与世界历史）、共产主义论（与全世界劳动者联合起来的内在一致性）	

续表

二十大报告相应章节	“原理”课相应章节	备注
十五、坚定不移全面从严治党，深入推进新时代党的建设新的伟大工程	导论（中国共产党为什么能，归根到底是因为马克思主义行）、认识论（群众路线）、唯物史观（自我革命引领社会革命）、社会主义论（社会主义最本质特征）	

（三）教学案例：一个小专题设计

二十大报告本身就是一部优秀的思政教材，充分体现了“中国共产党为什么能，中国特色社会主义为什么好，归根到底是马克思主义行，是中国化时代化的马克思主义行”（后文简称“能—好—行”）内在教学逻辑。对于“原理”课而言，报告是一部很好的辅助教材。笔者于“原理”课导论部分教学中，在“马克思主义的历史发展”和“马克思主义的鲜明特征和当代价值”之后，穿插一个“从二十大精神看马克思主义行”教学小专题。

该小专题以问题为导向，按照前述的“能—好—行”的教学逻辑，紧扣时代课题展开。具体来说，包括以下几部分：（1）建构问题情境：首先介绍“十年前，我们面对的形势”，重点突出“一系列长期积累及新出现的突出矛盾和问题亟待解决”，以上主要通过领读报告原文再加以阐释来实现。面对这些中国“向何处去”的时代难题和挑战，“党内和社会上不少人对党和国家前途忧心忡忡”。笔者作为高度关注时事政治和党的改革开放事业的思政课老师，一样曾深感忧心并现身说法地回顾当时的切身感受。（2）从前车之鉴看破解之难：类似难题未能很好解决会导致严重后果——拉美等中等收入国家陷入发展陷阱，苏联等国家改革失败导致国家崩溃解体；美国等西方势力的干预更加重了问题的严重性。（3）我们党的成功应对——十年伟大变革成就：“面对这些影响党长期执政、国家长治久安、人民幸福安康的突出矛盾和问题，党中央审时度势、果敢抉择，锐意进取、攻坚克难，团结带领全党全军全国各族人民撸起袖子加油干、风雨无阻向前行，义无反顾进行具有许多新的历史特点的伟大斗争”，取得了举世瞩目的伟大成就，中华民族伟大复兴进入不可逆转的进程。（4）理论分析结论：中国共产党为什么能？归根到底，是因为我们党有马克思主义理论的指导，有中国化时代化马克思主义科学指引。我们将马克思主义同中国具体实际相结合、同中华优秀传统文化相结合，实现了理论创新与实践创新相互促进，“攻克了许多长期没有解决的难题，办成了许多事关长远的大事要事”；十年伟大变革取得的成就，生动有力地说明马克思主义是“指导当代中国发展的行动指南”，马克思主义不是过时了，而是逢山开路、遇水架桥，是推动中国特色社会主义不断攻坚克难迅速发展的利器。

应该说，以二十大精神——活的马克思主义融入“原理”课，充实和完善“原理”课的教学内容，既有力提高了二十大精神的宣讲深度，同时为达成“原理”课的教学目标提供了关键支撑。

三、理论联系实际，以融入激活教学的方法设计

（一）教学方法改革的基本原则

“原理”课是系列思政课中的基础理论课，具有理论抽象度高、思想政治性强和学习理解难的特点，而当代大学生大多个性较强，更喜欢生动有趣的知识、更在乎所谓的学习体验，加之受到某些先入为主的刻板印象影响，“原理”课教学的实效性有待提高。二十大精神的融入，在完善教学内容的同时，也为促进教学方法的改革提供了契机。

1. 聚焦时代课题，坚持理论联系实际

马克思主义在回答人类社会“向何处去”的时代课题的过程中，揭示了世界永恒运动和不断发展的一般趋势和根本规律，揭示了新生事物不可战胜的大趋势。马克思主义有关人类社会“向何处去”的时代课题具体化到今天的中国，就是“新时代坚持和发展什么样的中国特色社会主义、怎样坚持和发展中国特色社会主义，建设什么样的社会主义现代化强国、怎样建设社会主义现代化强国，建设什么样的长期执政的马克思主义政党、怎样建设长期执政的马克思主义政党等重大时代课题”[1]，即“三大时代课题”。

以时代课题为导向，通过理论联系实际的教学设计，凸显马克思主义过

---

[1] 中共中央关于党的百年奋斗重大成就和历史经验的决议［EB/OL］.［2024-07-15］. https://www.gov.cn/zhengce/2021-11/16/content_5651269.htm.

去是、今天仍然是共产党用来解决复杂繁难的时代课题的理论武器。比如，十八大前，我们的改革和发展面临的突出问题是：领导改革的中国共产党本身正在经受“四大考验”、面临“四种危险”，等等。这些重大时代课题很多而且不断变化具体表现形式，需要进行逻辑上的再梳理。首先，如果作进一步逻辑抽象，则关联“三大时代课题”，进而关联中国“向何处去”和世界“向何处去”的时代追问。其次，如果追踪问题的实践落地和最终解决，这些时代课题可再分解为各种非常具体的问题，这样的具体问题在教学活动中具有更强烈的“理论联系实际”的效果，通过对时代课题的层层分解，更方便建立起从抽象理论到具体实际的教学逻辑链，时代课题的科学分析是关键。

时代课题的层层分解和新思想的迭代升级，为“原理”课灵活自如地联系生动实际提供了巨大空间和丰富素材，为我们更好地开发中国特色社会主义成功实践的富矿、更好地讲述“中国共产党为什么能”的生动故事、更好地以每日新闻热点点评导入课程提供了方便的逻辑进路。讲好“有问题有分析还有成功解决方案”的中国故事，理论联系实际，有力支撑“原理”课的根本教学目的——“归根到底是马克思主义行”。

2. 以学生为中心，以身临其境的教学问题激发内在学习动力

有效教学要以学生为中心，通过构建让学生身临其境的教学问题情境，激发学生学习的内驱力。问题情境的构建要努力达到学生无法置身事外的效果。比如，新闻热点导入：一个很好的举世瞩目的新闻热点——普京对前来采访的美国记者卡尔森谈到：乌克兰士兵被包围，我们的士兵向他们喊道，没机会了，投降吧！出来还能活下去。突然他们用俄语回应道，俄罗斯人不会放弃，然后所有人都牺牲了。他们仍然自认是俄罗斯人❶。苏联改革发展步入歧途，今日的俄乌冲突不过是苏联改革失败崩溃引发的长期后果。教学实践中，这个导入效果极好，引起了大部分学生深思。在此背景衬托对比之下，追问：我们做对了什么？以习近平同志为核心的党中央面对时代课题的严峻挑战，在马克思主义立场观点方法的指导下以巨大的理论勇气和锐意进取的

---

❶ 2024年2月9日，俄罗斯总统普京回答了美国记者塔克·卡尔森的提问。详见：两小时答美媒记者60问！普京这场采访，信息量极大［EB/OL］.［2024-07-10］. https：//m. gmw. cn/2024-02/09/content_ 1303657494. htm.

创新精神，带领中国人民守正创新和攻坚克难，引领中华民族伟大复兴进入不可逆转的进程。临场感强的课堂对话和现场追问激荡教学小单元，通常学生听课率很高，在追问之后预留的空白时间里，课堂静悄悄，有的学生课后留下主动找老师聊天，有的学生谈到自己撰写入党思想汇报有了切入点：身处大变革时代，挑战纷至沓来，幸亏有党的坚强领导，幸亏有马克思主义的理论指引，十年伟大变革的成就来之不易，没有理由不倍加珍惜。

（二）持续改进教学实效的教学过程设计

以下以中美大博弈时代课题为主，介绍马克思主义基本原理教学环节的设计步骤。

1. 新闻热点导入

以新闻事件导入构建教学内容相关的问题情境。通常在上课前在企业微信群或云班发出相关阅读内容，或者直接在课堂教学开篇新闻点评时，推介与“原理”课教学内容相关的新闻事件或热点时论，提出代入感或临场性较强的问题，激发学生的好奇心和探究欲。

例如2022年美国国会众议长南希·佩洛西窜访中国台湾地区，围绕“解放军应该直接击落佩洛西乘坐的飞机”的网络热评，让大家发表意见，通过梳理同学们的观点，进一步提问：百年未有之大变局下如何应对美国的挑衅和围堵？请你分别站在东部战区负责人、国防部或外交部、国家最高领导人的角度予以思考。是斗争还是妥协（团结）？如何在延长中国发展“战略机遇期”的同时破解复杂尖锐的外部挑衅？

2. 交流互动关联时代课题

要求学生云班课“讨论”中分享自己的思考，然后在课上组织短暂互动，要求学生提升思考层次：这些问题与“三大时代课题”有什么关系？问题本身与你们的思考角度及“人类社会向何处去”的中国之问、世界之问、人民之问、时代之问是什么关系？要求学生尽量站在中华民族和国家整体角度思考。

3. 读报告悟原理融入“原理”课

引导学生阅读中国共产党的二十大报告中相关内容：在坚持新时代大国

外交平等协商、互利共赢原则前提下，面对各种打压要敢于斗争，善于斗争，不信邪，不怕鬼，不怕压，努力共建人类命运共同体理念。通过教师的引导和学生的自我探索，将二十大精神全方位融入“原理”课教学中，帮助学生提升理论分析的能力。

4. 立场方法关联基本原理

完成相关内容的融入教学后，追问“我党开展问题思考并提出解决方案背后运用了什么样的思想武器”，由此有效关联“原理”课相关内容，比如上例台海热点背后的中美博弈问题，引导学生学习理解“矛盾的同一性与斗争性的辩证法”及“以斗争求团结”的大智慧，内因与外因的辩证法等。同时，向学生推介毛泽东的《矛盾论》和《论持久战》等重要理论著作，引导学生思考如何“以斗争求团结”、以“连横”破“合纵”、以人类命运共同体瓦解新冷战，提升问题思考的战略高度、哲学厚度和历史深度。

5. 学生分享学习思考成果

这个环节属于“学习输出”环节，除了云班分享和课堂进一步小讨论和分享点评以外，另有两部分有一定深度和复杂性的“输出”任务：第一部分任务是“读经典看时代”大作业，要求写读书笔记和心得体会。具体做法是学生选择自己感兴趣的话题，选读相关的经典著作，然后查阅相关文献，予以研究与思考。在此基础上产生第二部分任务，即个人在“组内—行政班内—教学大班内”三个层次的汇报展示和评比推优，要求每个人制作专题汇报 PPT，以时代感强的具体问题为导向展示经典阅读后的启示和思考，先以 3~6 人为一组，每人在组内汇报（并有一至两个提问），组内推优 1 人到行政班内汇报交流再推优（每班 2 人），最后在“原理”课教学大班上汇报评优，产生一、二、三等奖。通过两个作业的关联和“阅读—思考—交流”三个环节的安排，人人参与，相互碰撞，大大提高了教学实效。

结　语

中国共产党为什么能，中国特色社会主义为什么好，归根到底是马克思主义行，是中国化时代化的马克思主义行。这一科学论断是搞好“原理”课教学改革的根本遵循。思政课教学不能只展示问题，引发焦虑，更要在问题剖析中展示马克思主义理论工具“直指要害、直达痛点”的洞察力和战斗力；不能只展示现实挑战的严峻性，更要揭示以中国化时代化的马克思主义为指导的中国共产党系统破解复杂难题的创新精神和强大能力；不能只停留于讲解从怎么看到怎么办的抽象逻辑，更要回到中华民族伟大复兴和“中国特色社会主义何以能”的时代实践和巨大成功上。唯其如此，才能引领学生真信真用，切实增进“四个自信”。二十大报告是一座富矿，提供了极为丰富的理论创新成果和开发不尽的案例素材，为深度推进“原理”课教学内容创新和教学方法改革提供了持续的动能。

高校思政课微电影教学法运用的三重境界
——以北京石油化工学院为例*

冷文勇**

摘　要：思政课微电影已成为广受推崇、行之有效的创新型思政课教学模式和教学载体，有利于发挥学生的主体作用，有利于增强思政课教学的感染力，有利于提高学生的实践能力和艺术修养。高校思政课微电影教学法的运用有以下三重境界：参赛获奖——教师指导学生制作思政课微电影；反哺教学——教师在课堂教学中运用思政课微电影；融入实践——教师布置思政课微电影作业。应通过尊重学生的主体地位、发挥教师的监督指导作用、改进考评方式和加强成果推广等措施，进一步促进思政课微电影教学法功能的发挥。

关键词：思政课微电影；实践教学；三重境界

思政课是落实立德树人任务的关键课程，党的十八大以来，以习近平同志为核心的党中央高度重视思政课。2022 年 7 月，教育部等十部门印发的《全面推进“大思政课”建设的工作方案》强调：鼓励师生围绕思政课教学

---

* 本文系北京高教学会 2023 年度课题“思政课微电影在高校思政课教学中的运用研究”（编号：MS2023022）成果。

** 冷文勇，男，江西九江人，汉族，法学博士，副教授，北京石油化工学院思政课教师，研究方向为高校思想政治教育。

内容创作微电影、动漫、音乐、短视频等。[1] 2023 年 5 月，习近平总书记在二十届中央政治局第五次集体学习时强调，坚持改革创新，推进大中小学思想政治教育一体化建设，提高思政课的针对性和吸引力。习近平总书记上述重要论述为新时代高校思政课建设指明了前进方向，提出了明确要求。微电影是“短则 30 秒，长不超过 20 分钟，内容广泛，视频形态多样，可通过多种视频终端摄录或播放的视频短片的统称”[2]。顾名思义，思政课微电影指承载了思政课内容，适用于思政课教学，服务于思想政治教育的微电影。当前，思政课微电影已成为广受推崇、非常有效的创新型思政课教学模式和教学载体，虽诞生时间较短，但发展迅速，已受到有关部门和不少高校的高度重视，自 2017 年起，由教育部社会科学司指导、教育部高校思想政治理论课教学指导委员会主办、武汉大学马克思主义承办的“我心中的思政课”全国高校大学生微电影展示活动连续举办了六届，参赛单位数量以及参赛作品的数量和水平呈逐年上升趋势，2023 年第六届“我心中的思政课”全国高校大学生微电影展示活动共收到 1684 部作品。[3] 自 2019 年以来，北京石油化工学院马克思主义学院积极探索微电影的教学方式，目前已经形成相对成熟的教学模式和工作模式，学院先后拍摄了《抵制历史虚无主义有我》《大学里的别样爱情》《构筑国家安全防线有我》《彤一的两岸情缘》《一带一路一线缘》《新疆棉·民族情》六部作品，累计获得该赛事全国三等奖三次和优胜奖两次，开拓了思政课微电影教学的三重境界。

一、微电影运用于高校思政课教学的重要意义

（一）“反客为主”，有利于发挥学生的主体作用

习近平总书记强调：“思政课教学离不开教师的主导，同时要坚持以学生

[1] 教育部等十部门关于印发《全面推进“大思政课”建设的工作方案》的通知［EB/OL］.［2023-12-30］. https：//www. gov. cn/zhengce/zhengceku/2022-08/24/content_ 5706623. htm？eqid = fc7bcf6c0004660b00000002645605fa.

[2] 苏岩. 微视频发展历史研究［J］. 软件导刊，2011，10（11）：33-35.

[3] 第六届“我心中的思政课”全国高校大学生微电影展示活动颁奖礼成功举行［EB/OL］.［2024-01-20］. https：//news. whu. edu. cn/info/1015/69850. htm.

为中心，加大对学生的认知规律和接受特点的研究，发挥学生主体性作用。”❶思政课微电影教学法体现了以学生为中心的教学理念，在实施过程中，学生在教师的指导下认真研读教学内容并确定拍摄主题，然后进行自编、自导、自演、自拍、自剪甚至自评，从传统的被动接受思政课教学内容转变为主动参与和推动思政课教学，由被动的接受者转变为主动探索的制作者和传播者，由“做客”转变为“做东”，实现了思政课教学和谐的师生双主体局面，充分尊重和发挥了学生的主体作用。

（二）颇具优势，有利于增强思政课教学的感染力

作为“互联网+”时代实践教学的新载体，思政课微电影一经问世，便迅速推广开来，成为深受高校师生青睐的教学手段，这主要得益于其形式新颖等独特优势：集思想性和艺术性于一体，以图、文、声并茂的形式呈现思政课内容；以声音、图像等元素刺激人的感官，借助真实的情景演绎使学生感悟马克思主义中国化时代化理论形成的历史背景和实践伟力。思政课教师在课堂上恰当运用微电影教学能力促使教学内容生动化，容易引发学生的情感共鸣，能增强思政课教学的吸引力和感染力。此外，思政课微电影形式简单、短小精悍，且制作方便、成本低廉，便于学生随时随地学习，有利于提高学生的学习兴趣和热情。

（三）知行合一，有利于提高学生的实践能力

当前一些青年学生存在动手能力弱、实践经验不足等问题，因此，思政课要注意拓展实践平台、丰富实践内容、创新实践形式，引导青年学生在实践活动中增长学识才干、升华对党的创新理论实践伟力的认识。思政课微电影教学的一个重要内容就是学生制作微电影，每个环节都在锻炼学生的实践能力：组建团队时，学生有很大的自主权，该环节可以锻炼学生的交际能力和团结合作能力；主题确定有利于学生搭设理论与现实之间的桥梁，提升学生的知识转化能力，深化学生对理论知识的认识；拍摄过程可以加强学生的团队协作精神、解决问题的能力；后期的视频剪辑、配乐、加字幕则能倒逼

❶ 习近平．思政课是落实立德树人根本任务的关键课程［J］．求是，2020（17）：1-5.

学生掌握制作微电影的相关新技能；等等。

（四）以美育人，有利于培养学生的艺术修养

在2018年全国教育大会上，习近平总书记强调，要全面加强和改进学校美育，坚持以美育人、以文化人，提高学生审美和人文素养。[1]电影是一门综合艺术，包含音乐、绘画、摄影、舞台艺术等多种元素，是科学与美学、技术与艺术的结晶，可以促进人的心灵净化和个性化，观看、评析思政课微电影能丰富学生的电影专业知识，培养学生的审美情趣，提升学生的审美素养。制作微电影的过程，无论是设计、选景、服装、造型，还是拍摄、剪辑、配乐、加字幕，都要求学生从艺术审美的角度进行创作，这样就发挥了思政课微电影独特的美育功能，做到了以美育人、以文化人。

二、微电影教学法在高校思政课教学中的三重境界

（一）参赛获奖——教师指导学生制作思政课微电影

最近几年来，思政课微电影越来越受到有关部门的重视。自2017年起，“我心中的思政课”全国高校大学生微电影展示活动举办了六届，该赛事要求各省（区、市）级教育主管部门负责推荐8~10部作品，全国重点马克思主义学院所在高校推荐1~2部作品参加展示，不少省（区、市）级教育主管部门为此组织了预赛。因此，指导学生制作思政课微电影参赛作品成了每年各高校马克思主义学院的“规定动作”，该工作流程包括以下主要环节：一是指导确定主题，主题必须是思政课教材中的内容，还要紧跟社会热点，可通过师生头脑风暴确定主题；二是组建师生团队，除演员外，还要遴选会拍摄、会视频剪辑以及会制作道具的学生；三是进行拍摄剪辑，拍摄前可考虑聘请学校讲授摄影课、音乐课或舞蹈课的教师辅导制作团队，要注重给学生说戏，所有角色尽量让学生出演，为提升效果，可根据情况考虑是否需要聘请专业公司拍摄。

---

[1] 习近平. 培养德智体美劳全面发展的社会主义建设者和接班人［EB/OL］.［2024-09-02］. https://www.gov.cn/yaowen/liebiao/202408/content_6971627.htm.

（二）反哺教学——教师在课堂教学中运用思政课微电影

微电影是宝贵的思政课教学资源，与传统的教学形式相比，思政课微电影教学更加生动、形象、直观，具有信息的多元性、内容的故事性、知识的针对性和画面的直观性等优势，已成为当前最重要的思政课教学辅助手段之一。比如，在讲授“文化自信”时，可播放中国戏曲学院拍摄的微电影《传承》。思政课教师课堂上运用微电影包括以下环节：一是精心遴选微电影，考虑到课堂时间有限，最好将课堂上播放微电影的总时长控制在10分钟以内，单个微电影时长控制在3~5分钟，还要进行适当剪辑，去掉片头、花絮等非必要内容；二是牢记服务教学的初衷，运用微电影是为了让学生更好地学习掌握教学内容，而不能只图活跃课堂氛围，因此播放微电影前有必要做适当铺垫，激发学生的观赏兴趣，并要求学生带着课程理论相关问题观看；三是组织学生谈感想体会，如果学生课下观看，教师可让学生写观后感；四是教师要做必要的点评，可从思想性和艺术性两方面做简单的评价。

（三）融入实践——教师布置思政课微电影作业

为了加强学生自我教育，增进学生对理论知识的理解掌握，提升学生的实践能力和艺术素养，最近几年来，不少高校思政课教师注重给学生布置思政课微电影作业。比如，北京石油化工学院马克思主义学院教师在“毛泽东思想和中国特色社会主义体系概论”等课程教学中设置了“思政课微电影小组作业”实践环节，该环节占总成绩的10%。为确保效果，教师需要做好以下工作：一是精心布置，可利用每学期第一次课讲解开展形式、成绩权重、主题范围、时长限制以及汇报形式等要求，要注意不能增加学生的经济负担，对场景、道具、服装等都不应有太高要求，不要求使用专门的拍摄器材，用手机拍摄即可；二要全程指导，除指导学生选题外，还要了解学生拍摄制作中的困难，及时帮助解决；三是组织分享，这是学生难得的展示自我和自我教育的机会，可利用每个学期最后1~2次课进行微电影作业汇报。

三、促进思政课微电影教学法作用发挥的途径

（一）尊重学生的主体地位

尊重学生的主体地位是上好思政课的内在要求。新时代的青年学生思想活跃，有较强的参与意识和自我表现欲望。当前的青年学生基本为“00后”，普遍对欣赏和制作思政课微电影有着浓厚的兴趣。因此，思政课教师要坚持以学生为中心的教学理念，充分尊重学生的主体地位，除组织学生课上、课下欣赏评析思政课微电影外，更要相信青年学生的创造性，相信他们可以凭借自己的能力制作出高质量的思政课微电影。教师不仅要注重激发青年学生学习探索微电影的热情，放手让学生去尝试，同时要注意不宜直接干预学生小组活动。

（二）发挥教师的指导监督作用

拍摄制作思政课微电影是一项专业性较强、难度较大的工作，对非影视专业学生来说难度较大，导致他们的作品质量有待提升。从北京石油化工学院的实施情况看，一些学生的作品内容空心化问题严重，与教材内容的关联度不大，有的趣味性、搞笑味较浓，把微电影作品拍成心理剧或者情景剧。因此，教师要基于思政课是落实立德树人根本任务的关键课程的认识，加强对学生制作思政课微电影的监督指导，要加强活动前的指导，指导学生修改剧本，尤其要严把拟在课堂展示的学生作品质量关，审核是否存在意识形态方面的问题，是否有不当的台词，是否存在低级趣味，否则会产生严重的负面影响。

（三）改进考评方式

目前高校学生的思政课微电影作业基本以小组形式开展，由于缺乏过程性监管等原因，导致极少数学生“搭便车”，并未真正参与，还存在“凭空制造”，仅依靠网络素材拼凑成电影作品等问题。因此，要完善考评方法，制作微电影是复杂的实践教学活动，涉及剧本创作、角色扮演、道具制作、电影

拍摄、后期剪辑等多项工作，在任务分配时不可能绝对公平，在实践中必然存在工作量差异的现象，这就需要教师注意根据学生投入情况评分，还注意要丰富考评主体，采取教师评定与生生互评的混合模式，在分享评比时，为所有学生分发“我最喜欢的微电影作品”选票，为学生评价赋予适当的权重。

（四）加强成果推广

作为近几年来出现的宝贵的教育资源，思政课微电影在师生中有较高的认可度，但是存在受众面较小的问题，一些学校拍摄思政课微电影只是为了参赛获奖，比赛结束后就将作品束之高阁，获益的只是直接参与的极少数学生。为更好地发挥思政课微电影的教育作用，让更多学生受教育，教师要积极推广工作成果，可以将作品发布在官方微信公众平台，在其他教师负责的课堂上播放，在学校的师生党员学习教育会上播放，甚至组织汇报演出、到校外交流等。比如，北京石油化工学院每年都会将获奖作品在全院思政课堂上与学校基层党组织的会议上播放，学校官网上还开设了优秀思政课微电影作品的板块。

校史资源融入石化行业高校思政课教学的路径研究

李建华*

摘　要：本文从石化行业高校思政课教学存在的问题出发，在“共识体系”和“话语体系”的基础上，分析校史资源融入思政课教学的机制和路径。石化行业高校可以从学校发展史、校企合作史和校友资源三个方面出发，探索建立校史资源案例库、校企合作讲思政课机制、邀请优秀校友返校讲思政课机制，将校史资源融入思政课教学，提高思政课的教学效果。

关键词：校史资源；思政课；融合机制

一、前言

思政课是培养塑造学生“三观”，坚定“四个自信”的核心课程，而校史是大学理念、精神和文化的重要载体，具有天然的融合性。我国石化行业起步艰辛，行业的发展史是我国经济建设史的缩影，充分体现了自力更生、艰苦创业的奋斗精神。校史资源不仅能让学生了解石油化工行业的创业史，而且能够培育学生的奋斗精神。这些宝贵的精神财富不仅是石化行业高校办学理念、精神和文化的体现，而且是提高石化行业高校学生自信、自立、自强的重要载体，形成了石化行业高校独特的“共识体系”和“话语体系”。

* 李建华，男，经济学博士，北京石油化工学院马克思主义学院副教授，主要研究方向为社会主义市场经济理论。

本文从石油和化工相关行业特征的视角，赋予思政课更鲜明的行业特色，赋予社会主义核心价值观更生动的实践特色，深入研究石化行业高校校史资源与思政课的融合机制，探索具有石化行业特色的高校思政课教学模式，对于学生的全面培养具有重要的理论意义和实践意义，为高等院校建设高校特色提供一定的理论和实践支撑。

二、校史资源融入石化行业高校思政课教学的重要性

思政课是高校立德树人的关键课程，是每个高校都要按照要求开设的课程，同时教育部为了保证课程质量，对教材和课件等作了比较详细的要求。具体到每个高校思政课的教学，有一般性和特殊性两个方面。一般性就是思政课教材和教学课件的一致性，特殊性就是高校思政课教学的特色。思政课教材和教学课件的一致性保证内容质量，思政课教学有依据。由于教材和课件需要照顾到全国所有高校，教材内容和教学课件的抽象性比较高，部分内容、案例和学生的内心有距离，造成了学生对学校的政治认同、思想认同、情感认同不足，核心价值观和现实不贴近，历史虚无主义等问题。石化行业高校的校史资源是高校思政课的“鲜活教材”和“生动案例”，将校史资源融入石化行业思政课的教学，能够拉近思政课内容和石化行业高校学生的距离，进而在一定程度上解决思政课具体教学中存在的问题。

（一）解决学生政治认同、思想认同和情感认同不足的问题

石化行业高校思政课教学目标之一是让学生树立对中国特色社会主义制度的政治认同，对石化行业高校办学理念的思想认同，对石化行业文化和母校的情感认同。学生需要通过具体的事例来建立政治认同、思想认同和情感认同。部分学者从这一角度研究了校史文化对思政课的重要作用。例如，吴建分析了校史文化的重要性和融入思政课教学的规律。[1] 吴晓认为校史文化有助于打造最美思政课堂。[2] 这些观点为高校思政课提供了有益的借鉴。深入挖

[1] 吴建．校史文化融入思政课教学路径管见——以江苏省南通中学为例［J］．中学政治教学参考，2022（41）：74-75.

[2] 吴晓．深挖红色校史资源 打造最美思政课堂［J］．中学政治教学参考，2021（41）：48-50.

掘石化行业高校校史文化资源，整理出重要的校史文化资料，推出一批优秀校友，让这些资源与思政课相结合，提升石化行业高校的历史形象和历史渊源，提升学生对中国特色社会主义制度的政治认同，对石化行业高校办学理念的思想认同，对石化行业文化和母校的情感认同。这是校史资源融入思政课教学的关键环节。

（二）解决学生社会主义核心价值观与现实不贴近的问题

石化行业高校在人才培养和科学研究等方面作出的贡献是社会主义核心价值观的具体表现，把这些学生熟悉的人物和事例编写成案例融入思政课，能产生良好的教学效果，教学内容更贴近青年学生的思想实际。石化行业在发展中形成了实事求是、与时俱进、勤奋实干、自强不息的行业精神，为石化行业培养了大批高水平应用型人才。为国家和石油化工行业作出杰出贡献的校友，是当代学生学习的榜样。

（三）解决学生中存在的历史虚无主义问题

历史虚无主义是一种缺乏对历史事实和历史细节认识的表现，从石化行业发展的历史事实和历史细节中，可以更深入地领会我国社会主义现代化建设的历史，更好地解决历史虚无主义的问题。近年来，社会上出现了“用改革开放前的历史否定改革开放后的历史”和“用改革开放后的历史否定改革开放前的历史”两种历史虚无主义，石化行业企业和高校的发展史是我国经济建设历史的缩影，改革开放前的艰苦奋斗和改革开放后的迅速发展一脉相承，是否定历史虚无主义的鲜活例证。

三、校史资源融入石化行业高校思政课教学的机制

（一）石化行业高校独特的“共识体系”和“话语体系”

“共识体系”主要指向相对稳定的群体在群体日常生活和思维观念中形成的集体记忆，从而影响群体的思维方式、价值评判，甚至审美追求、文化认同等。在校史融入思政课的教学设计中，可以借用这一概念，让学生对学校

历史和理念产生认同感。“话语体系”是围绕校史及学校文化，逐步形成的富有特色的表达方式和审美追求。与其他行业相比，石化行业有独特的“共识体系”和“话语体系”，本文把校史资源融入石化行业高校思政课教学的机制展示在图1中。

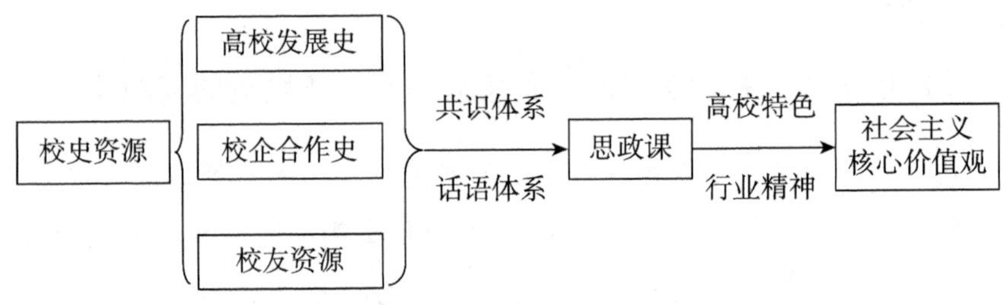

图1　校史资源融入石化行业高校思政课教学的机制

（二）基于“共识体系”和“话语体系”，实现高校发展史与思政课的有机融合

高校特色是校史资源融入思政课教学设计的关键，即通过建立和强调学校、专业和学生的一致性和传承性，形成基于高校自身的“共识体系”和“话语体系”。部分学者从这一角度研究了校史资源和思政课的融合机制。陈春莲从“大思政课”视域下分析了充分挖掘校史资源融入思政课的路径。[1]盛磊等分析了红色校史文化融入思政课的逻辑思路。[2]王伯宁等分析了校史文化融入思政课教学的路径。[3]

石化行业高校从三个层次实现高校发展史和思政课的有机融合。第一个层次是家国情怀，石化行业是国家重要的战略性行业，石化行业高校对国家具有责任感和使命感是其显著特点。第二个层次是科技情怀，石化行业高校普遍设立石化相关技术专业，对技术性和实践性的重视是其显著特点。第三

---

❶ 陈春莲．“大思政课”视域下挖掘校史资源赋能高校思政课教学新探［J］．北京政法职业学院学报，2023（1）：114-121.

❷ 盛磊，闫立光．高校红色校史文化融入思政课的逻辑理路［J］．北京教育（高教），2022（10）：71-73.

❸ 王伯宁，王淑英，王宝华．校史融入高校思政课教学的实践路径探析［J］．张家口职业技术学院学报，2022，35（2）：41-43.

个层次是企业情怀，石化行业高校普遍和石化行业企业有紧密的合作关系，对校企合作的重视是其显著特点。在长期的教学和科研工作中，石化行业高校的教师和学生形成了浓厚的家国情怀、科技情怀和企业情怀，这是其独有的“共识体系”和“话语体系”，石化行业高校的思政课要在此基础上形成自己的教学特色。

（三）基于“共识体系”和“话语体系”的校企合作史与思政课融合机制研究

石化行业高校与石化行业主管部门和企业有着悠久的合作关系。这种合作关系形成了独特的“共识体系”和“话语体系”。部分学者从这一角度研究了校史资源和思政课的融合机制，例如，有些高校以工科为特色，与企业联系比较紧密，张牧云等总结了清华大学悠久的校史资源融入思政课程教学的实践经验。❶ 丁伟分析了校史资源融入思政课教学的价值和路径。❷ 对于石化行业高校来说，首先，我们要分析石油化工行业的发展历史融入思政课的机制，充分展现石化行业发展中的艰苦创业精神。其次，分析石化行业代表性企业的发展历史融入思政课的机制，研究石化行业高校培养的人才对国家和行业的推动作用。最后，分析石化行业校企合作史融入思政课的机制，研究人才培养和企业发展延伸出的校企合作的机制。

（四）基于“共识体系”和“话语体系”的校友资源与思政课融合机制研究

石化行业高校为国家和石油化工行业培养很多优秀校友，可以从“同学”和“同行”两个维度建立起独特的“共识体系”和“话语体系”。一方面，这些优秀校友作为已经毕业的学生，与在读学生是“同学”，可以拉近在读学生与优秀校友的感情。另一方面，在读学生毕业后多数也会进入石化行业，成为这些优秀校友的“同行”。通过介绍这些优秀校友的事迹或者邀请这些优

---

❶ 张牧云，秦斐斐．红色校史资源在思政课教学中的运用——以清华大学“中国近现代史纲要”课为例［J］．社会主义核心价值观研究，2021，7（5）：73-78.

❷ 丁伟．校史文化融入高校思政课的价值与路径——以东华大学为例［J］．纺织服装教育，2021，36（4）：319-323.

秀校友现身说法，让在读学生更深入地了解行业和企业的发展前景。部分学者从这一角度研究了校史资源和思政课的融合机制，例如有些高校历史悠久，校友资源丰富，耿化敏以中国人民大学为例，深入分析了校史资源融入思政课教学的“大思政课”教学理念。❶ 狄鸿旭等以中央民族大学为例，深入分析了校史资源融入思政课教学的逻辑、理念和方法。❷ 我们要深入研究校友资源和思政课的融合机制，通过“同学”和“同行”两个维度建立起独特的“共识体系”和“话语体系”，建立起与时代对标的校史杰出人物课堂资源体系，并通过讲述好这些人物故事，使之整合成为在读学生乃至教师理解初心和使命的基础资源。

四、校史资源融入石化行业高校思政课教学的路径

（一）深入挖掘石化行业高校发展史资源，总结归纳校史文化，建立思政课校史案例库

办学历史越长的高校，校史资源越丰富。校史资源往往涉及多个方面，大量文字材料和视频材料积累在一起，需要专门人员按照一定的思路整理归纳，总结提炼为校史文化。思政课教师可以在校史文化中寻找和整理思政课需要的案例库。多数高校都有校史馆，校史馆是总结提炼校史文化的最佳场所，也是思政课教师建立思政课校史案例库的最佳场所。石化行业高校发展史和社会主义现代化建设的历史高度一致，校史资源可以从两个视角建立思政课校史案例库。第一个视角是从国家的战略需求角度整理，不同的历史时期，国家的战略需求重点不同，石化行业高校在人才培养和科学研究方面对国家战略需求的贡献是思政课的优质案例。第二个视角是从科技进步角度整理，科技竞争是国家之间竞争的焦点，石化行业高校在科技进步方面的贡献是思政课的优质案例。

---

❶ 耿化敏．红色校史资源与中国人民大学“大思政课”建设［J］．教学与研究，2022（5）：30-34.

❷ 狄鸿旭，杨宗丽．校史融入思政课：逻辑、理念与方法——以中央民族大学为例［J］．民族教育研究，2022，33（6）：98-104.

（二）建立思政课教学的校企合作机制，探索校企合作讲思政课新模式

校企合作是整合资源推动科技进步的重要措施，基于石化行业对国家的重要意义，石化行业的校企合作不仅对整合资源推动科技进步有重要意义，而且对满足国家战略需求，提高国家核心竞争力有着重要意义。石化行业高校可以探索校企合作新模式，将校企合作的技术研发及其对国家的重要意义作为教学案例，融入思政课教学过程，让思政课和学生的专业课实现更高水平的融合，实现专业学习和立德树人的有机融合。

（三）发挥优秀校友的榜样作用，建立优秀校友返校讲思政课的机制

人才培养是石化行业高校的重要职能，优秀校友一方面是高校过去的“优质产品”，另一方面也是高校现在的“优质资源”。对于思政课来说，这些优秀校友就是思政课生动的教学案例。石化行业高校要建立优秀校友返校讲思政课的机制，这些优秀校友作为已经毕业的“同学”，他们的事迹是学生理解中国特色社会主义建设历史经验的一把钥匙，为学生理解新时代中国特色社会主义现代化强国建设目标提供生动的案例。

五、结论

校史是高校办学理念、治校精神、校园文化的重要载体，各高校以此为基础，形成了独有的“共识体系”和“话语体系”。石化行业高校独特的家国情怀、科技情怀和企业情怀是其独有的“共识体系”和“话语体系”，石化行业高校的发展史、校企合作史和校友资源为思政课教学提供了丰富的“鲜活教材”和“生动案例”，为探索校史资源和思政课的有机融合，提高思政课的教学效果提供了崭新的思路。

“互联网+”视野下高校思想政治理论课教学O2O模式研究

——以“毛泽东思想和中国特色社会主义理论体系概论”课为例*

武靖茗**

摘　要：“互联网+”时代的信息技术革命改变了大学生的思想认知和行为模式，社会技术转型、市场化教育发展、信息碎片化冲击着高校思想政治理论课的传统教学模式。高校思想政治理论课教学O2O模式通过对线下线上的有机融合，能够缓解这种冲击，提升高校思想政治理论课教学针对性和实效性，提高学生的参与感和获得感。但当前高校思想政治理论课教学O2O模式还存在内容框架不够完善、运行逻辑不够科学、课程内容不够有吸引力等问题，需要进一步探索完善其建构路径。

关键词：互联网；高校思想政治理论课教学；O2O模式

2016年，习近平总书记在全国高校思想政治工作会议中指出：“要运用新媒体新技术使工作活起来，推动思想政治工作传统优势同信息技术高度融合，增强时代感和吸引力。”❶ 高校思想政治理论课教学O2O模式正是这样一

---

* 本文系北京石油化工学院校级教改一般项目“《概论》课基于‘以学生为中心’的教学设计与实践”（项目编号：YB202305001）的研究成果。

** 武靖茗，女，法学博士，北京石油化工学院马克思主义学院讲师，主要研究方向为马克思主义中国化时代化。

❶ 习近平．把思想政治工作贯穿教育教学全过程 开创我国高等教育事业发展新局面［N］．人民日报，2016-12-09（01）．

种“将传统的课堂教育、实践服务（线下）与现代网络资源、教育技术（线上）深度融合的一种全新教育模式”。[1] 在“互联网+”视野下，该模式充分运用互联网先进技术，将线下线上有机融合，创新大学生学习实践方式，有效提高思想政治理论课教学效果。因此深入研究高校思想政治理论课教学O2O模式构建逻辑和路径是非常有必要的，本文主要以“毛泽东思想和中国特色社会主义理论体系概论”课（以下简称“概论”课）为例进行研究探讨。

一、“互联网+”时代高校“概论”课教学面临的挑战

在大数据、云计算、互联网、移动网络等技术迅速发展的信息时代，传统的大学生思想政治教育模式受到颠覆性冲击，首要的就是互联网拓宽了大学生获取信息的渠道。对“概论”课教学而言，主要产生以下三个方面影响。

1. 互联网降低大学生对“概论”课程的兴趣

为了吸引和抓住用户，提升流量，当前网络各大平台都在积极地进行娱乐化内容的建设。作为“网络原住民”成长起来的当代大学生，对思政课堂娱乐性和趣味性的要求较高。思政课教师被迫成为“段子手”，不幽默的思政课教师无论教学功底怎样，听课率往往都不会理想，学生们甚至无“梗”不抬头。然而“概论”课毕竟是一门理论课。理论课的特点就是枯燥艰深，无论教师怎样进行教学设计的丰富和创新，也难以达到学生在网上习惯和期待的趣味性，这也是当前高校思政课堂普遍听课率低的重要原因。另外，当前短视频的兴起大大改变了学生们的学习习惯。短视频的本质是在极短的时间内进行信息轰炸，当大脑习惯了这种频率的刺激后，学生们也就习惯了在1分钟内必须要能获取“爆点”，否则就会丧失兴趣，而对于“概论”课这样的理论课程，既不会有强烈的娱乐性，也不可能有博人眼球的猎奇观点。只有真正沉下心、静下气去学习和思考才能领悟到课程的精髓和魅力。

2. 互联网削弱“概论”课堂的权威性

很多大学生在“概论”课学习过程中，其获取信息的来源不再仅仅是教

---

[1] 常娜，曹辉．“互联网 +”背景下 O2O 教育生态圈及其建构［J］. 教育理论与实践，2016（11）：6-8.

师，还包括网络。大量来自网络的信息有效地增添了教学内容的纵深性和延展度，但一些具有误导性的信息也会让学生感到困惑，尤其是当一些信息与课堂内容不一致时，就会让学生对课堂产生质疑。网络上对“概论”课教学内容的解读，往往站在一些特殊层面或者特殊角度，其目的是满足人们猎奇的心理。这也使得“概论”课教学不仅要完成传统的课堂教授任务，还要承担起辨析网络相关言论是非对错的职责，而目前大班教学的“概论”课堂很难做到及时且有针对性地为每位学生答疑解惑。另外，很多知名的专家学者也会使用网络开启自己的课程讲授，但每一位学者的理解、角度、目的及侧重点都不同，不同学校开设课程针对的学情也不同，学生盲目地进行观看和比较，难免会认为自己学校的“概论”课程水平不如互联网中的课程水平，从而对线下课堂教学产生懈怠的情绪。

3. 互联网影响“概论”课程对大学生价值观的塑造

在当前的高考制度下，很多学生在高中阶段都是“两耳不闻窗外事”，一心只关心考试成绩，这就导致大学成为青年们塑造价值观的关键阶段，高校思想政治理论课必须很好地承担和完成立德树人的任务。“概论”课学习使大学生们能够理解、掌握并高度认同马克思主义中国化时代化的理论成果，充分认识到马克思主义中国化时代化的理论价值和实践意义，牢固树立社会主义核心价值观，坚定“四个自信”，坚决做到“两个维护”，最终担当起实现中华民族伟大复兴的伟大历史使命。

但随着互联网尤其是自媒体的兴起，西方价值观念开始越来越多地走进大学生的生活，给高校思想政治理论课正确塑造大学生的价值观带来了不小的挑战。一方面，互联网上一些别有用心之人通过将西方价值观嵌入社会主义核心价值观中，打着对社会主义核心价值观再解读的名义，实为传播西方价值观的内核。而缺乏理论积淀和实践经验的大学生们恰恰最容易被这种看似新奇的解释所吸引。另一方面，通过鼓吹平等、自由、人权等价值理念的西方价值观对大学生具有很强的迷惑性和蛊惑性。例如，单纯的利己主义本是中华优秀传统文化和社会主义先进文化所共同摒弃的，但在互联网新时代套上了“精致”的前缀，伴随着一些自媒体不负责任的解读和传播，竟然让很多大学生默默地选择了认同，这其实就是严重受到西方个人主义、功利主义的影响。试想，如果每一个大学生都选择做所谓的“精致利己主义者”，那么我们如何形成有效合力进行社会主义现代化建设？而这不正中了西方某些国家的下怀么？

互联网已然成为时代主题，因此如何构建好高校“概论”课教学O2O模式，克服互联网弊端，解决以上痛点，实现线下线上深度融合，完成好高校思政课立德树人的使命，是很值得进一步深思的。

二、“互联网+”视野下高校“概论”课教学O2O模式难点

1. 高校“概论”课教学O2O模式难点在于内容框架不够完善

O2O模式的核心是线上和线下的融合，所以在高校“概论”课教学过程中，线上和线下内容框架都必须完善，目前主要存在的问题有两点：一是二者之间的融合度存在问题。在很多高校的“概论”课教学中，线上和线下的内容是完全独立的或者是重复的，总之，并没有形成一个完整的科学体系，导致学生在学习的时候也是完全割裂的，线上是一回事，线下又是另一回事，不但没有形成合力，反而浪费了时间。一些学校甚至只是将高校“概论”课内容上传到网络，形成一个电子版本的“概论”课教材，这对O2O的模式发展更是没有任何帮助。二是线上和线下的内容框架非常混乱。这些混乱主要体现在没有理顺高校大学生“概论”课教学中线上和线下之间的关系，到底哪一个作为主导还不够明确。目前线上平台课程内容和选择都极其丰富，有的学校还采取计算学分的方式，强行要求学生进行观看，这就导致线上课程逐渐成为教学的主体内容。很多教师也认为线上课程非常重要，干脆线下也放起网络课程来。这其实是一种典型的本末倒置行为。一方面，教育部编教材才是一切遵循的根本，而线上课程推陈出新，体系五花八门，不宜作为学生的主体课程。另一方面，由于线上课程不可能从具体的学情出发，因此难以具有较强的针对性。总而言之，以“概论”课统编教材为遵循，更好地结合本校学情展开的线下课程才应该占主导地位，而线上课程起到辅助补充作用。

2. 高校“概论”课教学O2O模式难点在于运行逻辑不够科学

高校“概论”课教学O2O模式运行逻辑目前主要存在以下三个方面的问

题：第一是完整性不够。O2O 模式的核心在于线上和线下的合作，以强化“概论”课教学效果，所以线上的内容也一定要具有完整性。尤其是“概论”课理论性非常强，更应注重理论之间的逻辑完整性。目前线上资源存在一定的残缺或者条理性的混乱，不仅是在线上收不到良好效果，学生在线下的学习也会随之大打折扣。第二是便利性不够。O2O 模式的一大优点就是便利。线上教学能够使大学生随时随地利用碎片化的时间进行学习，可以任意挑选自己感兴趣的、未理解的内容反复学习。但当前很多线上平台的页面设置得不够优化，模块分类也不够科学，这就使得琳琅满目的线上资源不但不便利，反而让学生在选择上犯了难，或者选不对自己真正需要的，浪费了学习时间。第三是专业度不够。任何一个线上的思政理论教学平台，其本身都应该是高等院校思想政治教育课程的一种延伸。所以内容上必须足够专业，任何扩展的内容都应该符合高校思想政治理论课教学的标准和需要，而目前线上内容还存在一部分随意的、未达成统一认识的言论，这就会造成教学的混乱。

3. 高校“概论”课教学 O2O 模式难点在于课程内容不够有吸引力

当前高校思想政治理论课教学的痛点之一就是学生听课率问题，以“概论”课为例，导致学生听课率较低的原因是多方面的，其中一个很重要原因就是课程理论性太强，线下授课教师采取的授课方式以讲授为主，枯燥的理论讲授使得学生普遍对“概论”课不太感兴趣。同时“概论”课的课堂互动也是围绕着马克思中国化时代化理论成果展开的，这些理论内容学生很难一下子真正理解，所以很大一部分学生对互动是避之不及的。这样的课堂上学生的存在感很低，更别提深度地参与和实践，这就导致学生的获得感很低，整个课程对学生的吸引力也很低。而单纯地依靠翻转课堂等线下教学模式的创新也很难从根本上解决这一问题。O2O 模式本来应该充分利用好网络技术的优势和便利，提高课程的趣味性和学生的参与度，来弥补线下课程这一缺陷。而当前一些线上教学资源几乎就是把线下课堂原封不动搬到了线上，有的甚至还不如线下能够实时互动更有参与感，并不能有效地吸引学生进行学习。

三、“互联网+”视野下高校“概论”课教学O2O模式构建路径

1. 高校“概论”课教学O2O模式应完善内容框架

当前“概论”课教学O2O模式完善内容框架主要有两个重点任务：其一是找到正确切入点，使线上和线下教学内容实现有机融合。线下内容无疑是主体，一切都要遵循“概论”课统编教材，要保证线下理论内容和知识框架的完整性、脉络的清晰度。以此为基础，线上的内容既不能与线下毫不相干，更不能是线下的简单重复，而是要找到更具现实性和针对性的切入点，与线下形成有效互补或者拓展。其二是明确学习任务，使线下线上学习过程实现有机融合。“概论”课教学O2O模式的本质是要提高教学质量，提升学习效率而不是平添学生的学习任务和难度。因此明确课前、课中、课后哪些任务更适合在线上完成，哪些任务更适合在线下完成是非常必要的。应该形成一个更为有效的完整的学习过程，而不是简单地把过去线下的学习任务拆分一部分到线上去。

通过完善内容框架，“概论”课教学O2O模式能够使学生更真切地感受到“概论”课是“有用”的，从而增加获得感。

2. 高校“概论”课教学O2O模式应理顺运行逻辑

当前“概论”课教学O2O模式应理顺运行逻辑，尤其应持续优化线上平台页面。页面优化主要是为了保证线上的便捷性，学生可以第一时间通过模块分类、搜索等导航迅速在主页面中找到相应的课程内容，以节省学习时间。另外，还应保持线上内容的专业度。这个专业度不是主要从科学理论本身去审视，而是它的内容必须符合高校思想政治理论课教学的需要和标准，理论创新也应该牢牢限制在这一范围内。一切与教材不符的言论，即使具有一定先进性也不应该出现在这一平台，这样才能确保整个教学的权威性。

通过理顺“概论”课教学O2O模式的运行逻辑，能够使整个课程教学链条更完整，过程更有效率，从而提升教学效果。同时更让学生坚定思政课教师是“可信”的，“概论”课是“可信”的，提升学习效果。

3. 高校“概论”课教学 O2O 模式应强化课程内容

增强课程趣味性无疑是当前“概论”课面临的头号难题。围绕如何增强趣味性，多年来线下的教学设计作了大量的研究和创新，但目前仍然没能真正有效解决这个问题。尤其不同学校的学情不同，一些在某些院校被证明有效的教学设计无法被有效复制到其他院校中。而线上平台其实能够做得更好。一方面，线上平台还应进一步做好视频剪辑，例如三分钟的内容先导、要点总结、精彩早知道，等等，三分钟很容易模糊学生对学习时间成本的认知，感觉轻轻松松，不会产生抵触、畏难情绪，同时这也符合当前学生使用短视频平台形成的习惯。当然在一个又一个三分钟后，是学生自然而然地对“概论”课产生兴趣，能够更好地进行深入、系统的学习。另一方面，利用网络技术提升学生的参与度。可以在线上平台专门开辟出一个模块让学生选取自己感兴趣的内容自己制作课程，可以是微视频，也可以是小品、相声、脱口秀等任何创作方式。这些作品不仅有趣，还贴近学生自己的生活，因此能够吸引学生进行观看和学习。更重要的是使学生感到受重视，有参与感，“概论”课不仅有理论，更有温度。这样，“概论”课在完成价值观教育的同时，学生也更愿意接受。

综上所述，高校思想政治理论课教学 O2O 模式建设是互联网时代的大势所趋，“我们不可低估‘互联网+’对教育的影响，这种影响甚至可能深至骨髓，直接摧毁传统守旧的教育生态，重塑一个开放创新的新的教育生态”[1]。只有不断完善其建构路径，解决当前面临主要难题，才能真正发挥好该模式的优势，使线上和线下形成合力，提升高校思想政治理论课教学的针对性和实效性。

---

[1] 赵国庆．“互联网+教育”：机遇、挑战与应对［N］. 光明日报，2015-06-09（01）.

理工类一般本科高校“中国近现代史纲要”课程质量提升思路探析

耿科研*

摘　要：本文探讨了理工类一般本科高校“中国近现代史纲要”课程质量提升的思路。针对学生基础知识薄弱、基本文化素质下降和课堂学习效果不佳等问题，提出了学情调查精细化、教学相长、教学设计调整等方面的改革措施。教师需制定科学的评价标准，通过云班课系统观察和记录学生的推进情况，指导学生的阅读实践，提升课程质量。同时，教师角色需亲和化，关注学生的价值观引导，帮助他们发现自己的能量，激励他们独立思考，使其尽早学会关心个体和社会命运。

关键词：高校思政课；理工类一般本科；中国近现代史纲要；学情分析

“中国近现代史纲要”课（以下简称“纲要”课）是全国高等学校本科生必修的一门思想政治理论课，主要讲授1840年以来中国人民为救亡图存和实现中华民族伟大复兴而英勇奋斗、艰辛探索并不断取得伟大成就的历史；尤其是全国各族人民在中国共产党领导下，进行艰苦卓绝的斗争，经过新民主主义革命，赢得民族独立、人民解放，建立中华人民共和国，经过社会主义革命、建设、改革，把极度贫穷落后的中国逐步改变成持续走向繁荣富强、充满生机活力的社会主义中国的历史。课程目标包括知识、能力、价值三个

* 耿科研，女，历史学博士，北京石油化工学院马克思主义学院副教授，主要研究方向为中国近现代史。

维度，旨在帮助学生掌握中国近现代历史的主题和主线，深刻认识近现代中国革命、建设、改革的历史和近现代中国社会发展进程，深刻领会“四个选择”“三个为什么”；提高运用科学的历史观和方法论分析和评价历史问题、辨别历史是非和社会发展方向的能力，自觉警惕和反对历史虚无主义；厚植爱国情怀和历史责任感，增强民族自尊心、自信心和自豪感，坚定中国特色社会主义道路自信、理论自信、制度自信和文化自信，从而树立正确的世界观、人生观、价值观。

与“双一流”高校或一般本科高校中的文科类高校相比，理工类一般本科高校学生的人文社科知识储备及学科素养相对处于弱势地位。理工类一般本科高校“纲要”课质量提升难度更大，需要任课教师特别关注并探求改革方案。

一、学情痛点

理工类一般本科高校相当一部分学生在高考时没有选考历史或政治科目，因此，不少学生对中国近现代史的基本史实存在知识空白、记忆不清甚至理解错误，也缺乏探究历史问题的兴趣和思路。从2023年秋季学期“纲要”课教学及期末考试情况来看，学生的学习质量仍然不容乐观，而且出现了在往届学生中并不显著的一些棘手问题，主要包括以下三个方面。

第一，部分学生有关中国近现代历史基础知识薄弱，一些应该在中小学学段就掌握的常识性知识点仍存在漏洞，试卷作答中因此出现各种不该出现的错误，如洋务运动培养了钱学森，《马关条约》割占了钓鱼岛，李大钊公车上书，遵义会议产生了红船精神等。这些学生的基础知识亟待补齐，分析问题的能力亟待提升。

第二，部分学生基本文化素质较前有下降趋势，基本功不扎实、基础薄弱的情况比较突出。不少学生字迹潦草难辨，错别字、用词不当等情况在试卷中出现频率较高，如不止一位学生将“脱不了干系”“推波助澜”等含有贬义的词汇用于表述积极和正面的内容，还有学生用“巾帼英雄”形容林则徐，用“状举”代“壮举”，“起萌”代“启蒙”，“无耐”代“无奈”，“婉惜”代“惋惜”，不胜枚举。

第三，学生课堂学习的表现参差不齐，学习效果需要鉴别。部分学生课堂听课效率较低，在教师多次提醒的情况下仍忍不住戴蓝牙耳机玩手机游戏、刷视频；还有一些学生课堂纪律无可挑剔，不玩手机，不迟到、早退，不交头接耳，会抬头听讲，但也会利用课上时间进行其他科目的学习、完成其他科目的作业；只有少部分坐在教室前排的学生能够真正做到课上全程认真听讲，紧跟老师的教学进度和思路。

当然，上述三种情况的出现与疫情有直接关系，部分学生在线上学习期间过于放松对自己的要求，导致基础没有夯实，学习习惯不佳。更重要的是，“纲要”课的开课时间一般是大学一年级，而理工类一般本科高校的大一学生通常还没有养成良好的阅读习惯，缺乏阅读兴趣，阅读的广度和深度更无从谈起。无论哪种原因，上述情况的存在都对任课教师的教学设计和改革思路提出了严峻的挑战。

二、教情分析

相对于从事其他课程教学的教师而言，思政课教师的学科专业背景差异性更强，除马克思主义理论学科外，还广泛涉及哲学、法学、政治学、经济学、历史学、教育学、心理学等不同学科。就“纲要”课来说，任课教师学科背景同样比较多元，具有中共党史、中国近现代史及国际政治等专业背景的任课教师占较大比例。但考虑到马克思主义理论学科的发展历史及进程、课程内容及特点等因素，无论是哪种专业背景，在教学中都不可能具有绝对的优势，仍然需要不断加深学习。因此，当前以下方面的努力都在持续推进中。

第一，大中小学段思政课一体化协同。大中小学每个学段开设不同内容和深度的思想政治理论课，大学阶段的“纲要”课教师应该努力做到对全部学段的思想政治理论课结构都有较为清晰的把握，居高临下，统揽全局，明确自己主讲的这门课程在本学段甚至全学段的思政理论课课程体系中的位置和作用。

第二，大学阶段各门思政课之间融会贯通。“纲要”课教师除了需要在本课程中专精钻研，还应该胸怀思政课“课程群”大局，有序研读大学阶段开设的其他各门思政课教材，特别是马克思主义基本原理概论，即“原理”课。“原理”课是高校思政课课程体系的根基，搞不懂根系，就讲不清枝干。“纲要”课教师不熟读马克思主义基本原理，讲“四个选择”中历史和人民为什么选择了马克思主义、选择了社会主义，就不会有说服力。

第三，高校思政课程与课程思政互联互通。对思政课教师而言，课程内容和特点本身就要求教师具备多学科知识储备。对专业课教师而言，加强课程思政建设是在专业课教学中贯彻实现立德树人根本任务的必由之路。因此，“纲要”课教师一方面要向其他专业教师请教，另一方面可以发挥史学背景的优势，探索互联互通、交流合作的方式。理工类一般本科院校在人文社科专业方面门类不够丰富，但理工类专业优势强劲，积极推进互联互通，对促进课程质量提升大有裨益。

三、改革思路

任何一门课程的教学都是师生间双向奔赴的过程，其最高境界是教学相长。思政课教学离不开教师的主导，同时必须始终坚持以学生为中心，加大对学生的认知规律和接受特点的研究，发挥学生主体性作用。❶ 如此，师生才能在教学活动中实现更顺畅、更高效的沟通和交流。为提高“纲要”课的教学质量，可以从以下几个方面入手，逐步探索和推进教学改革。

第一，学情调查精细化。任课教师每学期初都要进行细致的学情调查，精心设计问卷题目，深入了解每位学生的基础水平、学习特点、方法倾向、难点难题、兴趣所在、思考问题的角度和积极性等情况，并请每位学生提出一个有关中国近现代历史的问题。任课教师回收问卷，针对学生填答内容进行整理、汇总、归类，特别是学生提出的感兴趣的历史问题，尽量按照教材章节顺序排列，并在未来的教学进程中逐一与学生进行交流、探讨，为学生答疑解惑。学生的疑惑就是思政课要讲清楚的重点。❷ 思政课上学生会提一些尖锐敏感的问题，往往涉及深层次理论和实践问题，把这些问题讲清楚讲透

❶ 习近平．思政课是落实立德树人根本任务的关键课程［M］．北京：人民出版社，2020：21.
❷ 习近平．思政课是落实立德树人根本任务的关键课程［M］．北京：人民出版社，2020：15.

彻并不容易。[1] 正因如此，通过提早进行精细化的学情问卷调查，提前了解学生有关课程的困惑和难点，对任课教师充分备课、讲深讲透课程内容至关重要。思政课教师所讲的理论、观点、结论要经得起学生各种“为什么”的追问，这样效果才能好。[2]

学情调查问卷问题示例

你的家乡在哪个省市（　　）

高考是否选考了历史/政治科目（　　）

你在大学阶段学习的专业是（　　）

对中国近现代史，你感兴趣的一个历史问题是（　　）

你感兴趣的一个或多个历史人物是（　　）

你觉得历史学习的难点是（　　）

你认为中国近现代史的起点是（　　）

你认为中国近现代史可以分为几个阶段（　　）

你觉得学习“中国近现代史纲要”这门课有什么用（　　）

你觉得如果想学好“中国近现代史纲要”这门课，最需要做什么（　　）

回首高中阶段（大一第一学期）的学习，你觉得自己在学习方法上最大的骄傲是什么（　　）

回首高中阶段（大一第一学期）的学习，你觉得自己在学习方法上最大的遗憾是什么（　　）

如果用一句话概括，你认为近代中国与世界的关系是什么样的（　　）

如果用一句话概括，你认为今天中国与世界的关系是什么样的（　　）

如果用一句话概括，你认为10年之后的中国是什么样的（　　）

如果用一句话概括，你认为10年之后的世界是什么样的（　　）

你觉得10年之后的自己是什么样的人（　　）

课余的闲暇时间你主要做什么或从事什么活动（　　）

你最近一次完整阅读完一本书是什么时候（　　）

---

[1] 习近平．思政课是落实立德树人根本任务的关键课程［M］．北京：人民出版社，2020：11.

[2] 习近平．思政课是落实立德树人根本任务的关键课程［M］．北京：人民出版社，2020：18.

如果要求你每天阅读，你觉得自己每天可以抽出多少分钟（　　）

第二，任务目标精准化。教学过程是任课教师在教学设计指导下引导学生积极参与课前、课中、课后各项活动，师生合作共同实现课程学习目标的过程。“纲要”课教学中，任课教师不仅要将每节课的学习任务目标明确传达给学生，讲清要点、重点、难点，设计针对性测试保证学生不掉队，还要对整个课程学习的全过程有明确精准的设计，保证课程考核的公平合理。

“纲要”课程考核采用平时过程性评价与期末终结性评价相结合的考核方式。其中，过程性评价包括随堂测验、作业任务、线上学习、学习表现、学习展示（如专题汇报、读书笔记心得、课程小论文、微视频录制）等，期末终结性评价为闭卷考试。具体成绩构成为按百分制的总评成绩＝作业任务（10分）+随堂测验（10分）+线上学习（10分）+学习表现（10分）+学习展示（专题汇报/读书笔记/小论文/微视频等，10分）+期末考试成绩×50%（期末试卷卷面满分100分）。

针对上述各项过程性考核内容，任课教师都需要制定科学的评价标准，并通过云班课系统随时观察和记录学生的推进情况，了解学生的困难和指导需要。

第三，阅读实践模块化。新教育实验发起人、苏州大学朱永新教授曾指出，学校教育最关键的一点就是让学生养成阅读的习惯，培养阅读的兴趣和能力，如果一个学校将这个问题解决了，主要的教育任务应该说就算完成了。[1] 由此可见，如果一门课程能够为培养学生的阅读习惯、兴趣和能力这一目标做出哪怕一丝一毫的努力和推进，那么这门课程的质量一定不会太差。河南大学王立群教授也认为，获取知识，亲身实践固然重要，但阅读是主渠道，因为有研究指出，一个人才的知识建构，从直接经验中获得的不足20%，而通过阅读得到的间接经验高于80%，阅读在获取和拓展人类知识方面功不可没。[2] 结合“纲要”课的课程特点，任课教师在教学活动中指导学生针对授课内容开展有计划、模块化的阅读实践，应该是提升课程质量的不二之选。

---

[1] 朱永新．我的阅读观：一个人的精神发育史就是他的阅读史［M］．桂林：漓江出版社，2022：8.

[2] 朱永新．我的阅读观：一个人的精神发育史就是他的阅读史［M］．桂林：漓江出版社，2022：4.

教师结合“纲要”课课程目标要求和理工类一般本科高校学生的基础，制定学期阅读计划，以教材、史料、学术著作、文学作品四类文献为基本框架，精选阅读内容。

为保证学习质量，阅读实践严格以“纲要”课教材为本，明确各章节的学习目标和阅读目标，尽最大可能帮助学生填补基础知识的漏洞。教材是“纲要”课教学最权威的依据和最根本的遵循，如果教材上的内容都吃不透、记不准，就谈不上拓展和延伸，即使拓展也是舍本求末、事倍功半。因此，理工类一般本科学生的“纲要”课教学不能单纯依赖课件，任课教师一定要帮助和指导学生学会阅读教材、掌握教材。课件图文并茂，文字简洁，降低了学生阅读理解的难度系数；而教材则不同，内容以文字为主，论述充分，逻辑贯穿全篇，对理工类一般本科学生而言阅读理解难度较大。如果教学全程都以课件为媒介，学生课后可能仍然觉得教材内容很陌生，面对随堂测试，特别是期末试卷题目时很可能不知所措。换言之，教师在课堂授课过程中需要带领学生认识和消化课件内容与教材内容的对应关系和逻辑结构，以尽最大可能降低其课后独立阅读教材和复习时的困难程度。

史料是史学研究的基础，没有史料就没有史学。史料是指历史上留下来的各种痕迹和证据，包括文字记载、实物遗存、图像资料等。就“纲要”课教学中的阅读实践对象而言，史料文献主要指有关中国近现代史的文字资料记载，特别是中国共产党历史文献资料。例如，2022 年 8 月，在党的二十大筹备召开期间，中共中央党史和文献研究院、中央档案馆合作编辑的《中国共产党重要文献汇编》首批 12 卷，由人民出版社出版发行。该《汇编》共 430 余万字，收录了 1921 年至 1927 年期间党的各类重要历史文献 1109 篇，其中 200 余篇为首次公开发表。类似的历史文献资源对“纲要”课教学的重要性不言而喻。[1]

学术著作和文学作品方面，考虑到理工类一般本科学生的思维特点和阅读基础，“纲要”课阅读实践中的学术著作比例不宜过高，可以适当增加文学类文本推荐。理工科学生容易对历史产生距离感，难以产生共情，而不同历

[1] 仝华．充分运用《中国共产党重要文献汇编》资源厚植“中国近现代史纲要”课教学内容［J］．思想教育研究，2024（1）：70.

史时期诞生的文学作品和反映不同历史时期生活面貌的文学作品其灵魂就是塑造人物形象，简而言之，是“讲人”的。从某种意义上说，历史从来都是具体个体的历史，是活生生的一个个具体的人，历史上的人们就像今天的我们一样，有喜怒哀乐、悲欢离合，这样的作品学生容易理解，也容易产生共鸣。因此，组织学生适当阅读经典文学作品对理解“纲要”课讲授的各个历史时期具有显著的促进作用。

第四，教师角色亲和化。虽然理工类一般本科学生在人文社科方面的基础知识相对薄弱，但任课教师在思政课教学中也不能板起面孔只强调知识性，更不能为了应付考试让学生死记硬背知识点，而不注重对学生价值观的引导。❶ 思政课教师，要给学生心灵埋下真善美的种子，引导学生扣好人生第一粒扣子。❷

从这个意义上说，思政课教师甚至要向心理咨询师或者心理治疗师学习，要看到不同学段、不同思政课程的教学有不同的治疗主题，要敏锐感知学生在成长中的求知困惑，青春期的迷茫困顿，学习生活中的拖延……本质上，思政课教学是要教给学生道理，但又不是直接将道理塞到学生手里——思政课教学过程是教师帮助学生发现自己的能量，激励他们独立思考，使其尽早学会关心个体和社会命运的过程。如此，学生才能够随着课程学习而成长，既努力弥补其基础薄弱的缺憾，又能在大学阶段实现某种程度的逆袭——重建兴趣，学有所得，思有所获，研有所悟，行有所依。

总之，无论哪个学段的教育都应该是学识、智力和心灵三者的融汇，缺一不可。人是感情动物，需要交流，传道授业解惑，其本身就有心灵抚慰的作用。师生论道，乐在其中，这应该是思政课教学的最高境界。

---

❶ 习近平．思政课是落实立德树人根本任务的关键课程［M］．北京：人民出版社，2020：18.

❷ 习近平．习近平谈治国理政（第三卷）［M］．北京：外文出版社，2020：330.

党史文献融入“中国近现代史纲要”教学的实践与思考*

郑　艳**

摘　要：党史文献是优质的教学资源和德育资源，对“中国近现代史纲要”（以下简称“纲要”）教学有着厚植教学内容、提升理论深度、培育价值认同的独特价值。将其融入“纲要”教学，应当遵循历史性原则、主体性原则和实践性原则，明晰融入的目标导向、文献内容和具体方式，有效推动融入以教师为主导的课堂教学和以学生为主体的课外研读，形成课内外一体化融入的教学模式，从而实现其思想政治教育功能，不断提高教学质量和育人实效。

关键词：党史文献；融入；“纲要”教学

文献史料是历史学科的基础。没有文献史料作支撑的历史研究和教学，犹如空中楼阁、无源之水。“纲要”是高校思想政治理论必修课之一，主要讲授 1840 年以来的中国历史，跨越 184 年。其间，中国共产党从成立到发展壮大的 103 年历史，深刻改变了中国近现代历史的发展方向和进程，其重要性不言而喻。党史文献和党的历史相伴相随，记述或印证了党由小到大、由弱及强的艰辛历程，其价值不容忽视。正因如此，党史文献是“纲要”开展教

* 本文系北京石油化工学院教育教学改革和研究项目“构建党史学习教育融入《中国近现代史纲要》的四重维度教学体系的教学改革与实践”（项目编号：ZD202206001）的研究成果。

** 郑艳，女，历史学博士，北京石油化工学院马克思主义学院讲师，主要研究方向为中国近现代史基本问题、党史党建。

学和研究不可或缺的重要依据，将其融入“纲要”教学，不仅为应有之义，且意义重大。本文拟从文献运用和阐释的角度，对党史文献如何有效融入“纲要”教学作一探讨。

一、党史文献融入“纲要”教学的价值意蕴

党史文献是指记录跟中国共产党有关知识和信息的一切载体，对“纲要”教学有着厚植教学内容、提升理论深度、培育价值认同的独特价值。

（一）党史文献为“纲要”教学提供生动的教学素材

“纲要”兼具历史课和政治课的双重功能。作为历史课，首重叙事，进而让学生获得正确结论，但结论建立于历史真相基础之上，必须由历史事实推导而来，做到论从史出，而非妄下结论。由于篇幅和体例所限，“纲要”教材内容具有高度概括性，全书36万字，涵盖了近200年历史，框架清晰，结论正确，但对某些重大历史事件和重要历史人物的叙事略显单薄，缺乏历史细节和血肉，学生感觉不够用、“不解渴”。作为历史原声的党史文献正可弥补“纲要”教材叙事的不足。党史文献形式多样，有档案、文件、中共领导人及各方面活动家的文集、报刊、回忆录、研究论著、影像等，内容丰富，囊括了政治、经济、文化、军事、外交等不同领域的社会活动内容，记载了鲜活的党史人物、事件和故事，勾勒出中国近现代史的细节和主流，还原了中国近现代史的生动性和丰富性，能为“纲要”教学提供可读、可信、可证的本源性教学素材，使教学往活里讲，丰富历史教学叙事的张力，增强教学的感染力。

（二）党史文献为“纲要”教学提供深刻的学理支撑

马克思主义历史科学的根本任务在于探求历史事实真相，阐明历史的演变过程，揭示历史发展的客观规律，实事求是地评价历史事件和历史人物，总结历史上的经验教训，正确地认识过去，科学地预见未来，准确把握历史发展的规律和大势，掌握历史主动，顺势作为。“纲要”教学的主要目的是让学生在了解中国近现代国史、国情的基础上，深刻领会“四个选择”的历史

必然，深刻领会“三个为什么”的逻辑内涵，深刻领会“两个确立”的决定性意义，更加坚定在党的领导下推进中华民族伟大复兴的信心和决心。必须看到，当前“纲要”课教学中尚存在对“四个选择”“三个为什么”“两个确立”的理论阐释不透彻、文献史料运用不充分、讲授视角缺乏新意等问题。历次党代会、中央全会的报告、决议、公告、决定等重要文献，全景式地记录了党在马克思主义指导下，在实践中不断推进马克思主义中国化，不断推进理论创新和理论创造的历史，蕴含着马克思主义的基本原理、立场观点方法和价值追求。将这些文献融入教学，讲清讲透党的理论，使教学往深里讲，提升理论的穿透力，帮助大学生树牢唯物史观和正确党史观，提高分析复杂的历史和现实问题的能力，把握中国近现代历史的主题主线、主流本质，警惕和反对历史虚无主义。

（三）党史文献为“纲要”教学提供正确的价值导向

新时代，思政课改革创新的目的在于帮助学生塑造正确的世界观、人生观、价值观，更好地落实立德树人根本任务，培养担当民族复兴大任的时代新人。党史文献中蕴含着永恒的政治智慧和道德滋养，体现了中国共产党人的理想信念、政治品格、价值立场、革命意志和崇高风范，是青年学生思想政治引领的生动教科书。“纲要”教学必须深入挖掘党史文献中所蕴含的思想政治教育价值，提炼出包括理想信念教育，世界观、人生观和价值观教育，爱国主义、集体主义和社会主义教育，革命传统教育，中华民族共同体意识教育等教学内容，让历史说话，让史实发言，将价值观念融入党史故事，将显性教育和隐性教育相统一，使教学往心里讲，引导学生认同、弘扬和践行共产党人的价值观，踏实修德，培养学生成为有大爱大德大情怀的人。

二、党史文献融入“纲要”教学的原则遵循

党史文献浩如烟海，将其融入“纲要”教学，不能为了运用文献而生搬硬套地融入，应该遵循历史性原则、主体性原则和实践性原则，做到有机高效地融入。

（一）历史性原则

党史文献的产生有其特定的历史条件。因此，将党史文献融入“纲要”教学，必须秉持历史性原则。首先，要保证文献史料的客观性、权威性。毛泽东指出：“只有感觉的材料十分丰富（不是零碎不全）和合于实际（不是错觉），才能根据这样的材料造出正确的概念和论理来。”❶ 因此，“纲要”教学不仅要掌握丰富的党史文献资料，还要对文献资料进行钩稽、辨析与考证，避免史实硬伤，防范戏说调侃。“如果史实错误，不管议论多么宏伟，也是站不住脚的。历史要求事实完全可靠，不允许有任何的虚构和夸张。要做到这点并不容易。”❷ 其次，要理解文献产生的历史语境，还原彼时的历史情境，以回望历史的角度去思考和理解党探索和解决革命、建设、改革中重大难题的艰辛历程。例如，“三个历史决议”诞生于不同历史时期，时代背景、问题指向、主要内容均不同，但三者一脉相承，又与时俱进。在教学中，既要对三份文献的“不同”作出阐释，又要贯通起来解读，相互映照，才能深刻理解和准确把握“三个历史决议”，才能看到党在不断历史总结经验教训中前进，党的事业在解决重大问题中迎来新辉煌，引导学生理解历史发展的动态性和连续性，树立大历史观。

（二）主体性原则

作为立德树人的关键课程之一，“纲要”着力培养学生基本的历史是非观和判断力，避免价值观错位，说到底是培养历史思维和逻辑能力。研读历史文献和著作是培养历史思维和逻辑能力的基础。通过阅读文献著作，可以了解不同时期的历史事件和人物，深入了解背景、动机和影响。同时，阅读文献著作可以培养批判性思维，学会分辨史事真假和史观对错。但大学“纲要”教师面对的基本学情是：大部分学生对中学历史教学留下的刻板印象是教师强行灌输、学生死记硬背，感觉历史枯燥乏味，不喜欢历史课，因而在课堂上缺少主体性，更谈不上积极主动地去阅读历史文献著作。因此，将党史文

❶ 毛泽东选集（第1卷）[M]. 北京：人民出版社，1991：290.

❷ 吴玉章. 历史文集［M］. 北京：人民出版社，1963：5.

献融入“纲要”教学，开展文献著作研读活动，需要发挥教师的主导作用，以引导代替强制，为学生提供阅读指南、方法指导，激发学生探索问题的热情和兴趣。更重要的是尊重学生的学习主体地位，重视学生的主体参与，让学生不只是被动听课的客体，而是引导他们进入经典文本，通过主观能动的阅读研究活动，深入了解历史事件和人物的多层面信息，不断思考、整合、构建有价值的知识结构，形成全面的历史认知，培养历史阅读力、历史思考力、历史逻辑性“三位一体”的历史核心能力。

（三）实践性原则

将党史文献融入“纲要”教学，课堂学习是教学的重要场域，课堂外的实践教育更是必不可少的重要环节。教学中，教师要引导学生展开课外文献搜集和阅读活动，并通过云班课、企业微信群等参与在线讨论、撰写阅读报告或论文、进行学习成果展示或汇报等，培养学生的文献阅读能力。学生的课外文献研读活动，首先，需遵循先易后难、循序渐进的原则，不宜让学生阅读晦涩难懂的大部头党史文献，而应从篇幅短小、内容相对易懂且耳熟能详的经典篇目，如《反对本本主义》、经典红色家书等开始阅读。其次，需尊重学生差异，贯彻因材施教，贯通文献与实践。要从学生的学科背景、生源地差异出发，坚持层次性原则，有的放矢地进行差异化阅读指导和实践活动。例如，针对我校化工类专业的学生，研读《中国共产党简史》里的“石油往事”，并与我校的发展历史相映证；针对我校北京生源地学生居多的情况，研读《中国共产党北京（平）党组织活动纪实》，并与新文化运动纪念馆、中国共产党历史博物馆的展览相映证，既找到了与其所学专业的衔接点，又找准了与本土红色记忆的思想共鸣点。最后，需强调评价与反馈。教师应该明确课外研读的方案实施细则和效果评价机制，将学生参与研读活动的成果纳入成绩评定之中，使学生带着目的和任务参与研读实践活动，调动学生的积极性，确保研读活动效果最优化。

三、党史文献融入“纲要”教学的实践理路

将党史文献融入教学，要清楚融入的目标导向、文献内容和具体方式。

“纲要”教材每章末尾附有必读文献和延伸阅读文献，正文增加了拓展阅读的“二维码”，为开展教学提供了丰富的文献储备。但教学不能拘泥于此，需从教学目标出发，结合教材内容和学生特点，严格筛选和运用更多的党史文献，恰当地融入以教师为主导的课堂教学和以学生为主体的课外研读，推动党史文献融入教案与教学、融入课内外研读与讨论。

（一）党史文献融入以教师为主导的课堂教学

第一，基本理论维度上，提炼代表中国近现代史主题主线、主流本质的经典文献融入教学。中国近现代史的主题是完成两大历史任务，实现中华民族伟大复兴。党领导的新民主主义革命是实现民族复兴的必经之路。新民主主义理论是毛泽东思想的重要组成部分，是马克思主义中国化的重大理论成果。这是不容否定的历史事实和历史结论。“纲要”教材编写的体系构架基本以“革命史范式”为基础，第一章至第七章中国近代史部分尤为明显。毛泽东写于20世纪三四十年代的四篇经典著作《中国革命和中国共产党》《新民主主义论》《论联合政府》《论人民民主专政》基本奠定了教材的书写范式。这四篇文献系统性地分析了新民主主义革命理论形成的基本依据、新民主主义革命的总路线和基本纲领、新民主主义革命的道路和基本经验。其中，代表作《新民主主义论》未纳入教材指定的必读文献。此外，教材第五章有关农村包围城市、武装夺取政权的新民主主义革命道路部分，只指定《反对本本主义》为必读文献。实际上，写于1925年的《中国社会各阶级的分析》一文，开宗明义地指出“谁是我们的敌人？谁是我们的朋友？这个问题是革命的首要问题”❶，辨明了革命的敌友，初步提出了新民主主义革命的基本思想。写于1927年大革命失败前夕的《湖南农民运动考察报告》指出“国民革命需要一个大的农村变动”❷，推动了农村大革命运动的继续发展。大革命失败后，总结创建红色根据地的斗争经验，毛泽东写了《中国的红色政权为什么能够存在?》《井冈山的斗争》《星星之火，可以燎原》，从理论上回答了坚持和发展农村根据地所必须解决的一系列根本问题。教学中，教师应对这些经典文

❶ 毛泽东选集（第1卷）［M］. 北京：人民出版社，1991：3.

❷ 毛泽东选集（第1卷）［M］. 北京：人民出版社，1991：16.

献研读吃透，做到烂熟于心，并有机融入教学，推动学生领悟新民主主义革命的必然性和伟大意义，认清“告别革命论”的本质和危害，坚决抵制“以否定革命来否定党”的历史虚无主义思潮。

第二，基本观点维度上，提炼代表评价重大党史事件和重要党史人物的经典文献融入教学。教师要注重原典原著，注重阐释阐发，要博览党在各个历史时期的中共中央文献汇编与党的领导人的基本著作、重要报告、讲话、谈话、年谱、传记等，尤其需要利用国内外相关新解密的档案史料、学术界最新的研究观点，构建高质的教学内容，引导学生正确评价重大党史事件和重要党史人物。例如，对大革命失败的原因和责任问题，长期归结于“陈独秀右倾机会主义”“陈独秀右倾投降主义”，斯大林和共产国际更是把全部责任推到陈独秀头上。1927 年 7 月 9 日斯大林给莫洛托夫和布哈林写信，极力证明联共（布）中央和共产国际的对华政策是正确的，认为“在中国没有真正的共产党”❶，指责中共中央“软弱、混乱，政治上不定形和业务不精通”❷，将大革命失败诿过于以陈独秀为首的中共中央没有执行共产国际执委会的指示，“我不想苛求中共中央。我知道，不能对中共中央要求过高。但是，有一个简单的要求，那就是执行共产国际执委会的指示。中共中央是否执行了这些指示呢？没有，没有，因为它不理解这些指示，或者是不想执行这些指示并欺骗共产国际执委会，或者是不善于执行这些指示。这是事实。有一个简单的要求，那就是执行共产国际执委会的指示”。❸ 近年来，以唐宝林和李颖为代表的学者深入研究俄罗斯档案馆新解密的共产国际、联共（布）与中国革命档案史料，得出一致结论：大革命“是在联共政治局和共产国际直接指导下进行的。在此期间，联共政治局会议专门讨论中国革命问题 122 次，作出了 738 个决定”❹。“陈独秀基本上忠实地执行了共产国际的各项指

❶ 中共中央党史研究室第一研究部．共产国际、联共（布）与中国革命档案资料丛书（第 4 卷）［M］．北京：北京图书馆出版社，1998：406.

❷ 中共中央党史研究室第一研究部．共产国际、联共（布）与中国革命档案资料丛书（第 4 卷）［M］．北京：北京图书馆出版社，1998：409.

❸ 中共中央党史研究室第一研究部．共产国际、联共（布）与中国革命档案资料丛书（第 4 卷）［M］．北京：北京图书馆出版社，1998：407.

❹ 唐宝林．陈独秀全传［M］．北京：社会科学文献出版社，2013：15.

示”，“陈独秀所犯错误主要来自共产国际”。[1] 所以，斯大林和共产国际推诿责任的做法对中国共产党和陈独秀是不公平的，是非马克思主义的。在第四章“大革命的失败和教训”的教学中，教师应将《共产国际、联共（布）与中国革命档案资料丛书》的档案史料和相关学者的研究成果融入教学中，加深学生对大革命失败原因的理解，重新审视和评价陈独秀在其中的作用，领悟革命、建设、改革中坚持独立自主的必要性和重要性。

第三，基本史实维度上，提炼还原历史细节的经典文献融入教学。“纲要”教材对诸多历史事件的细节基本一笔带过，有的付之阙如。因此，教学不仅要展示历史大事件的宏大视野，更要讲述大视野下的“小细节”。比如，有关重庆谈判，教材描述不足 200 字，不足以展示中国共产党为争取和平民主所作的最大努力，不足以揭露蒋介石玩弄“假和平真内战”的谈判阴谋。对蒋介石急邀毛泽东亲赴重庆谈判，教材描述寥寥一句，“8 月 14 日、20 日、23 日，蒋介石三次电邀毛泽东到重庆‘共定大计’”[2]。教学中，教师可用 PPT 展示蒋电的主要内容，8 月 14 日电“特请先生克日惠临陪都，共同商讨”，8 月 20 日电“如何以建国之功收抗战之果，甚赖于先生惠然一行，共定大计”，8 月 23 日电“现已准备飞机迎迓，特再驰电速驾”。[3] 这三封电报将蒋介石自以为得计和迫不及待的心情展露无遗。同时，对应展示毛泽东依次复电蒋介石的主要内容，8 月 16 日复电“朱德总司令本日曾有一电给你陈述敝方意见，待你表示意见后，我将考虑和你会见的问题”，8 月 22 日复电“特先派周恩来同志前来晋谒”，8 月 24 日复电“俟飞机到，恩来同志立即赴渝晋谒。弟亦准备随即赴渝”。[4] 再述 8 月 27 日中共中央和毛泽东决定赴重庆谈判，并做好了最坏的打算，“在毛离延期间，刘少奇同志代理主席职务，并增选陈云、彭真二同志为候补书记”[5]。随即阐述中国共产党以最大诚意、不顾个人安危而来，但国民党并未对谈判做准备，只提出“政治与军事应整个解决”的笼统原则，谈判的具体方案都由中国共产党提出，说明国民党没有

---

[1] 李颖．陈独秀与共产国际［M］．上海：上海人民出版社，2019：289-290.

[2] 本书编写组．中国近现代史纲要［M］．北京：高等教育出版社，2023：170.

[3] 毛泽东文集（第 4 卷）［M］．北京：人民出版社，1996：3.

[4] 毛泽东文集（第 4 卷）［M］．北京：人民出版社，1996：1-2.

[5] 毛泽东文集（第 4 卷）［M］．北京：人民出版社，1996：18.

丝毫谈判的诚意。最后，用毛泽东的《关于重庆谈判》做总结，“这一次我们去得好，击破了国民党说共产党不要和平、不要团结的谣言。他们连发三封电报邀请我们，我们去了，可是他们毫无准备，一切提案都要由我们提出。谈判的结果，国民党承认了和平团结的方针。这样很好。国民党再发动内战，他们就在全国和全世界面前输了理，我们就更有理由采取自卫战争，粉碎他们的进攻”。❶ 翌年，蒋介石撕毁重庆谈判达成的“双十协定”，内战爆发。历史变局往往隐藏于历史小细节之中。讲述这些历史文献中的历史小细节，不仅让学生感悟到毛泽东“弥天大勇”的斗争风范和“善于斗争，敢于胜利”的斗争艺术，更使学生懂得蒋介石发动内战的非正义性和逆历史潮流而动的必败结局，“我们是能够战胜蒋介石的”❷。

（二）党史文献融入以学生为主体的课外研读

第一，以问题为导向，选择和提炼文献内容。教师提前做好准备工作，从每章的教学内容和教学目标出发，聚焦重要理论、重大事件、重要会议、重要人物，设计研读专题，提炼相应的阅读文献，以备学生参考和选择。以第四章为例，学生需要学深悟透的重要理论问题是“中国的先进分子为什么和怎样选择了马克思主义”。五四时期，以李大钊、陈独秀、毛泽东为代表的中国先进知识分子，实现思想信仰的转变，走上了马克思主义的道路，是值得当代青年深思和分析的。围绕这个重大理论问题，教师可布置专题研读，让学生回归历史文献，直抵历史情境，帮助学生深刻理解“选择马克思主义”的历史必然性。首先，应选取这些先驱人物思想信仰转变的关键文献。其次，应选取适合学生研读的文献。考虑到我校学生工科为主的学科背景，文史基础相对薄弱，选取相对容易理解、能引起学生共鸣和兴趣的文献。例如以下文献：陈独秀发表于1915年的《敬告青年》是新文化运动的宣言书，提出了新青年的六条标准。李大钊发表于1916年的《青春》提出了再造青春中华的理想主张，号召青年“冲破历史之桎梏，涤荡历史之积秽，新造民族之生命，挽回民族之青春”。❸ 毛泽东发表于1917年的《体育之研究》，认为新青年

❶ 毛泽东选集（第4卷）［M］. 北京：人民出版社，1991：1159.
❷ 毛泽东选集（第4卷）［M］. 北京：人民出版社，1991：1187.
❸ 李大钊全集（第1卷）［M］. 北京：人民出版社，2013：313.

“欲文明其精神，先自野蛮其体魄”。[1] 受十月革命的影响，李大钊在中国率先举起马克思主义旗帜。1918 年，他发表《法俄革命之比较观》《庶民的胜利》《Bolshevism 的胜利》等文，预言“试看将来的环球，必是赤旗的世界”。[2] 1919 年，李大钊发表《我的马克思主义观》，系统介绍了马克思主义学说的三个组成部分，阐述了对马克思主义的见解，推动了马克思主义在中国的传播。1920 年，陈独秀发表《谈政治》，表示“我承认用革命的手段建设劳动阶级（即生产阶级）的国家，创造那禁止对内对外一切掠夺的政治法律，为现代社会第一需要”[3]，实现了思想信仰历史性的转变。受到李大钊、陈独秀的影响，毛泽东转变为马克思主义者，他说：“我第二次到北京期间，读了许多关于俄国情况的书。我热心地搜寻那时候能找到的为数不多的用中文写的共产主义书籍。有三本书特别深地铭刻在我的心中，建立起我对马克思主义的信仰。”[4]《共产党宣言》是三本书之一。让学生研读上述经典文献，有助于新时代的“新青年”深刻感悟先驱们从思想启蒙向政治革命转变、从激进的资产阶级民主主义者向马克思主义者转变的心路历程，激励他们传承革命先辈们的理想信仰，汲取成长成才的智慧力量，勇担民族复兴的历史重任。

第二，以实践为落脚点，开展和实施研读活动。文献研读实施的主体是学生。为了让学生全员全过程全方位参与文献阅读活动，教师应该制订一整套的实施流程和方案，包括小组分组形式、成果汇报安排、评价反馈标准等，提前做好活动规划，保证活动的顺利开展。开学初，教师应向学生布置研读任务，说明活动的目的意义、实施方案及评价原则。研读期间，学生进行分组组队，以小组为单位进行研读活动，形成小组研读成果。教师应该及时跟进和督查学生的研读内容、方法和进度，并对研读中遇到的难点堵点进行答疑解惑。在小组成果展示之前，每个小组应将成果发给教师审阅，通过后按时按序在课堂展示成果。研读成果展示的方式不拘泥于对文献文本的解读和

---

[1] 毛泽东早期文稿［M］. 长沙：湖南人民出版社，2013：60.

[2] 李大钊全集（第 2 卷）［M］. 北京：人民出版社 2013：367.

[3] 陈独秀文集（第 2 卷）［M］. 北京：人民出版社 2023：39-40.

[4] 埃德加 · 斯诺. 西行漫记［M］. 董乐山，译 . 北京：生活 · 读书 · 新知三联书店，1979：131.

分析，可采取朗诵演讲、讨论辩论、视频动画等多种形式。

第三，以评价反馈为手段，助推研读活动见实效见发展。对每个小组的课堂展示效果应当场给予评价。评价主体应当多元化，可采取教师评价为主、学生自评和学生互评为辅的多元性评价。评价的内容包括小组成员的参与度、展示内容的准确度、展示方式的感染度，等等。教师评价不仅是反馈，更是引导和激励，应以正向评价为主，激发学生的学习热情，并以此为基础，启发学生深入思考，感受到学习的乐趣，增强后续学习动力。同时，对展示活动的不足之处，教师也需要客观、准确指出，并提出相应的改进建议和解决思路，更好地促进学生的学习反思和学习发展，培养学生阅读原典原著的能力和历史评判的能力。

四、党史文献融入“纲要”教学的教学效果

近两年来，笔者一直在进行将党史文献融入“纲要”教学的实践探索，积累了一定的改革经验，取得了初步的教学成效。

（一）知识获得效果

将党史文献融入“纲要”教学，既贴合教材，又补充了“纲要”教学内容体系上的不足，极大延伸和丰富了课程内容。原典原著的永恒魅力和可信度淡化了教学的说教色彩，减少了学生对“纲要”的排斥心理，增加了教学的亲和度，激发了学生洞悉历史的求知欲。教学过程中，通过展示客观、丰富和多样的党史文献，深入解读文献中的信息，帮助学生返回中国近现代的历史现场，全面把握中国近现代史的主体内容和知识体系，深化对近现代中国历史发展进程及其内在规律的认识，认清历史的主题主线、主流本质。

（二）能力提升效果

课外文献研读提高了学生在文献阅读中的历史思维能力，使其基本掌握了透过纷繁复杂的历史表象去把握历史本质的科学方法，提高了学生自觉运用科学的历史观方法论分析问题和解决问题的能力。同时，课堂展示活动给学生提供了一个学习交流和展示自我的平台，提升了学生的自主学习能力、

团队组织能力、表达写作能力、观察分析能力等综合素质能力。

（三）品德塑造效果

“纲要”教学的最终目标是塑造灵魂和培养品格。将党史文献入“纲要”，增强了学生对“四个选择”的历史认同、理论认同、情感认同，坚定了对马克思主义的信仰、对中国特色社会主义的信念、对实现中华民族伟大复兴中国梦的信心。近两年的课外文献研读教学活动中，学生分享了李大钊“自束发受书，即矢志努力于民族解放之事业，实践其所信，励行其所知”❶的爱国情怀，毛泽东“天下者我们的天下。国家者我们的国家。社会者我们的社会。我们不说，谁说？我们不干，谁干？”❷的使命担当，等等，在红色氛围中感受革命先辈的伟大人格和崇高风范，达到了润物细无声的德育目的。

总之，党史文献是优质的教学资源和德育资源。将其融入“纲要”教学，必须遵循历史性原则、主体性原则和实践性原则，着力挖掘党史文献资源的价值，严格筛选并合理运用，使其有效融入课堂教学和课外研读，形成课内外一体化融入的教学模式，不断深化教育教学改革，不断提高教学质量和育人成效。

---

❶ 李大钊全集（第五卷）［M］. 北京：人民出版社，2013：301.

❷ 毛泽东早期文稿［M］. 长沙：湖南人民出版社，2013：356.

“以学生为中心”视域下石油精神融入“纲要”课教学探析*

马　驰**

摘　要：石油精神是中国共产党精神谱系在石油化工领域的重要表现。石油精神融入“中国近现代史纲要”（以下简称“纲要”）课是“以学生为中心”视域开展高校思想政治理论课教学的生动实践和最佳诠释，对于提升学生的思想政治水平和道德素养发挥着价值引领的重要作用。“以学生为中心”的视域将石油精神融入“纲要”课教学中，要求教师在理解和践行石油精神中真正做到围绕学生、观照学生。教师要深刻把握石油精神的丰富内涵，要明道信道，学通悟透，做到真懂真信；要不断加强对石油精神的科学研究，要钻研学术，以科研功底开启学生的智慧之门；要恪守石油精神的价值遵循，服务学生要始终遵从教育教学规律、遵从学生的成长规律，形成服务育人的长效机制，在解疑释惑、凝聚共识中，实现对学生进行思政教育、道德培育和专业教学目标的有机统一。

关键词：石油精神；中国近现代史纲要；以学生为中心；立德树人

石油精神客观上展现了在中国共产党领导下中国石油化工事业的辉煌发展历程，代表了历代石油人的精神文化积淀，成为中国石油化工行业的核心竞争力和文化优势的灵魂与根基。自党的十八大以来，习近平总书记对能源

* 本文系北京石油化工学院教育教学改革和研究项目“《中国近现代史纲要》课基于‘以学生为中心’的教学设计与实践”（项目编号：ZD202305001）的研究成果。

** 马驰，女，法学硕士，北京石油化工学院讲师，主要研究方向为思想政治教育和中国近现代史。

和石油石化工业，以及对弘扬伟大石油精神、传承红色基因的重要指示、批示和论述，为新时代继承和发展石油精神、弘扬石化传统设定了新要求。特别是在2016年6月和2021年10月的重要批示中，习近平总书记强调了石油精神作为攻坚克难、取得胜利的宝贵财富，以及“苦干实干”“三老四严”作为其核心，呼吁深入挖掘其时代内涵，凝聚新时期创业的精神力量。他在视察胜利油田时的讲话中进一步强调了石油行业在国家能源安全和经济社会发展中的关键作用，以及继承和发扬老一辈石油人革命精神的重要性。[1][2] 因此，石油精神成为我国石油石化高校思政课建设创新的天然资源、特色引领的重要资源、教育教学的优质资源，以及学科发展的独特资源。

“纲要”课作为落实立德树人根本任务的重要课程之一，是培育社会主义接班人和担负民族复兴重任的新时代青年的重要教育内容。树立“以学生为中心”的教育理念，将石油精神融入教学体系，意味着深入了解并满足学生的诉求，将真、善、美的种子深植于学生心灵，引导他们在理解与共识中实现思想启迪和文化滋养。这一过程对于学生深刻理解习近平总书记关于石油精神的论述、认识中国共产党百年奋斗历程、勇担民族复兴重任并将个人理想融入民族伟业至关重要。[3] 同时，这对于丰富教学内容、优化教学结构、提升教学质量、增强教学实效以及构建学生的精神基础、塑造其精神品格、提升其精神境界、实现立德树人的目标具有重大价值。正如马克思所强调的：“思想本身无法实现任何事物。要使思想变为现实，必须有实践力量的人。”[4] 2019年3月，习近平总书记在学校思政课教师座谈会上指出：办好思想政治理论课关键在教师。[5] 基于此，本文主要从学理出发，探讨“以学生为中心”视域下将石油精神融入“纲要”课教学这一问题，明确“纲要”课应深刻把握石油精神的丰富内涵、不断加强石油精神的科学研究和严格恪守石油精神的价值遵循。

---

❶ 秦慧杰．大庆精神、铁人精神：高扬在中国石油工业战线上的光辉旗帜［J］．党建，2023（10）：39-41.

❷ 王璐．集体记忆下大庆创业精神的代际传承与演进［D］．长春：吉林大学，2023.

❸ 习近平．在庆祝中国共产党成立100周年大会上的讲话［N］．人民日报，2021-07-02（02）.

❹ 马克思恩格斯文集（第1卷）［M］．北京：人民出版社，2009：320.

❺ 习近平．思政课是落实立德树人根本任务的关键课程［J］．求是，2020（17）：4-16.

一、深刻把握石油精神的丰富内涵

“坚持以马克思主义为指导，首先要解决真懂真信的问题。”❶ 这种理解和信仰不仅是对马克思主义文本的深入理解，也是对马克思主义的真诚信仰。在“以学生为中心”的教学理念下，将石油精神融入“纲要”课教学，要求教师深刻理解石油精神的科学内涵，坚定信念，确保立场坚定和方向正确。这不仅体现在教师的扎实学识上，也是增强政治意识的基本要求。通过深入研究，教师应领悟“坚持真理、坚守理想”的理论品质，体现中国共产党的理论坚定性；“践行初心、担当使命”的实践品质，即贯彻党为人民谋幸福、为民族谋复兴的核心理念；“不怕牺牲、英勇斗争”的坚强意志，展现党不畏强敌、勇于胜利的精神；“对党忠诚、不负人民”的深厚人民情怀，即对党忠诚和以人民为中心的宗旨。

1. 深刻把握石油精神的丰富内涵，要求“纲要”课教师有扎实学识

“扎实学识”是“四有”好老师的标准之一。习近平总书记在 2014 年 9 月号召广大教师做有理想信念、有道德情操、有扎实学识、有仁爱之心的党和人民满意的好老师。2021 年 3 月，他在与医药卫生界、教育界委员的会议上再次强调了这一点。“扎实学识”不仅体现了知识对于育人的重要导向，也是“以学生为中心”教育理念的基础。思政课教师的学识水平直接影响课程的效果，既是促进课程发展的重要动力，也是增强课程吸引力的关键。为了使思政课成为学生心灵的精神食粮，获得学生的认可和尊重，教师需要有深刻的洞察力和独到的见解。教师的丰富学识和深厚学养对思政课的影响是显著的。理解石油精神的科学内涵，认识其所体现的理论特质、斗争品质、实践要求和价值导向，是教师不断提高学识水平的重要方面。此外，教师还需要在多方面持续勤奋学习，不断提高自己的认知能力和理论水平，在深入学习和真正理解理论上下功夫。教师应通过自己的学识、经验和魅力激发学生探求真理的热情，满足他们获取知识的需求，展现知识的引导力，从而落实

❶ 岳金霞，张卫东．论“石油精神”的时代内涵与当代价值［J］．中国石油大学学报（社会科学版），2021（12）：50-55.

立德树人的目标。正如习近平总书记所言，思政课教师应“以透彻的学理分析回应学生，以彻底的思想理论说服学生，用真理的强大力量引导学生”[1]，有效承担起为国家、党和民族培养人才的伟大责任和使命。[2]

2. 深刻把握石油精神的丰富内涵，要求“纲要”课教师“政治要强”

习近平总书记在学校思想政治理论课教师座谈会上指出，思政课教师“政治要强”。教师应具有坚定的信仰，善于从政治角度分析问题，并在关键时刻保持政治清醒。思政课本质上是政治性强的课程，肩负着塑造新时代人的责任。石油精神作为具有鲜明政治品质和使命的精神，其融入“纲要”课教学对于教师来说是一种挑战和机遇。教师需坚持马克思主义指导，传播其科学理论，为学生提供思想和价值的引领。只有具备坚定的理想信念，教师才能成为学生健康成长的引导者和榜样。教师政治意识强、政治素质高，才能站稳马克思主义的政治立场，坚守马克思主义理论阵地；教师在大是大非面前做到旗帜鲜明，才能理直气壮地讲理论、讲初心、讲使命，从而提高教学的自觉性。[3] 恰如习近平总书记指出的，“思政课教师只有自己信仰坚定，对所讲的内容高度认同，做学习和实践马克思主义的典范，才能讲得有底气，讲深讲透”。[4]

马克思曾指出：“理论只要彻底，就能说服人。”[5] 在新时代，以“以学生为中心”的教学理念加强高校思政课教学，要求教师深刻理解并精确掌握马克思主义理论的精髓，真正地信仰马克思主义。只有深刻理解、坚定信仰马克思主义理论，教师在授课时才能展现信心和激情，从而真正说服学生，激发他们的学习热情，提升思政课的亲和力和感染力。正如习近平总书记所强调：“马克思主义理论就是彻底的理论。思政课教师所讲的理论、观点、结

---

[1] 习近平．思政课是落实立德树人根本任务的关键课程［J］．求是，2020（17）：4-16.

[2] 田心铭．以彻底的思想理论说服学生——学习习近平《思政课是落实立德树人根本任务的关键课程》［J］．马克思主义研究，2021（1）：1-10，155.

[3] 黄亚元，邢卫红．论新时代思想政治理论课课堂教学改革与创新［J］．教育实践与研究（C），2020（11）：16-18.

[4] 习近平．思政课是落实立德树人根本任务的关键课程［J］．求是，2020（17）：4-16.

[5] 王革．将大庆精神转化为高校立德树人资源的三重维度［J］．思想理论教育导刊，2016（9）：136.

论要经得起学生各种‘为什么’的追问，这样效果才能好。”❶ 石油精神，作为马克思主义重要理论成果，是中国共产党的精神财富、红色血脉和历史基因。将其融入“纲要”课教学，是讲述中国共产党的故事、展示党的精神谱系的重要方式，对于向青年大学生传递中国共产党的理论与实践具有重要意义。

二、不断加强对石油精神的科学研究

一些学者指出，尽管思政课教师在教学方法上努力吸引学生兴趣，但对问题的分析未能深入，未触及学生深层次的思想问题。还有观点认为，思政课教学中普遍存在的一个问题是说服力不足。另有学者强调，思政课存在的问题包括知识和思想的缺乏，课堂讲授过于简单，迫切需要提升教师的学术素养。这些观点凸显了思政课教师的理论和学术素养问题。“以学生为中心”，提升思政课质量和效果，要求教师深入钻研学术，加强理论武装，提升学术水平。将供给侧结构性改革理论应用于“纲要”课程教学改革，教师作为供给主体，其学术供给和学术造诣对学生接受程度和教学效果至关重要。因此，教师需在理论研究上下功夫，深入研究石油精神，用思想和真理的力量感召、启迪和引领学生。❷

1. 全面加强石油精神的学术研究，提升“纲要”课程教学的深度

长期以来，“纲要”课程教师为提升教学质量和效果进行了不懈探索，通过教学方法改革、教学手段运用、实践教学开展等方式取得了显著进步。然而，经验显示，内容具有较高科研性和学术性的教学更能激发学生的兴趣和获得感。特别是对石油精神的研究，不仅要把握其科学内涵，还需深入探索其生成逻辑、科学定位、形成过程、内在依据、实践路径、重大意义和时代价值。如对生成逻辑的探究，包括理论研究、现实实践、历史发展和文化传承的各个方面。以马克思主义理论为导向，结合中华民族优秀传统文化、中国共产党百年奋斗历程和革命先烈的初心使命，是理解和实践石油精神的

❶ 习近平．思政课是落实立德树人根本任务的关键课程［J］．求是，2020（17）：4-16.

❷ 程美东．让真理和思想的光辉照亮思想政治理论课课堂——基于2017年教育部思想政治理论课大听课的一点思考［J］．思想教育研究，2017（7）：60-62.

关键。

“以学生为中心”，加强石油精神的学理分析，能使学生对理论有更深刻的理解和掌握，从而提升“纲要”课程的针对性、实效性和吸引力。若缺乏扎实的学术研究基础和教材到教学的有效转化，思政课可能陷入简单灌输和说教。因此，无论本科还是研究生教学，都应以学术研究为基础，关注学术动态，梳理研究现状，把握研究动向，了解学术前沿。充足的学术内容和深入的理论阐释，基于深邃思想和透彻分析的课堂教学，将更能激发学生兴趣和思考。

习近平总书记提醒我们，思政课教师应以深厚的学理分析来回应学生的疑问，以坚实的思想理论来说服学生，用真理的力量引导他们。[1] 通过深入研究和理论探讨，教师可以帮助学生更深刻理解中国共产党对社会主义矛盾变化的认识，把握新时代的特征，理解中国特色社会主义新时代的战略安排及其对民族复兴的意义和作用。将石油精神融入“纲要”课的教学中，向学生展示中国特色社会主义进入新时代是中国共产党人将马克思主义理论与中国实际相结合的成果，体现了石油精神的实质，是党坚持马克思主义真理、坚守社会主义理想的具体体现，是党不忘初心、继续奋斗的结果，是党不畏艰险、勇于斗争的新长征路，是党对人民和时代的光辉承诺。

2\. 全面加强石油精神的学术研究，增强“纲要”课教学动力

“纲要”课教师一直致力于提升教学质量和效果，通过教学方法改革、手段运用和实践教学的多种途径，使课堂效果得到了改善。但实践表明，更具学术性和科研性的教学内容更能激发学生兴趣。因此，在研究石油精神时，不仅要理解其科学内涵，还需要全面分析其生成逻辑、科学定位、形成过程等各方面。例如，探讨其理论研究逻辑、现实实践逻辑、历史发展逻辑和文化传承逻辑，以及马克思主义理论的指导等。这样深入的学术研究，特别是在“纲要”课教学中的应用，能让教师在讲授时得心应手，从而提高教学的吸引力和实效性。

只有深入理解理论，“纲要”课教师才能使自己的思维变得深刻、透彻，将复杂的理论与生动的实例灵活结合，让学生易于理解并受益终身。对石油

[1] 习近平．思政课是落实立德树人根本任务的关键课程［J］. 求是，2020（17）：4-16.

精神的充分研究和掌握，使教师在课堂上显得游刃有余，理论的说服力和吸引力得到增强，课堂效果更加明显。思政课教师应对学生的提问持开放态度，这反映了深入理解和探讨理论的重要性。思政课教师的深刻理解和研究是提升教学质量和效果的关键，是激发学生思想共鸣的核心。

三、恪守石油精神的价值遵循

“思想政治工作本质上是做人的工作”[1]，它必须始终围绕、观照并服务于学生。在立德树人的过程中，学生是主体，只有专注于学生、贴近学生的思想实际，才能“因事而变、因时而进、因势而新”。可以说，每一次课程都是一次服务的实践，需要将服务意识融入日常教学和科学研究，遵循教育和学生成长的规律，通过高质量的服务不断提升思政课的吸引力、亲和力和感染力。石油精神体现了中国共产党“全心全意为人民服务”的宗旨和“人民至上”的价值诉求。中国共产党之所以能够从小到大、从弱到强，不断取得胜利，根本在于始终坚守为人民谋幸福、为民族谋复兴的初心和使命。因此，在“以学生为中心”的教育理念指导下，融入石油精神的“纲要”课教学，应突出服务育人，遵循教育规律和学生成长规律，不断实现、维护并发展学生的根本利益。

1. 恪守石油精神的价值遵循，尊重教育教学规律

习近平总书记强调：人才培养一定是育人和育才相统一的过程。[2] 有学者认为，教书育人规律包括向学生传授科学文化知识和技能，发展智能，同时引导学生树立正确的世界观、人生观和价值观，促进其全面发展。这一概念表明，遵循教书育人规律是思政课的内在要求。“纲要”课教师应全面落实党的教育方针，正确运用教书育人规律，将教学和育人有机结合，做到教中有育，育中有教；确保教书和育人同向同行，相互协调。教师不仅是知识传授者，还应成为学生品格、品行和品位的塑造者。

---

[1] 王革．将大庆精神转化为高校立德树人资源的三重维度［J］．思想理论教育导刊，2016（9）：136.

[2] 习近平．在北京大学师生座谈会上的讲话［EB/OL］．［2024-07-31］．https：//www.gov.cn/xinwen/2018-05/03/content_5287561.htm.

2. 恪守石油精神的价值遵循，尊重学生成长规律

遵循人的成长规律是理解人在成长过程中普遍性、客观性和现实性的关键。马克思强调，要理解人的成长规律，我们必须将人视为处于具体条件下、可经验观察的发展过程中的实体。学生的成长具有阶段性特征，必须遵循其成长成才的内在规律。每一代人都有其独特的发展际遇，当代大学生作为“现实的人”，他们的成长规律与社会发展规律、时代背景紧密相连，展现出鲜明的时代特征。

在全球一体化、科技智能化和网络扁平化的背景下，学生的成长遭遇了多样的挑战。中华人民共和国成立 70 多年来，尤其是改革开放 40 多年来的经济社会发展，对当代大学生的思想变化和价值判断产生了深远影响。在这种环境下，“以学生为中心”将石油精神融入“纲要”课教学意味着教师需要了解学生的成长环境和实际需求，树立服务意识，并将其融入教学过程。这不仅包括课内、线下、校内的教学，也延伸至课外、线上和校外的互动，以便全面、及时、主动地回应学生的现实关切和发展期待。坚持“以学生为中心”的教育，积极响应学生的利益需求和价值诉求，采取学生易于接受的教学方式，充分发挥服务育人的功能。忽视学生成长规律，则难以正确应对学生面对复杂社会现象时的困惑，无法提供符合成长规律的恰当指导，也无法充分发挥理论的说服力。教师需要在“纲要”课教学中平衡好教书与育人之间的关系，避免单纯传授知识而忽视思想政治教育，或脱离知识传授而单纯进行思想政治教育的偏差。同时，处理好思政课程和课程思政之间的关系，利用“大思政课”的思维，将思政教育贯穿于整个教育过程，构建良好的思政课环境，形成协同效应。

在新时代背景下，“纲要”课教师要深刻把握石油精神的丰富内涵，明道信道、真懂真信、学通悟透；要时刻钻研学术，不断提升造诣，加强对石油精神的科学研究；要增强服务意识，发挥服务育人作用，始终恪守石油精神的价值遵循。教师需要具备丰富的历史文化知识、广阔的科学研究视野和深切的人文社会关切，坚守育人初心、牢记育才使命，增强学生的行业认同感、职业荣誉感和社会责任感，为实现立德树人目标贡献力量。

从孝亲到公益
——中华优秀传统文化融入大学生德育的连贯性探索

初景波*

中华优秀传统文化是中国人的文化基因，将其融入大学生德育是新时代赋予高校的重要使命。儒家文化是中华优秀传统文化的重要组成部分，而儒家思想强调，建立道德人格须从孝亲的养成开始，孝亲是君子品质、国家情怀和天下意识的起点。有鉴于此，我们设计了一套从孝亲到公益的连贯性培养机制，以推己及人的忠恕之道为方法，逐渐向外推扩，帮助学生建立起一种心系家国天下的道德责任意识。

首先，儒家认为“孝悌也者，其为仁之本与”“立爱自亲始”，一个人道德培养的起点应该是孝亲。孝亲有血缘天然的纽带和养育之恩作为基础，最容易引导和培养。儒家认为孝亲是最基本的道德，其他一系列道德原则，如果没有建立在孝亲的基础上，都是不稳定甚至可疑的。因此，我们专门就大学生孝亲行为的文化特点，结合大学生活的时代特征，倡导大学生采取如下孝亲行为：第一，假期在家多陪伴父母，与父母多谈心，帮助父母做家务；第二，在校期间，每周至少打一次电话问候父母；第三，用网购的方式给父母买一件礼物。通过这些方式，让大学生能够践行孝亲，理解亲情，建立起良好的道德基础。

其次，儒家强调以推己及人的忠恕之道为方法，将对亲人的爱拓展到更

---

* 初景波，1979 年生，内蒙古人。北京石油化工学院马克思主义学院讲师，博士。研究方向为中华优秀传统文化与德育。

大的范围。因此，我们从“老吾老以及人之老”的原则出发，引导学生进行道德情感的推扩，要求学生在生活中助老敬老，并鼓励学生利用课余时间进入社区、敬老院，开展志愿服务等社会实践活动。在慰问、关爱老年人的同时，收获助人为乐的幸福感，理解即将到来的老龄化社会中年轻人的责任与担当。为了更好地促进学生实践，取得切实效果，我们设计并不断修订《学生实践手册》，将敬老等志愿服务活动作为必做任务，要求学生必须完成，并将以上任务纳入课程总成绩之中。

最后，再进一步扩大学生的关爱范围，升华学生的道德情感，引导学生参与社会、理解社会、服务社会。通过学院领导和各位教师的努力，我们与中国好人网合作，连续 8 年不间断地带领学生参加谈方教授的“石化学子帮好人万里行”大型公益活动，走遍中国，去探访、慰问那些在各行各业中艰苦奋斗、默默奉献的好人们，包括兢兢业业、不辞劳苦的掏粪工人，助人为乐、无怨无悔的雷锋司机，身残志坚、奋发有为的残障人士，见义勇为、壮烈牺牲的烈士的家属，还有南征北战、为共和国立下汗马功劳的老革命军人，等等。一方面，为他们提供一点帮扶，让好人得到“好报”，弘扬社会正能量；另一个更为重要的方面，就是让大学生通过实时实地、真人真事的方式，感受到道德的力量，获得心灵上的震撼，从而建立起关爱他人、服务社会、心系天下的道德品格。这些学生回到学校后还要向其他没有参加活动的学生进行宣讲，使他们也受到感染和教育。

一个人道德人格的养成，不是凭空而来的，势必要通过知行合一的途径方可达到。儒家强调道德观念不可能通过简单的书本说教获得，也不能单靠推理论证获得，而要在“涵泳”中“体知”。也就是在具体的道德实践中获得感触，在亲自体验中理解道德；而且要循序渐进，从孝亲开始，逐步向更大的范围推扩，这样才能真正建立起良好稳定的道德人格。我们结合新时代的特点与需求，将中华优秀传统文化这种德性修养的方法有机融入大学生德育工作中来，获得了一定的效果。我们也期望有更多的公益组织和有识之士参与进来，一起为提升大学生道德素养乃至于中华民族的道德素养共同努力。

（本文发表于《公益时报》2019 年 09 月 17 日）

提升中小学“大思政课”改革实效

传承红色基因　打好生命底色

姜　苗　张晓娜*

摘　要： 青少年是祖国的未来、民族的希望，也是党的未来和希望。大兴区教育两委以北京市首个“党团队工作一体化育人研究示范区”建设为抓手，围绕“培养什么人、怎样培养人、为谁培养人”这一教育的根本问题，构建党团队工作一体化传承红色基因的全链条，建立贯穿学生成长全过程的党团队工作一体化育人新模式。形成了党建带团建、推优入党，团建带队建、推优入团的优良模式，实现党团队建设的衔接及相关制度建设的不断完善。引导青少年成长为德智体美劳全面发展的社会主义建设者和接班人，紧密团结在党的周围，确保党的事业薪火相传、后继有人。

关键词： 红色基因；党团队工作一体化；立德树人

习近平总书记在庆祝中国共产主义青年团成立 100 周年大会上的讲话中强调：“在实现中华民族伟大复兴的征程上，中国共产党是先锋队，共青团是突击队，少先队是预备队。入队、入团、入党，是青年追求政治进步的‘人生三部曲’。”❶ “培养什么人、怎样培养人、为谁培养人是教育的根本问题。”❷ 大兴区教育两委从学生成长出发，遵循教育规律，关注青少年思想政

* 姜苗，女，北京市大兴区教育委员会德育科科长；张晓娜，女，北京市大兴区教育委员会德育科干部。

❶ 在庆祝中国共产主义青年团成立 100 周年大会上的讲话．［EB/OL］.（2022-05-10）［2023-09-16］. http：//jhsjk. people. cn/article/32418962.

❷ 习近平在全国高校思想政治工作会议上的讲话．［EB/OL］.（2016-12-7）［2023-10-09］. http：//cpc. people. com. cn/n1/2021/1206/c164113-32300482. html.

治教育的接续性，以“党团队工作一体化实践研究示范区”建设为抓手，形成顶层设计、组织建设、课程建设、队伍建设、主题活动、阵地建设六个一体化，落实立德树人根本任务。

一、健全党团队工作一体化育人机制

1. 顶层设计一体化，发挥育人合力

大兴区教育两委统筹整合各领域、各层级的育人资源和育人力量，整体优化大中小幼德育一体化目标、内容、方法、队伍、评价体系，发挥党组织领导的校长负责制体制优势，构建起德育要素融通一体、学段衔接一体、各方协同一体的“大思政课”工作格局。大兴区教育两委制定下发《大兴区教育系统全面推进“大思政课”建设的工作方案》，提出大兴区思想政治教育一体化建设“1341”区域顶层设计方案。积极落实北京市“以实践教学为主题的‘大思政课’综合改革试验区”建设，与中国人民公安大学、北京建筑大学等高校的马克思主义学院建立“共同体”，开展大中小学一体化“大思政课”教研教学活动，形成了具有首都标准、首都特色、首创精神的“大思政课”大兴经验。

2. 组织建设一体化，实现矢力同心

在区级层面，成立领导小组，由区委教育工委书记、区教委主任担任领导小组组长，进行总体方向把控、大局统筹、决策制定。区委教育工委委员、教委副主任作为领导小组成员，负责统筹协调，指导各职能部门开展工作。同时，设立由区委教育工委副书记担任主任的“党团队工作一体化育人实践研究”专项工作办公室，负责落实领导小组的工作决策，具体实施“党团队工作一体化育人实践”工作。建立教委各部门、各学校（幼儿园）联席会议制度、周沙龙交流制度、月工作通报汇报制度、工作简报制度，有效加强各校（幼儿园）党团队工作的横向关联与中小幼各学段的纵向衔接。

在学校层面，成立领导小组，由书记或校长担任组长，各部门明确职责。构建起职责明确、协调顺畅、运转高效、作用到位的党团队工作一体化育人工作机制。北京第二实验小学大兴实验学校形成了党团队工作一体化“五同步 ”的工作机制，即党团队思想同步抓、党团队活动同步搞、党团队阵地同

步建、党团队队伍同步领、党团队工作同步查。兴华中学形成了“领导—执行—保障”三个系统的党团队工作一体化工作机制。学校党委全面领导党团队工作一体化工作；支部建在年级学部，直接执行落实党团队工作一体化工作具体方案的决议；发挥家校社协同育人作用，为党团队工作一体化育人有效实施提供全面保障。

3. 课程建设一体化，实现同频共振

立足于党、团、队的先锋性和进步性，培养少年先锋、青年先锋、党员先锋，在实践中完善政治培养链条。与大兴区委党校共建，在北京市率先成立“红色先锋”成长学院，构建党建带团建带队建传承红色基因全链条，教育引导青少年牢记初心使命。“红色先锋”成长学院按照不同学段学生年龄特点和认知差异，设三个分校，分别为中学生业余党校、少年先锋团校、红领巾学校。课程内容采取必修课程与选修课程、理论课程与实践课程相结合的形式。学院每年招收区级“党团队员一体化示范培训班”，选拔优秀的党团员教师，中学生业余党校、少年先锋团校、红领巾学校的优秀学员，进行一体化培训。2023 年 10 月，来自全区中小学的 47 名优秀党团队员，经过理论学习、实践学习、知识考核三个阶段的培训顺利结业。同时，积极开发区校两级党课、团课、队课一体化课程，从党课的体系出发，更加科学地设计团课和队课内容，为党的建设奠定良好的政治培训基础。

4. 队伍建设一体化，实现同向聚合

大兴区教育两委高度重视团、队干部成长，将团、队干部培训纳入党的干部教育培训总体规划，积极推荐团、队干部参加各级党校、团校及各类业务培训。持续关注青年教师发展，开展“双培养工程”，把骨干教师培养成党员，把党员培养成骨干，通过“十佳”青年教师和“五四”青年标兵选树、辅导员风采大赛等活动，为青年教师搭建成长的平台。启动“薪火计划”后备干部培训班，加大年轻干部选拔培养力度，通过搭台子、压担子为干部高质量培养和成长助力，百余名青年教师充实优秀年轻干部人才库，形成一支高学历、年轻化的后备力量队伍。

5. 主题活动一体化，实现同向而行

结合不同学段学生年龄特点，在每年“五四”“七一”等重要时间节点，开展重温誓词主题仪式教育。组织党员、团员、队员一起开展宣誓活动。充分挖掘大兴红色文化、校史资源，将时政要闻、重大活动、乡村振兴、抗击疫情、奥运精神等引入课堂教学，丰富思政课教育内容。开展“红领巾心向党”“扣好人生第一粒扣子”“新时代好少年”等主题育人活动，开展“小记者·大视界”、“七彩阳光·情暖兴童”志愿服务、“红领巾共享幸福家园”、“21 天分起来”、“红领巾爱首都”打卡等社会实践活动 280 余场。大兴区第四幼儿园在北京市中小幼党团队工作一体化育人方案引导下，结合园所实际，以主题教育为切入、一日生活为载体，以横向贯通、纵向衔接的模式，打造红色印记浸润童心、节日教育深植情怀、日常劳动积累美德、体能锻炼塑造品格四大主题教育品牌活动，将幼儿园党团队工作一体化育人工作落细、落实。

6. 阵地建设一体化，实现同步发展

各中小学校充分利用校园电视台、广播站、红领巾宣讲台等宣传阵地，积极开展红色故事、榜样人物等讲述活动，形成了党团队员同台宣讲、接力宣讲、带动宣讲等多个品牌活动。区教育两委统筹建设了以“大兴一中党群教育活动中心”为代表的多个党团队一体化教育活动中心，在入党、入团、入队和建党日、建团日、建队日等重要时间节点发挥育人作用。安定镇中心小学开辟校内阵地，以党团员活动室、少先队活动室建设为抓手，以党史宣传长廊、党团队知识宣传长廊为依托，统筹设计党团队工作一体化育人教育校内阵地，将革命英雄、革命精神、祖国成就用宣传栏形式组成红色长廊宣传，集中呈现从少先队员成长为共青团员再成为共产党员的光辉历程。

二、完善党团队工作一体化育人制度建设

1. 完善分批入队、“推优入团、入党”制度，构建阶梯式育人工作格局

按照《中国共产主义青年团发展团员工作细则》，建立健全可量化、可操作的入团积极分子评价体系。制定《大兴区“推优入团”工作规范化制度》，统一推优入团工作流程，规范提升推优入团工作，突出政治标准、优化评价机制、完善考察方式。规范开展“推优入党”工作，规范“推优”程序，加

强过程培养，提高“推优”质量。各学校（园）党组织将团建工作纳入党建工作部署、述职评议和年度考核，切实加强党对青少年和共青团工作的领导。以规范和细化党团队贯通培养机制为目标，健全推优入团、推优入党组织保障、规章制度，增强党团队组织意识培养。

2. 建立党团队工作一体化育人调研制度，规范工作流程

以 8 所实验校为重点，在专家指导下开展实践调研，明确调研内容、突出调研深度、严把成果质量、紧盯成果转化、严明工作纪律、建立激励机制。通过开展问卷调查、谈心谈话等活动，把党团队工作一体化育人实践中存在的问题作为靶心，精准把握育人薄弱点和关键点，寻求解决问题的切入点。

3. 健全党团队工作一体化育人议事制度，建立保障体系

按照“大事共议、实事共办、难事共解”的议事原则，建立各部门、各学校（园）联席会议制度、周沙龙交流制度、月工作通报汇报制度、简报制度，打通各系统、各领域间的育人壁垒，汇聚党团队一体化育人的新力量。

三、优化党团队工作一体化育人实践成效

示范区创建以来，通过问卷的形式对 500 名小学五年级学生、500 名中学八年级学生、500 名高一学生进行理想信念和价值观方面的调研，结果显示小学生在“学习状态”方面，认为自己“积极较好”的由前测的 84.4% 提高到中测的 93.8%，初中生“渴望加入共青团和共产党”的比例由前测的 85.8% 提高到中测的 97.6%，高中生在“学习主要目的是为什么”一题中，选择“为了报效祖国，建设新时代”的比例由前测的 83.2% 提高到 95.6%。从反馈数据看，党团队工作一体化育人实践研究项目的推进，在学生的学习状态、学习动力、学习目标等方面发挥了思想引领作用。

2023 年，开展党团队员共同参与的主题活动 24 次，促进 9.6 万名党团队员共同成长。德育创新微电影《没有人能定义我们的明天》荣获团中央文化作品征集电影类优秀作品奖。在北京市第五届讲述我（我们）的育人故事活动中，大兴区 12 位教师的育人故事脱颖而出，获市级特等奖 1 名，一等奖 7 名，二等奖 4 名。庞各庄镇第一中心小学校长张江涛荣获特等奖，登上全市舞台讲述学校党团队工作一体化育人故事。2022 年 8 月，在北京社会科学普

及周期间，时任大兴区教育工委书记周爱彬参与了千龙网“书记访谈录”活动，介绍“示范区”创建经验。各实验校研究成果也精彩纷呈：大兴一中以“党员爱心基金”“1.2 爱心基金”为抓手，建立党员帮扶品学兼优、家庭贫困青少年学生机制，带动青少年学子奉献社会的志愿精神；兴华中学统筹开展从小学一年级到高中三年级系列仪式教育，传递红色力量、厚植红色精神，增强学生的组织归属感；安定镇中心小学发挥学科育人功能，评选出 25 篇红色教育优秀课例，在五校区听评了 17 节党团队工作一体化红色教育展示课；庞各庄第一中心小学在学校设施方面打造了“饮水思源 ”红色书屋、党史阅览室、党建活动室、队建荣誉室、书香长廊等，优美而有韵味的书香校园环境为全校师生奋发向上与幸福生活大大助力。

大兴区教育两委将按照习近平总书记要求，充分发挥共青团、少先队作为党的群团组织作用，更加深入推进党团队工作一体化育人建设，把青少年培养成为堪当重任的时代新人。

（本文发表于《北京教育》2024 年第 4 期，收入本书时有修改）

“‘蛋糕’做大了同时要分好”教学设计

邓海涛*

摘　要：本课分为三部分。第一部分通过教师引导学生通过联系实际生活，理解“蛋糕”和国家发展的关系。第二部分学生通过为十八洞村脱贫攻坚开药方、分享身边改善民生案例等深刻体会到国家发展的迅速，增强国家认同感。第三部分学生通过联系生活实际，体会到国家的发展离不开每个人的努力，只有自己和国家命运联系到一起才能让人生出彩。

关键词：脱贫攻坚；改善民生；人生出彩

一、活动背景

（一）指导思想和理论依据

中国特色社会主义进入了新时代，我们有幸生活在这个伟大时代。新时代孕育新思想，新思想引领新时代。习近平新时代中国特色社会主义思想，是全党全国人民为实现中华民族伟大复兴而奋斗的行动指南。只有坚持以这一思想为指导，国家富强、民族振兴、人民幸福的中国梦才能实现，我们每一个人才能梦想成真，才能共享出彩的人生。

---

* 邓海涛，女，北京大兴人，中共党员，大兴区道德与法治学科带头人。多年从事学生思想政治工作。

（二）教学背景分析

本课内容被分成三部分。第一部分“开对药方拔穷根”，以湖南湘西十八洞村的脱贫事例为例，引出习近平总书记提出的“精准扶贫”的理念，国家根据脱贫对象的不同条件，采取不同的政策，最终达成脱贫目标。

第二部分内容“民生问题大于天”，则聚焦于百姓的生活、国民的生计上，以习近平总书记在陕北农村的考察经历，说明习近平总书记代表的党和国家对于民生的重视，这一部分内容与题目紧密相连，人民生活变好，民生改善。

第三部分内容“共同享有人生出彩的机会”，“我们追求的发展是造福人民的发展，我们追求的富裕是全体人民共同富裕”。而实现共同富裕的过程，需要我们每一个人通过劳动，通过相互帮助，通过团结一心，用自己的双手来创造。

通过对学生的访谈，发现对于脱贫攻坚、民生改善，多数学生听说过，却不了解我国在其中的具体举措和巨大成就，不能将自己身边的实例与之联系起来。关于对共同富裕的认识，部分学生对共同富裕的定义不清楚，关于自己可以为实现共同富裕做些什么，多数学生认为是工作以后为祖国作贡献，缺乏对于当下行动的规划。

针对以上学情调研中的问题，在教学时教师注重引导学生在课前搜集消除贫困、改善民生、共同富裕的相关实例，帮助学生理解本课学习内容，引导学生从多维度思考共同富裕如何实现，将文本内容与学生生活相联系，培养学生的综合分析能力。

二、教学目标和重难点

（一）教学目标

（1）通过话题讨论、读本阅读，初步理解“‘蛋糕’做大了同时要分好”的重要性。

（2）通过查阅资料、联系生活感受我国在脱贫攻坚、民生改善中取得的巨大成就，感悟我国在促进社会公平正义中作出的努力。

（3）知道实现共同富裕是个过程，每个人共同享有人生出彩的机会，联系生活实际，从小树立劳动光荣的观念。

（二）教学重难点

重点：通过查阅资料、联系生活感受我国在脱贫攻坚、民生改善中取得的巨大成就，感悟我国在促进社会公平正义中作出的努力。

难点：知道实现共同富裕是个过程，每个人都会有人生出彩的机会，联系生活实际，从小树立劳动光荣的观念。

三、活动准备

课件；任务单；学生搜集身边扶贫与改善民生的事例。

四、教学过程

（一）情境模拟，理解“蛋糕”做大了同时要分好

设计意图：学生通过联系实际生活，理解“蛋糕”和国家发展的关系。

1. 引入

（1）出示蛋糕图片。

这里有两块蛋糕，一块小一块大。小的那块是平均分配，大的那块是非平均分配。你们小组愿意参与哪块蛋糕的分配？

（2）同桌讨论。

教师：大家都愿意参与大蛋糕的分配，但是蛋糕分不好就会引起矛盾，所以蛋糕做大的同时要分好。

（3）板书课题。

2. “蛋糕”的含义

“蛋糕”不断做大，同时还要把“蛋糕”分好。思考：此处的“蛋糕”指的是什么？

预设：发展。

教师过渡：对。蛋糕指的就是国家的发展。为了“蛋糕”做大，同时分好，国家在促进社会公平正义方面作出很多努力。

（二）案例分析，感受我党在维护社会公平正义中所作的努力

设计意图：让学生通过案例分析，深刻体会到国家发展的迅速，增加对国家的认同感。

（1）我们是如何在不断发展的基础上尽量把促进社会公平正义的事情做好的呢？以十八洞村脱贫致富为例，请大家 5 分钟阅读读本第 54 页和第 55 页，完成学习任务单。

小组活动要求：

①找出十八洞村的困难在文字下边画“______”。

②找出十八洞村的优势，在下边画“～～～～”。

③消除贫困，开出“药方”。

④反思开出的药方能否解决困难。

学生分享“药方”。

（2）播放十八洞村脱贫后视频。

（3）脱贫攻坚、精准扶贫这个话题距离学生较远，课前老师布置了作业，咱们身边的扶贫事例也不少，谁来给大家介绍一下？

预设：购买扶贫产品、教育扶贫等。

（4）从统计表上显示 2020 年我国农村贫困人口全部脱贫。

（5）教师讲解：

第一个一百年，是到中国共产党成立 100 年时全面建成小康社会；第二个一百年，是到新中国成立 100 年时建成富强民主文明和谐美丽的社会主义现代化强国。

（6）讨论：听到、看到这些你想说些什么？是什么力量推动脱贫工作取得胜利了？是谁在背后指挥这件大事呢？

预设：太了不起了！

预设：党中央统一领导，全国人民团结一心是脱贫攻坚胜利的根本。

（7）过渡语：我国在维护社会公平正义中所作的努力还体现在改善民生

方面。

阅读读本第 56 页和第 57 页。

习近平总书记非常关心民生问题。

（8）在改善民生方面，发现哪些方面民生发生改变？例如：交通、医疗、空气质量、老旧小区改造、商业等。说具体一些，并说一说自己的感受。

教师小结：民生存在于每一件小事中。民生的目标就是让人民过上更美好的生活，让老百姓过上好日子。

（三）联系生活，理解共同富裕，共享人生出彩的机会

设计意图：学生通过联系生活实际，体会到国家的发展离不开每个人的努力，只有自己和国家命运联系到一起才能让人生出彩。

（1）阅读读本第 58 页和第 59 页，分享你感触最深的一句话，并说明理由。

（2）结合自己的家庭生活、学校生活和社会生活，谈谈如何“自己的事自己做，他人的事帮着做，公益的事争着做，通过劳动磨炼自己，让自己的人生出彩？”

（3）教师总结：“蛋糕”做大、分好，最终靠的是国家和个人的发展，将个人的发展融入国家的战略中，个人只有通过劳动，才享有人生出彩的机会。

五、作业设计

本课作业和拓展作业是进一步了解国家 2035 九大远景目标，填写 2035 梦想心愿卡，将个人的发展融入国家的战略中，用行动落实自己的中国梦。

六、板书设计

“蛋糕”做大了同时要分好

脱贫攻坚　　　　改善民生

出彩

七、教学反思

（一）情境创设，发挥学生创造性

本节课通过创设情境“十八洞村脱贫”，学生首先找出十八洞村的困难，接着找出十八洞村的优势，最后讨论出脱贫的路子。在找路子的时候，学生们认为可以用“建度假村”、卖“苗绣”作品和山泉水、修路等办法消除贫困。

（二）小组合作，发挥学生主体作用

本课通过三次小组合作完成教学目标。第一次，通过小组合作找困难、找优势并找出消除贫困的办法。第二次，通过小组合作，分享身边扶贫的事例，比如购买扶贫产品、教师支教、为新疆学生捐书等。第三次，通过小组合作，分享身边民生改善的事例，比如身边老旧小区的改造、医疗、教育、交通、空气质量等。通过三次小组合作较好地完成了教学任务。

（三）关注学生，根据实际情况教学

课前充分了解学情，通过对学生的访谈发现对于脱贫攻坚、民生改善及共同富裕，多数学生了解并不深入，更未联系自身进行行动规划。根据实际情况，教师进行了教学活动的设计，达到了非常好的教学效果。

优化思政课堂教学途径和方法的研究[*]

郭芮菁[**]

摘　要：道德与法治课程是义务教育阶段的思政课，要密切联系社会生活和学生生活实际，用富有时代气息的鲜活内容，以学生喜闻乐见的方式，增强道德与法治教育的时效性、生动性、新颖性。通过时政资源的融入，引领学生在国家大事中厚植家国情、在辉煌成就中增强自信心、在榜样故事中明确新方向，最终落实立德树人根本任务，为培养以实现中华民族伟大复兴为己任的有理想、有本领、有担当的时代新人打下牢固的思想根基。

关键词：思政课堂；时政资源；途径；方法

习近平总书记强调指出，思政课是落实立德树人根本任务的关键课程❶，道德与法治课程是义务教育阶段的思政课。将时政资源融入思政课能够引导学生了解党和国家重大方针政策、最新国内外形势，培养学生的家国情怀，落实立德树人根本任务，为培养学生成为担当民族复兴大任的时代新人打下基础。

《道德与法治课程标准》课程实施教学建议中指出：教学要围绕课程内容体系，及时跟进社会发展进程，结合国内外影响较大的时事进行讲解。要将

---

* 本文系北京市委教育工委2022年度学校思想政治工作研究重点课题“时政资源融入小初高思政课一体化实施策略研究”（项目编号：XXSZ2022ZD16）的研究成果。

** 郭芮菁，女，北京大兴人，法学学士，北京市大兴区青云店镇第一中心小学副校长，从事学校德育工作任教道德与法治学科。

❶ 习近平主持召开学校思想政治理论课教师座谈会［EB/OL］.（2019-03-18）［2021-12-12］. http：//www.gov.cn/xinwen/2019-03/18/content_5374831.htm.

党和国家重大实践和理论创新成果引入课堂，充分体现马克思主义中国化最新成果。要密切联系社会生活和学生生活实际，用富有时代气息的鲜活内容，以学生喜闻乐见的方式，增强道德与法治教育的时效性、生动性、新颖性，让道德与法治课成为有现实关怀和人文温度的课堂。《教育部关于进一步加强新时代中小学思政课建设的意见》中明确指出，扎实推进习近平新时代中国特色社会主义思想进教材进课堂进学生头脑，统筹编好用好国家中小学思政课统编教材、《习近平新时代中国特色社会主义思想学生读本》等，有针对性地进行中国特色社会主义和中国梦教育，充分利用新时代的伟大实践成就和时政要闻、重大活动、乡村振兴、抗击疫情、奥运精神等方面形成的教育资源，丰富思政课教育内容，有机融入课堂教学。

《伟大事业都始于梦想》作为小学高年级教材《习近平新时代中国特色社会主义思想学生读本》的开篇，是全书的统领，读本后面的内容都是围绕要实现中国梦必须坚持的十四个方面展开。《伟大事业都始于梦想》旨在引领学生知道什么是中国梦，厘清中国梦与个人梦想之间的关系，引导学生思索如何实现中国梦，激励学生从小敢于有梦，勇于追梦，勤于圆梦。在执教本课内容时，笔者将时事政治融入本课教学，引导学生把爱国情、强国志、报国行和自己的实际生活结合起来，理解中国梦的内涵，认识自身责任，明确人生发展方向，将个人生活融入国家富强、民族振兴、人民幸福的伟大梦想之中，并愿意为梦想而奋斗，增强担当意识。

一、在国家大事中厚植家国情

为进一步引导学生了解中国梦的历史背景及深刻内涵，上课伊始，在学生通过读本内容了解实现中华民族伟大复兴就是中华民族近代以来最伟大的梦想的基础上，笔者呈现了 2012 年 11 月 29 日习近平总书记在参观《复兴之路》时的图片，并引导学生认识到这是习爷爷首次提出实现中华民族伟大复兴的中国梦。引发学生思考：为什么是“中华民族伟大复兴”的中国梦？而不是其他的中国梦呢？紧接着，笔者播放了鸦片战争以来中国人民受剥削、受压迫的视频片段，这部分资源的融入，一方面使学生了解中国梦提出的历史背景，另一方面感受到中国梦关系着中华民族和中国人民的整体利益，它是每一个中华儿女共同的期盼。

与此同时，在教学过程中，将本讲内容与五年级下册《道德与法治》教材第三单元《百年追梦 复兴中华》中的第十二课时“走进新时代”相关知识进行讲授，以图片的方式呈现了习近平总书记在第十九次全国代表大会上提出的“三步走”战略，引领学生认识到我国社会主义现代化建设从现在到21世纪中叶的宏伟蓝图，进而感受到自己是祖国未来发展的主力军，感受个人梦想与国家梦想息息相关，任重道远，增强了学生的担当意识。

二、在辉煌成就中增强自信心

了解中国梦的内涵，厘清中国梦和个人梦想之间的关系是本课重难点。读本中呈现了三张关于中国梦的系列邮票，在此基础上，笔者补充了国家富强、民族振兴、人民幸福全套邮票，引导学生进行小组活动。通过邮票探秘环节，从邮票所呈现的元素中感受祖国取得的辉煌成就，这些时政资源的补充帮助学生理解中国梦的深刻内涵。在这一环节，学生通过对国家富强系列邮票的观察，了解了北斗卫星导航系统、辽宁号航空母舰等大国重器，感受到我国近年来在航天、航海领域取得的成就以及我国科技的发达。通过对民族振兴系列邮票的观察、分析，感受到在中国共产党的领导下，我国社会主义政治、经济、文化的繁荣发展，而这些成就的取得是全国各族人民紧密团结、共同努力的结果。最后，通过对人民幸福系列邮票的观察，感受到了人民幸福体现在各个方面，进一步了解了国家富强、民族振兴正是为了实现人民幸福这一目标。这部分内容通过邮票资源的补充，将时事政治融入课堂教学，引导学生感受到我国在各个领域取得的辉煌成就，增强了民族自豪感和自信心，提升了政治认同感。

三、在榜样故事中明确新方向

“纸上得来终觉浅，绝知此事要躬行。”在课程的最后，笔者通过补充“袁隆平爷爷的中国梦”这部分时政资源，引导学生认识到实干才能梦想成真。通过展示袁隆平的照片及梦想图片，了解袁隆平的中国梦；通过播放袁隆平的追梦视频，了解袁爷爷的事迹，感受袁爷爷追梦过程的艰辛，学习其勇于追梦、勤于圆梦的奋斗精神。结合自身，探究自己的梦想如何才能实现，将课堂延伸到课下，引领学生将所学成果内化于心、外化于行、迎接挑战，与实际生活相结合，在榜样故事中明确新方向，坚定理想信念。

将时政资源融入思政课堂，能够有效提升学生的政治认同和责任意识，引领学生树立为中华民族伟大复兴而奋斗的志向，具备承担责任的认知、态度和情感。本课通过时政资源的融入，引领学生在国家大事中厚植家国情、在辉煌成就中增强自信心、在榜样故事中明确新方向，最终落实立德树人根本任务，为培养以实现中华民族伟大复兴为己任的有理想、有本领、有担当的时代新人打下牢固的思想根基。

小学阶段美术教育与思政教育融合路径的研究

赵婷婷*

摘　要：美术教育与思政教育都是教育领域的重要组成部分。美术教育注重培养学生的审美能力和艺术核心素养，而思政教育则侧重于培养学生的道德品质和社会责任感。随着教育改革的不断深入，如何将美术教育与思政教育有效融合，成为一个值得探讨的课题。本文旨在探讨小学阶段美术教育与思政教育的融合路径。通过分析美术教育和思政教育的内涵和目标，结合课程设计及实践活动提出了具体有效的方法和策略，以促进学生的全面发展。

关键词：美术教育；思政教育；融合路径

一、美术教育与思政教育的内涵和目标

（一）美术教育的内涵和目标

美术教育是通过艺术课程和艺术实践，培养学生的审美能力、创造力和艺术素养的过程。其目标是培养学生的审美情趣、艺术表达能力和艺术鉴赏能力，提高他们的综合素养和创新能力。

---

* 赵婷婷，女，山东潍坊人，文学硕士，高级教师，北京石油化工学院附属小学副校长，从事学校德育党建工作，任教美术学科。

（二）思政教育的内涵和目标

思政教育是培养学生思想道德品质、政治素养和培育社会主义核心价值观的过程。其目标是帮助学生形成正确的世界观、人生观和价值观，厚植爱国情怀，提高他们的社会责任感和社会适应能力。

二、美术教育与思政教育的内在联系

美术教育与思政教育的融合是新时代背景下教育发展的新模式，《关于全面加强和改进新时代学校美育工作的意见》中指出，“美是纯洁道德、丰富精神的重要源泉”[1]，因此美术教育与思政教育之间具有紧密的内在联系。

美术教育侧重动之以情。小学美术教育是通过造型表现、设计应用、欣赏评述及综合探索等艺术领域的学习，引导学生发现美、欣赏美、创造美，从而提升审美能力，培养学生的艺术核心素养。学习过程中，引导学生关注社会、关注生活，去发现和记忆日常中的美好事物，感受道德行为中的美，从中汲取创作灵感，提升学生对道德思考和追求的水准，从而建立积极的道德情感。思政教育则侧重晓之以理，在传播理论知识与道德观念中引导学生树立正确的社会主义核心价值观，如爱国、诚信、友善等，而这些价值观在美术教育的课程目标中均有所体现。鲁迅先生在《拟播布美术意见书》中也说道：“美术可以辅以道德，美术之目的，虽与道德不尽符，然其力足以渊邃人之性情，崇高人之好尚，亦可辅道德以为治。”可见，以美辅德是美育的核心观念，美术教育与思政教育在内容和目标上具有一定的重合性。

---

[1] 中共中央办公厅 国务院办公厅印发《关于全面加强和改进新时代学校美育工作的意见》2020 年第 30 号国务院公报［EB/OL］.［2024-05-22］. https：//www.gov.cn/gongbao/content/2020/content_5554511.htm.

三、美术教育与思政教育融合的实践路径

（一）挖掘教材，在课程中融入思政教育

课堂是学校教育教学的主阵地，要落实“思想政治工作贯穿教育教学全过程”❶ 的理念，应充分利用课堂这一主渠道，将思政教育元素融入美术课程中。如造型表现领域中“运动场上”一课引导学生回忆校园运动会，感受不服输的精神，再聚焦奥运会，感受为国争光的体育精神，让学生在创作中从直观感知引向主观体悟层面，从而感受中华民族的精神力量；在设计应用领域，如“汽车的联想”“有趣的仿生设计”等，向学生输入环保和可持续发展的理念，引导学生关注社会热点，并表达对社会问题的思考和关注，鼓励他们通过设计来解决发展中遇到的问题，进而培养社会责任感；在欣赏评述领域，有很多古今、中外不同时代、不同形式的艺术作品，这些作品不仅反映了艺术家的思想，还反映了时代文化，学生在对作品进行鉴赏时，不仅要了解时代背景，还要挖掘思政元素，如徐启雄在 1984 年创作的中国画《决战之前》，是 20 世纪 80 年代女排夺冠后的艺术创作，通过中国女排在决战前聚首、抚掌、互勉的一瞬，表现出女排必胜的信念，让学生在鉴赏中汲取丰富的思政力量，从而激发他们的爱国热情；在综合探索领域，如“走进颐和园、故宫”等课程，学生通过探索传统建筑元素及古代遗存的艺术作品，感受我国古代人民的智慧与勤劳，了解历朝历代的繁荣昌盛，从美术作品中传承优秀的道德品质和价值观念，加深学生对思政知识的理解和认同，更加坚定文化自信。

（二）依托活动，在实践中融合思政教育

美术教育与思政教育的融合不应只发生于课堂教学，还要强化学生课外活动体验，以第二课堂的形式，促使学生在丰富的实践活动中领悟思政精神内涵，实现审美水平的显著提升。

---

❶ 习近平：把思想政治工作贯穿教育教学全过程［EB/OL］.（2016-12-08）［2024-05-22］. http：//www. xinhuanet. com/politics/2016-12/08/c_ 1120082577. htm？ src=ilaw.

1. 主题教育融合，强化思想淬炼

以节日为契机，确定每月主题教育，通过艺术作品创作浸润思政教育。如学校3月安全教育、4月健康教育、5月劳动教育、9月传统文化教育、10月爱国教育、11月礼仪教育等，学生通过“五个一”，即绘制一张手抄报、制作一件手工、拍摄一段视频、书写一幅作品、阅读一本书籍，每月通过班级文化墙将物化成果外显，学校也利用多种平台对艺术作品进行宣传报道。系列主题教育是学生“沉浸式”体验创作的过程，既提升了学生审美能力，引导学生树立正确的思想意识，又增强了他们的社会责任感和爱国情怀。

2. 社会课堂融合，拓宽思政渠道

学校借助多方特色文化资源，引导学生在实践中体验美术与思政的融合，实现美术小课堂与社会大课堂的同频共振。如校内开展的“绘国粹”“影视节”“科技节”等活动，将资源引进学校，学生通过绘制京剧脸谱、拍摄“中华美德少年行”故事宣讲、设计制作环保节能科技作品等，感悟历史文化、社会发展背后的深层含义；学校还组织各年级学生走出校园，走进各类劳动艺术基地和传统文化场馆，在参观体验、研学实践中认识、理解民族文化，使学生更加了解和热爱自己的文化根脉，激发他们爱祖国、爱家乡的情感；学校还牵手大学、社区开展了以美化环境为主题的党团队一体化志愿活动，师生们一起构思、共同畅想，用画笔在校园绘制了“共绘初心 礼赞祖国”的百米画廊，表达了对祖国的热爱和对党的信仰，美化校园文化的同时推动了学校美术教育与思政教育的深度融合，以实践形式厚植学生的家国情怀。

（三）多元方法，在评价中融合思政教育

美术教育的教学方式是多元的，如项目式教学，以小组形式布置探究任务，培养学生自主探究和团队合作学习的能力；多媒体教学，利用投影、视频音频等科技手法打破时间、空间局限，带学生云游博物馆、艺术馆，丰富教学内容，激发学习兴趣；社会实践教学，带学生走出教室，走进校园、社区、美术馆，开展写生、志愿、交流等公益活动，将书本知识与实际生活相结合，让学生从活动中理解艺术来源于生活又服务于生活的意义，增强学生

的社会责任感和使命感。

在评价方式上，教师要综合考虑学生的艺术表现和思想品德表现，围绕课程教学目标来制定综合性评价标准，跟进教学开展自评、互评、师评。评价过程中应注重学生的思考和创造，鼓励学生表达自己的观点，以促进学生的全面发展，提高教师的教学水平，推进美术课程的发展。

四、美术教育与思政教育融合的意义

（一）培养学生的审美情趣和创造力

美术教育与思政教育融合，可以通过艺术教育和实践活动，培养学生的审美情趣和创造力。艺术作品可以唤起学生对美的感知和理解，激发他们的创造力和想象力。

（二）培养学生的社会责任感和价值观

美术教育与思政教育融合，可以通过艺术实践和思辨性的讨论，引导学生思考社会问题和价值观念。艺术作品可以反映社会现实和人类命运，引发学生对社会责任和公共利益的思考。

德国美学家席勒在《美育书简》中强调美育可以促进人性获得完善的思想，因此，美术教育与思政教育的融合是有益的教育实践，通过对课程内容、实践活动及教学方法融合路径的研究，可以实现两者的有效结合。我们要在美术教育中有效地融入思政教育内容，以促进美术教育内涵的提升，同时也要充分发掘和拓展思政教育形式，提升教育成效。

时政资源融入“小初”思政课主题活动策略初探
——以部编版九年级“创新永无止境”课堂教学为例

王　倩*

摘　要：思政课在“小初”阶段均已开设，在“小初”开展思政课一体化主题活动具备基本的条件。同时，新时代的思政课是落实立德树人根本任务的关键课程，关系青少年道德观念、理想信念及价值理念的形成。落实思政课的一体化，本文认为可以以思政课堂的时政资源运用为切入点，培养学生时政素养。

关键词：时政资源；思政课；一体化

2019年，习近平总书记在学校思想政治理论课教师座谈会上指出，“要把统筹推进大中小学思政课一体化建设作为一项重要工程，推动思政课建设内涵式发展”❶。作为一名初中的思政教师，我也常常思考，如何改进自己的教学。首师南是一座九年一贯制的学校，这为“小初”的思政课一体化提供了沃土。本文认为，实现“小初”思政课一体化可以从“小初”和“一体化”两个维度发力。

习近平总书记在学校思想政治理论课教师座谈会上强调：办好思想政治

---

* 王倩，女，河北邢台人，哲学硕士，首都师范大学附属中学大兴南校区教师，任教道德与法治学科。

❶ 用新时代中国特色社会主义思想铸魂育人 贯彻党的教育方针落实立德树人根本任务［N］. 人民日报，2019-03-19（01）.

理论课关键在教师，关键在发挥教师的积极性、主动性、创造性❶。教师要上好“大思政课”，主要阵地在课堂，这个课堂可以是学校的课堂，也可以是社会实践的大课堂。习近平总书记在座谈会上指出：“在大中小学循序渐进、螺旋上升地开设思想政治理论课非常必要，是培养一代又一代社会主义建设者和接班人的重要保障。”❷ 可以看出，我们需要达到和追求的“一体化”应该是循序渐进、螺旋上升、前后衔接的一体化。“一体化”不等于“统一化”，一体化，可以是同一种内容运用不同的教学方式加以进阶，并且以适合这个阶段的教育形态进行进阶。

本人在教学中经常使用的方法是以课堂资源的“时政资源”为切入点，进行思政课的一体化教学。以下就以部编版九年级“创新永无止境”为例，阐述本人的有关做法。

一、时政资源的一体式运用

在思政课上，中小学思政课的教学内容已经基本确定，并且在部编版教材中都有所体现，需要教师将知识“讲活”，使学科的知识体系转化成学生学习的体系。课堂要吸引学生兴趣，应在运用时政资源的同时，引发学生思考，调动学生的积极性。

笔者在“创新永无止境”的课堂导入环节，引入时政新闻，激发学生的兴趣，引入对科技创新成就的讨论。提出问题：有人说，我国已经是科技强国了，你同意这种观点吗？要求学生课前寻找充分的资料支撑自己的判断。同时让学生寻找资料，课上拿来介绍和解读，培养分析资料的能力。学生会基于自己的理解找到不同的资料进行分享，教师充分利用这些资料，进一步引导学生思考。通过讨论分析，学生看到学科观点：从整体上看，我国仍面临创新能力不强、科技发展水平总体不高、科技对经济发展的支撑能力不足、科技对经济增长的贡献率远低于发达国家水平等问题。

---

❶ 用新时代中国特色社会主义思想铸魂育人 贯彻党的教育方针落实立德树人根本任务［N］. 人民日报，2019-03-19（01）.

❷ 用新时代中国特色社会主义思想铸魂育人 贯彻党的教育方针落实立德树人根本任务［N］. 人民日报，2019-03-19（01）.

二、时政资源的整合式运用

课堂上，笔者经常使用的方法是对课堂时政资源的整合式运用，通过时政资源的分析和理解，实现对教学内容的学习。例如，“创新永无止境”课堂上针对“如何建设创新型国家”问题的思考，可用的时政资料有很多，选取哪些资料进行课堂讨论？时政资料必须是学生熟悉的、容易理解的，不能与他们的日常生活距离太远，同时又要是整体性的资料，学生既可以深入理解，又可以多角度思考。笔者在教材上看到“北斗卫星导航系统”的资料，于是开始思考如何对课本上的北斗卫星导航系统的素材进行整合式运用。

为了使课本中的资源得到最大化的使用，于是利用北斗卫星导航系统的资料进行整合。主要整合了两段材料，指导学生进行分析。材料一：北斗卫星导航系统……1993 年的“银河号”事件，让国人看到了导航技术受制于人的被动，中国决定发展自己的导航系统。材料二：北斗卫星导航系统，经历的艰难险阻实在太多，我们只能了解“冰山的一角”。其中艰难险阻是研制原子钟……另一个惊险的瞬间是争分夺秒打赢频率保卫战。通过时政资源的整合式运用实现了思政课教学内容的一体化。

三、课堂问题的渐进式探究

思政课的一体化建设，离不开思政课堂的教学的一体化，要不断探索多种教学方式。2022 年，习近平总书记在中国人民大学考察时指出：“思政课的本质是讲道理，要注重方式方法，把道理讲深、讲透、讲活。”讲道理，要结合学生的生活实际，帮助他们解决思想和道德发展中的困惑和问题。笔者在教学中，经常会进行渐进式的问题探究，引导学生对问题不断思考。例如：

针对“北斗卫星导航系统”的素材，课堂进行小组讨论：

（1）阅读材料，思考问题：北斗卫星导航系统建设中面临的困难有哪些？

（2）思考：应对这些问题，请思考我国应分别运用哪些具体的措施？

同时利用表格辅助学生问题的解决。

遇到的困难	解决的具体措施

学生通过阅读材料，可以找出的困难有：原子钟、时间、钱、缺少专业人才、没有自己的技术等，教师引导可以归类为人才、核心技术、资金的问题，紧接着进行思考问题：

（3）我国应分别运用哪些具体的措施？针对这个问题，可以利用图表，结构化进行思考：

遇到的困难	解决的具体措施
人才	
核心技术	
资金	

学生在一步步讨论中，说出自己的答案，在渐进式问题中，教师在课上加以引导、归纳、升华，可以让学生更好地理解知识。同时帮学生构建知识结构，树立系统学习知识的观念。

同时进一步思考：建设创新型国家，只需要国家努力就可以实现吗？要求学生充分利用自己搜集的资料进行观点的辅助回答。其中有学生指出，企业创新也很重要，企业是社会创新的重要力量。提升创新能力是企业持续发展之基、市场制胜之道。

在课堂活动，都是在学生一步步思考和回答中，针对问题结合每个学段的特点，实施精准化教学。

四、时政素养下的实践性延伸

思政课是落实立德树人根本任务的关键课程，对于“小初”学生来说，枯燥地“讲道理”容易让学生失去学习思政课的兴趣，要善于用讲故事的方式，把道理讲活，并且这个故事的学生参与度要高，最好让学生自己讲故事。

笔者在课堂上增加了“榜样照亮，少年担当”的教学环节，学生讲述了自己寻找到的吴孟超、裘法祖、王红阳、钱学森、袁隆平等人物的事例，学习他们身上的创新精神。启发学生：这些精神也是我们每个人需要继承和弘扬的。“少年强则国强，少年智则国智”。作为青少年的你们，打算用怎样的实际行动为建设创新型国家添砖加瓦？鼓励更多的同学充分表达，在讨论中深化对创新精神、知识产权内容的理解，启发学生在创新中实现自我价值，使学生在生活中感悟、体验，在做中学，以养成良好的行为习惯。

思政理论与现实问题研究

中国式现代化何以可能*

罗道全**

摘　要： 中国式现代化理论是中国共产党的一个重大理论创新，具有重大的理论意义和现实意义。哲学社会科学界的重要任务之一是从多方面对中国式现代化进行深入理论探讨，讲清楚中国式现代化何以可能，因此，可以从有中国共产党的领导、有中华优秀传统文化的滋养、它是历史发展的必然选择、有习近平新时代中国特色社会主义思想的指引、它符合人类社会发展规律五个方面来把握。

关键词： 中国式现代化；理论创新；理论探讨；可能

2023年2月7日，习近平总书记在学习贯彻党的二十大精神研讨班开班式上发表重要讲话，深入阐述了中国式现代化理论。中国式现代化是党的二十大的一个重大理论创新，我们必须倍加珍惜、始终坚持、不断拓展和深化。哲学社会科学界的重要任务之一是从多方面对中国式现代化进行深入理论探讨，讲清楚中国式现代化何以可能，因此，可以从以下五个方面来把握。

---

* 本文系北京市高等教育学会2022年面上课题“高校思政课实践教学的校内外协同研究”（项目编码：MS2022086）的阶段性研究成果。

** 罗道全，北京石油化工学院马克思主义学院学术委员会副主任，学校思政课责任教授，北京高校思政课特级教授。

一、有中国共产党的领导

中国式现代化是中国共产党开创、坚持和发展的现代化。中国共产党就是在中华民族面临生死存亡的关键时刻走上历史舞台的。自成立之日起，中国共产党就坚持以马克思主义科学理论为指导，以实现共产主义为最高理想和最终目标，以为中国人民谋幸福、为中华民族谋复兴为初心和使命，带领中国人民为实现民族独立、人民解放和国家富强、人民幸福而前赴后继、流血牺牲，终于推翻了帝国主义、封建主义、官僚资本主义三座大山，建立了人民当家作主的新中国，从根本上改变了中国人民和中华民族的前途命运。改革开放以来，中国共产党带领中国人民持续探索中国式现代化道路，取得了举世瞩目的伟大成就，创造了经济快速发展和社会长期稳定的奇迹，并拓展了发展中国家走向现代化的途径。坚持中国共产党的领导，既是中国式现代化区别于资本主义现代化的根源所在，也是中国式现代化的根本特征和本质要求。在推进中国式现代化的进程中，中国共产党始终发挥着总揽全局、协调各方的领导核心作用，是指引方向的“指南针”、凝心聚力的“主心骨”、社会稳定的“压舱石”。

二、有中华优秀传统文化的滋养

中国式现代化根植于中华优秀传统文化，并在其形成和发展进程中，不断从中华优秀传统文化中汲取智慧和力量，这是中国式现代化具有“中国特色”的重要原因。中华优秀传统文化是滋养和守护民族进步和国家发展的强大力量，是中国式现代化的深厚文化底蕴，为中国式现代化构筑了坚实的思想文化基础。中华优秀传统文化能够为中国式现代化提供强大支撑。中华优秀传统文化源远流长、博大精深，是中华民族的智慧结晶。党的二十大报告中列举了十个重要理念：天下为公、民为邦本、为政以德、革故鼎新、任人唯贤、天人合一、自强不息、厚德载物、讲信修睦、亲仁善邻，分别来自《礼记》《论语》等传统经典，从中足见中华优秀传统文化对中国式现代化的滋养。

三、它是历史发展的必然选择

实现现代化，是百年来中国人梦寐以求的目标，无数仁人志士为找出一条适合中国国情的现代化道路不懈奋斗。从洋务派的“师夷长技”，到维新派的君主立宪，再到资产阶级革命派的民主共和，各种方案连遭失败，现代化机遇一失再失。

中国共产党成立后把为中国人民谋幸福、为中华民族谋复兴确立为自己的初心使命，把探索中国式现代化发展道路作为自己的历史重任。在新民主主义革命时期就开始规划中国现代化的目标，提出要将中国由落后的农业国变成先进的工业国。在社会主义革命与建设时期，提出了“四个现代化”的重要目标和实现路径。改革开放和社会主义现代化建设新时期，在总结社会主义现代化建设成败经验教训的基础上，对中国实现现代化的道路与战略问题进行了更为深入、富有成效的思考和探索。

党的十八大以来，中国特色社会主义进入新时代，中国的现代化理论和实践展现出更加瑰丽夺目的光彩。十多年来，中国特色社会主义制度更加成熟更加定型，国家治理体系和治理能力现代化水平明显提高，为实现中华民族伟大复兴提供了更为完善的制度保证。党带领人民全面建成小康社会，为实现中华民族伟大复兴提供更为坚实的物质基础。党的创新理论深入人心，社会主义核心价值观广泛传播，全党全国各族人民文化自信明显增强、精神面貌更加奋发昂扬，为实现中华民族伟大复兴提供了更为主动的精神力量。中国式现代化建设的持续推进，使实现中华民族伟大复兴进入了不可逆转的历史进程。

在庆祝中国共产党成立一百周年大会上，习近平总书记指出：“我们坚持和发展中国特色社会主义，推动物质文明、政治文明、精神文明、社会文明、生态文明协调发展，创造了中国式现代化新道路，创造了人类文明新形态。”[1]可以说，中国式现代化道路是我们党团结带领人民经过长期探索得来的实现中华民族伟大复兴的正确道路。这条道路是在改革开放40多年的伟大实践中

[1] 习近平．在庆祝中国共产党成立100周年大会上的讲话［M］．北京：人民出版社，2021：7.

得来的，是在中华人民共和国成立70多年的持续探索中得来的，是在我们党领导人民进行伟大社会革命100多年的实践中得来的，是在近代以来中华民族由衰到盛180多年的历史进程中得来的，是从中华文明5000多年的传承发展中得来的，具有深厚的历史逻辑。

四、有习近平新时代中国特色社会主义思想的指引

党的十八大以来，以习近平同志为核心的党中央高举中国特色社会主义伟大旗帜，在创新治国理政的实践中推进一系列变革性实践，实现了一系列突破性进展，取得了一系列标志性成果，中国特色社会主义进入新时代。习近平新时代中国特色社会主义思想是我国发展进入新的发展方位、中国特色社会主义进入新时代以来伟大实践创造出来的最大理论成果，集中体现了新时代中国共产党人对共产党执政规律、社会主义建设规律、人类社会发展规律的新认识新把握，把马克思主义中国化时代化提高到一个新水平新境界。“两个确立”的重大政治论断把领袖统领与思想引航有机统一，对全党全军全国各族人民为全面建成社会主义现代化强国、实现第二个百年奋斗目标，以中国式现代化全面推进中华民族伟大复兴而砥砺奋进具有重大战略意义，体现了当代中国全党和全国各族人民的最大政治共识。在新时代新征程上撸起袖子加油干，有全党的、党中央的领袖把舵领航，有习近平新时代中国特色社会主义思想的指引，“中国号”巨轮乘风破浪、行稳致远就有了根本保证。

五、它符合人类社会发展规律

“人类的社会活动有没有规律性”“人类社会未来会向何处去”这样的终极性问题，自古以来就令人们感到困惑而又着迷，吸引无数先哲为之不懈探究。马克思穷毕生精力辛勤研究人类社会的发展历史，深刻揭示了人类社会发展的一般规律，成为人们认识和改造社会、推动社会进步的根本依据。马克思主义是科学的理论，创造性地揭示了人类社会发展规律，为人类指明了从必然王国向自由王国飞跃的途径。中国共产党在百年的革命、建设与奋斗中，始终坚信人类社会发展规律的科学性与真理性，不断深化对人类社会发展规律的认识，并与中国实际相结合，制定党的纲领、奋斗目标、基本路线

和政策。我们党是世界上最大的马克思主义执政党，推动中国特色社会主义不断取得重大成就，这种理论和实践的双重探索越来越具有世界性的意义。习近平总书记2015年12月在中央政治局“三严三实”专题民主生活会上强调：“要应对好各种复杂局面，关键是要提高对规律的认识，善于运用规律来处理问题。”❶ 当人类再次处在历史十字路口，中国式现代化理论运用对人类社会发展规律的最新认知，明确回答了“世界怎么了，我们怎么办”的世纪之问。

当前，国际国内形势发生深刻复杂变化，人类社会面临前所未有的挑战。马克思所揭示的人类社会发展规律是不是过时了？马克思主义还行不行？习近平总书记坚持用马克思主义的立场观点方法思考人类社会的未来发展，代表当代中国共产党人给出坚毅笃定的回答：中国共产党为什么能，中国特色社会主义为什么好，归根到底是因为马克思主义行！从世界社会主义500年的大视野来看，我们依然处在马克思主义所指明的历史时代。马克思关于生产力决定生产关系、经济基础决定上层建筑的观点，依然是人类社会发展的根本规律。马克思主义提供了科学的基本的世界观和方法论。习近平总书记在2016年哲学社会科学工作座谈会上强调：“只有真正弄懂了马克思主义，才能在揭示共产党执政规律、社会主义建设规律、人类社会发展规律上不断有所发现，有所创造，才能更好识别各种唯心主义观点、更好抵御各种历史虚无主义谬论。”❷

世界再变，“两个必然”的历史趋势不会变。社会运动自有规律，历史没有终结，也不会因某些人的臆想而被终结。进入21世纪以来，西方资本主义经济日益虚拟化和金融化，资本主义基本矛盾不但没有消除，反而日趋激化，“劳资对立”依然严峻，两极分化愈发严重，各种社会矛盾和危机此起彼伏。与之形成鲜明对照的是，中国特色社会主义事业充满活力、蓬勃发展。习近平总书记于2013年1月在新进中央委员会的委员、候补委员学习贯彻党的十八大精神研讨班上指出：“事实一再告诉我们，马克思、恩格斯关于资本

❶ 鲁楠．习近平主持会议并发表“三严三实”重要讲话［EB/OL］．［2024-06-21］．http：//v. china. com. cn/news/2015-12/29/content_ 37419244. htm.

❷ 习近平．在哲学社会科学工作座谈会上的讲话［EB/OL］．［2024-09-30］．http：//www. xinhuanet. com/politics/2016-05/18/c_ 1118891128. htm.

主义社会基本矛盾的分析没有过时，关于资本主义必然消亡、社会主义必然胜利的历史唯物主义观点也没有过时。”资本主义灭亡和社会主义胜利将是一个长期过程，中间也会有曲折，共产主义社会只有靠逐步达成一个又一个阶段性目标才能实现。因此，我们要把远大理想同建设中国式现代化统一起来，做好当下的事情，朝着远大目标稳步前行。

社会形态演进的一般规律和总体趋势，并不排斥各个民族和国家发展中存在各自的特殊规律。人类社会发展的同一性表明就整体而言，社会形态只能是从低级到高级的依次演进，处在同一种社会形态中的国家或民族，经济基础和上层建筑具有相似性与同质性。多样性则是指不同的国家和民族并非只有一种发展模式，某些国家和民族可以实现社会形态的跨越，直接进入更高级的社会形态。列宁第一次提出并论证了社会主义可以首先在资本主义统治链条中最薄弱的环节取得胜利，毛泽东同志从中国国情出发找到农村包围城市的正确道路，俄国十月革命和中国新民主主义革命的胜利，都证明了社会规律的特殊性和多样性是客观存在的。只有在尊重一般规律的前提下，认真研究特殊性和多样性，根据特殊情况探索特殊规律，才能找到最适合本国和本民族的发展道路。

2014 年 2 月，习近平总书记在省部级主要领导干部学习贯彻十八届三中全会精神全面深化改革专题研讨班上指出：“我国的实践向世界说明了一个道理：治理一个国家，推动一个国家实现现代化，并不只有西方制度模式这一条道，各国完全可以走出自己的道路来。可以说，我们用事实宣告了‘历史终结论’的破产，宣告了各国最终都要以西方制度模式为归宿的单线式历史观的破产。”❶ 在我国全面走上强国建设新征程之际，习近平总书记以宽广的全球视野和强烈的创新意识提出了中国式现代化理论。“中国式现代化”概念本身，反映了对人类社会发展规律的同一性和特殊性辩证关系的精准把握。所谓“现代化”，就是遵循人类社会的一般规律和发展趋势，把我国建设成为一个有着高度发达的文明形态、完善的国家治理体系和治理能力、领先的综合国力和国际影响力，能够为人类社会进步作出更大贡献的社会主义现代化

---

❶ 习近平在省部级主要领导干部学习贯彻十八届三中全会精神全面深化改革专题研讨班开班式上发表重要讲话［EB/OL］.［2024-09-30］. https：//www. ccps. gov. cn/xxsxk/xldxgz/201908/t20190829_133857. shtml.

强国，因而必定有各国现代化的共同特征。所谓“中国式”，就是要构建自己的现代化模式，走出自己的现代化之路。西方国家作为先发现代化国家，在现代化进程中走到了前面，但这绝不意味着现代化只有西方模式一种。人类社会是多向度发展而不是单线式前进的，世界上既不存在定于一尊的现代化模式，也不存在“放之四海而皆准”的现代化标准。

历史条件的多样性，决定了各国选择发展道路的多样性。世界上没有完全相同的历史文化和社会制度，各个国家的发展道路也没有高低优劣之分，关键在于是否符合本国国情，能否获得自己人民的拥护，能否带来政治稳定、社会进步、民生改善，能否为人类进步事业作贡献。习近平主席 2013 年 3 月在莫斯科国际关系学院的演讲中指出：一个国家的发展道路合不合适，只有这个国家的人民才最有发言权。放眼人类历史长河，先进国家未必一直先进，落后国家未必一直落后。先发国家或可因赶不上时代潮流而落后，后发国家也完全可能因道路正确而实现跨越式发展。“现代化”定义的解释权不是西方的专利，不应也不能被西方垄断和独享。“中国式现代化”是一个内涵丰富的完整概念，并非像近代史上“中体西用”“西体中用”式的生硬拼合，而具有其内在的统一的规定性。这种内在的统一性，决定了中国式现代化的本质。中国式现代化道路是中国人民独立自主地走出来的，其拓展了发展中国家走向现代化的途径，展现出一种全新的人类文明形态。

中国新型政党制度与中华优秀传统文化*

罗道全

摘　要：中华民族五千年文明历史孕育出的中华优秀传统文化，是中华民族最深沉的精神追求。中国新型政党制度是从中国土壤中生长出来的政党制度，不仅契合当代中国实际，而且自觉传承了中华优秀传统文化基因。中国传统文化中的“天下为公”“兼容并蓄”“求同存异”等特有价值观念和政治理念为中国新型政党制度的形成提供了源头活水。中国新型政党制度有深厚的历史渊源，是地地道道的“中国特色”，展现出强大的生命力。

关键词：中华优秀传统文化；中国新型政党制度；源头活水

不同的文化孕育不同的政治制度，即国家治理模式。习近平总书记曾指出：我国今天的国家治理体系，是在我国历史传承、文化传统、经济社会发展的基础上长期发展、渐进改进、内生性演化的结果。政党制度是人类现代政治文明的核心制度，对人类政治生活的运行发挥着支撑性作用、任何政治制度包括政党制度都是该国人民根据自身历史文化背景、民族特性、政治经济状况作出的选择，反映各自的社会价值取向和政治发展道路。

2018 年全国“两会”期间，习近平总书记在看望参加全国政协十三届一次会议的民盟、致公党、无党派人士、侨联界委员时发表重要讲话，深刻阐述了我国新型政党制度的丰富内涵，指出这一制度是中国共产党、中国人民

* 本文系北京市高等教育学会 2022 年面上课题“高校思政课实践教学的校内外协同研究”（项目编码：MS2022086）的阶段性研究成果之一。

和各民主党派、无党派人士的伟大政治创造，是从中国土壤中生长出来的新型政党制度。在中国共产党领导中国人民经过70多年伟大奋斗，取得举世瞩目成就的今天，这样一个经受了历史和实践检验的论断无疑是深刻而坚定的。

中华文明是世界古文明中唯一没有中断、传承至今的伟大文明，中华民族五千年文明历史孕育出的中华优秀传统文化，是中华民族最深沉的精神追求。中国新型政党制度是从中国土壤中生长出来的政党制度，不仅契合当代中国实际，而且自觉传承了中华优秀传统文化基因。中国传统文化中的“天下为公”“兼容并蓄”“求同存异”等特有价值观念和政治理念为中国新型政党制度的形成提供了源头活水。中国新型政党制度有深厚的历史渊源，是地地道道的“中国特色”，展现出强大的生命力。马克思主义中国化的过程是马克思主义理论与中国传统文化从相遇结合到融通发展的过程，中国传统文化为其提供了精神底蕴。

其一，坚持中国共产党领导与“天下为公”“以人为本”思想相结合，保证了最广大人民根本利益的实现。

中国特色的新型政党制度也就是“共产党领导、多党派合作，共产党执政、多党派参政”的政党制度，核心是坚持中国共产党的领导，这是我国社会主义政党制度的首要前提和根本保证。党的十九大报告指出，中国特色社会主义最本质的特征是中国共产党领导，中国特色社会主义制度的最大优势是中国共产党领导。中国共产党是中国工人阶级先锋队，也是中国人民和中华民族的先锋队，这一性质决定了中国共产党的领导能够保障将人民当家作主的权利落到实处。

中国自古就有民本思想，强调“天地之性人为贵”，重视现世人生的意义，高度评价人类在宇宙中的地位和作用，体现出浓厚的非宗教的、理性主义的特点。孟子最先提出“民为贵，社稷次之，君为轻”，强调百姓的重要地位。这种民本思想是中国政治文化的优良传统，它要求统治者重视和满足人民的需求，以人民的需要和感情为标准，善于接纳人民的建议和批评。同时，主张政治必须协商，强调协商的主体是大多数人民，协商是为了广大人民的根本利益，而非维护个别人或个别利益集团的利益。

“以人为本”，为人民服务，是当代中国政治文化构筑的根本出发点和落脚点。中国共产党汲取古代民本思想精华，将为最广大人民谋福祉作为执政根基，从实现和维护人民的根本利益出发，在发展中国特色社会主义事业的过程中，时时处处坚持以人民为中心，保证人民利益至上，以民为本。

因此，坚持中国共产党的领导既是对马列主义统一战线理论的生动实践，也是对中国传统思想文化中“天下为公”“以民为本”优秀传统的自觉传承与体现。一方面，共产党坚持实行人民代表大会制度，每一级的人大代表都通过人民选举产生，能够真正代表人民的利益、反映人民的诉求。另一方面，坚持正确的干部选拔和任用机制，秉持“天下为公”任人唯贤，保障人民的根本利益，实现“选贤与能、讲信修睦”的大同社会。只有坚持代表最广大人民利益的中国共产党的领导，才有利于实现、维护和发展好人民的根本利益，才能真正将“天下为公”这一社会理想变为现实。

其二，坚持“团结和民主”两大主题与“和合”思想相结合，促进了政治体系的包容性以及“和而以兴”的良性循环局面。

中华文化源远流长，积淀着中华民族最深层的精神追求，代表着中华民族独特的精神标识，为中华民族生生不息、发展壮大提供了丰厚滋养。主张协和万邦、和衷共济、和而不同、兼容并蓄的“和合”理念，正是中国传统文化的精髓与核心所在，是中华民族智慧的结晶和文化追求。尽管五千多年来中国社会在不断发展和进步，但“和合”的精神内核一直得到了传承和发扬，并贯穿于中国思想文化发展的整个进程中，积淀于各时代各家各派思想体系中，成为中华儿女世代传承的思维模式和行为方式，内化为中华民族特有的哲学观念、文化理念和社会理想。英国历史学家汤因比就曾赞叹道：“就中国人来说，几千年来，比任何民族都成功地把几亿民众从政治文化上团结起来。它们显示出这种在政治上文化上统一的本领，具有无与伦比的成功经验。这样的统一正是今天世界的绝对要求。……世界统一是避免人类集体自杀之路。在这一点上，现在各民族中具有最充分准备的，是二千年来有独特思维方法的中华民族。”❶

基于历史的惯性和根深蒂固的政治文化心态，多党合作、政治协商这些新型政党制度的基本内容，深刻体现着中国传统文化中和而不同、求同存异

❶ 阿诺德·汤因比．历史研究［M］．刘北成，郭小凌，译．上海：上海人民出版社，2005：247.

的价值追求。《国语·郑语》提及“和实生物，同则不继”，是对“和合”最为生动的阐释。只有和谐才能够产生动力，从而推动事物生长发育，如果完全相同则会因缺乏动力而无法继续发展。“和”，是团结的基础，它强调了共产党领导、多党派合作，中国共产党同各民主党派是在根本利益一致的基础上结成亲密友党关系；“不同”，是民主的前提。它强调了共产党执政、多党派参政，各民主党派与共产党在成员构成与宗旨纲领等方面是不同的。正是承认两者地位的不同，并为不同意见提供发表与进行协商的平台，才能达到求大同、存小异的目标。有了这种“和而不同”的政治基础，才能尽可能团结一切可以团结的力量，调动一切积极因素，实现最巩固、最有力的团结。团结需要和谐与合作，民主必须能容纳不同的意见。因此，在政协中坚持“和而不同”理念的过程，就是发扬民主、增进团结的过程。

多党合作的意义不仅仅在于它的“和而不同”，更重要的在于它的“和而以进，和而以兴”。新型政党制度把各个政党和无党派人士紧密团结起来、为着共同目标而奋斗，有效避免了一党缺乏监督或者多党轮流坐庄、恶性竞争的弊端，有效克服党派和利益集团为自己利益相互竞争甚至互相倾轧的弊端，有效克服不同政治力量为了维护和争取自己的利益固执己见、排除异己的弊端。几千年的世代相承、不断延展，尚和合、求大同的“和合”思想已经成为一种集体无意识的文化情结、价值观念，深深扎根于国人的灵魂深处。恶党争，鄙讥谤，重谐和，贵合一，尊人望，崇贤德，早已成为中国人的政治认同，中国特色新型政党制度正是由这种政治认同孕育而出的。“和合”思想中“以和为贵”“和衷共济”等内在蕴涵，不仅使我国政党制度在国家运行中消除了无谓的争执，使和平而不是暴力成为政治运行的常用手段，也使其作为社会主义协商民主的一种优势，较好地实现了民主的功能。正如习近平总书记在中央政协工作会议暨庆祝中国人民政治协商会议成立 70 周年大会上的讲话中所指出的：发展社会主义协商民主，要把民主集中制的优势运用好，发扬“团结—批评—团结”的优良传统，广开言路，集思广益，促进不同思想观点的充分表达和深入交流，做到相互尊重、平等协商而不强加于人，遵循规则、有序协商而不各说各话，体谅包容、真诚协商而不偏激偏执，形成既畅所欲言、各抒己见，又理性有度、合法依章的良好协商氛围。

中华人民共和国成立 70 多年来，新型政党制度始终坚持团结和民主两大主题、始终致力于大团结大联合，是凝聚各方面智慧和力量的制度设计，能够最大限度地凝聚人心、凝聚共识、凝聚智慧、凝聚力量，汇聚起同心共筑中国梦的磅礴伟力，在我国经济腾飞、国力提升的进程中起到了极其重要的作用。

其三，坚持推进协商民主制度建设与“协商共治”传统政治文明相结合，增进了决策的科学高效以及社会的整合稳定。

中国的政治文化传统与西方有很大的不同。相较于在中国只有百年历史的选举，协商、商议、讨论、咨询等在中国由来已久，早已融入古代中国政治的运行过程中。早在中国原始社会后期，处理政事包括在权力授受时，实行的就是协商式的民主制度。在《尚书·尧典》《尚书·舜典》中记载，凡是举国大事，尧、舜都要召集“四岳”或“十二牧”“四岳群牧”开会，这些会议实际上是酋长会议。重大问题的决策都经酋长会议，由尧、舜这样的部落领袖与酋长们协商决定。舜被推选为部落领袖，就是尧在“四岳”会议上经与酋长们协商推选出来的，古人把这种选拔领导人的方式，称为“禅让”。可以说，这是中国协商民主的起源。在此之后，历朝历代都会设立专门的机构或制度来协商议政，为协商及臣民对君主监督提供制度保证。如汉代“策问”、唐代“政事堂”、明代“言官制度”等。虽然这些决策过程中的协商与对话、咨询大多发生在统治者与官员之间，但在古代中国，开明君主、官员问计于民的故事也屡见不鲜，“兼听则明”成为上至君王、下至黎民的普遍共识与治国准则，有学者就此撰文指出，协商民主理论肇始于西方，而在协商民主实践上，中国先于西方。

钱穆先生在其《中国历代政治得失》中指出，曾经强盛一时的罗马帝国灭亡以后就再没有罗马，而中国却在饱经流变之后仍然是中国的一个重要原因就是它的政治传统。[1] 正是出于对传统政治文化中的“政治需要协商”的价值认同，中国共产党从新中国成立伊始，每遇重要问题，都要和各民主党派、各界人士进行协商，并形成了密切协商的优良传统。

优良的传统要靠科学完善的制度来保障。在创造性学习中，中国共产党深刻认识到，以资本主义政党制度为代表的旧式政党制度从根本上不适用于

---

[1] 钱穆．中国历代政治得失［M］．北京：生活·读书·新知三联书店，2012：77.

中国；也深刻体会到，其他社会主义国家的政党制度不能简单照抄照搬，必须塑造适合中国国情的新型政党制度。同时，这种政党制度还要根据时代的发展变化而不断发展完善。党的十八大以来，以习近平同志为核心的党中央高度重视社会主义协商民主制度建设，以确保“有事好商量，众人的事情由众人商量”落到实处、产生实效。党的二十大报告强调：完善协商民主体系，统筹推进政党协商、人大协商、政府协商、政协协商、人民团体协商、基层协商以及社会组织协商，健全各种制度化协商平台，推进协商民主广泛多层制度化发展。坚持和完善中国共产党领导的多党合作和政治协商制度，坚持党的领导、统一战线、协商民主有机结合……确保协商民主有制可依、有规可守、有章可循、有序可遵。在中央政协工作会议暨庆祝中国人民政治协商会议成立70周年大会上，习近平总书记高度评价人民政协在协商中促进广泛团结、推进多党合作、实践人民民主，既秉承历史传统，又反映时代特征，充分体现了我国社会主义民主有事多商量、遇事多商量、做事多商量的特点和优势。

名非天造，必从其实。这个实是我们看得见体会得到的社会发展现实，也是我们这个国家和民族实实在在走过的漫漫五千年历史，更是在这五千年中融入我们血脉、注入我们基因的思维方式和文化传统，也就是汤因比所说的中华民族的“独特”。对此，毛泽东曾提出过深刻的见解：我们这个民族有数千年的历史，有它的特点，有它的许多珍贵品。对于这些，我们还是小学生。今天的中国是历史的中国的一个发展：我们是马克思主义的历史唯物者，我们不应割断历史。从孔夫子到孙中山，我们应当给以总结，承继这一份珍贵的遗产，这对于指导当前的伟大的运动，是有重要的帮助的。毛泽东所说的珍贵品，正是中华民族历史中积淀下来的思想和文化精华，是中华民族智慧的结晶。新型政党制度，正是中国共产党领导中国人民上下求索、开拓奋进，创造性地把马克思主义政党理论同中国具体实际和中华优秀传统文化有机结合，从探寻争取到开创建立再到不断完善，走出了1840年后的百年自卑与困顿，走进了道路自信、理论自信、制度自信、文化自信的新时代，为世界政党政治和国际关系的发展提供了蕴含中国智慧、中国情怀的中国方案。

马克思主义与中华优秀传统文化：由“契合”而“成就”*

初景波

摘　要：习近平总书记强调，把马克思主义基本原理同中国具体实际、同中华优秀传统文化相结合的前提是彼此契合。马克思主义与中华优秀传统文化在唯物观念、辩证思维、理想社会、实践精神四个方面存在高度契合，为两者的有机结合奠定了基础，马克思主义让中华优秀传统文化成为现代的，中华优秀传统文化让马克思主义成为中国的。

关键词：马克思主义；中华优秀传统文化；两个结合

2023年6月，习近平总书记在文化传承发展座谈会上发表了重要讲话，强调把马克思主义基本原理同中国具体实际、同中华优秀传统文化相结合是开辟和发展中国特色社会主义的必由之路。“结合”的前提是彼此契合，相互契合才能有机结合。“结合”的结果是互相成就，让马克思主义成为中国的，中华优秀传统文化成为现代的，让经由“结合”而形成的新文化成为中国式现代化的文化形态。[1]

马克思主义与中华优秀传统文化在唯物观念、辩证思维、理想社会、实践精神四个方面存在高度契合，通过“第二个结合”，能够双向成就，认识这

* 本文为北京石油化工学院教学改革重点项目“《中国近现代史纲要》课基于‘以学生为中心’的教学设计与实践”（项目编号：ZD202305001）的研究成果。

[1] 习近平．在文化传承发展座谈会上的讲话［EB/OL］．［2024-05-15］．https：//www.gov.cn/yaowen/liebiao/202308/content_ 6901250.htm.

一点，对于促进马克思主义与中华优秀传统文化的有机结合，增强全民信仰和践行马克思主义，继承和弘扬中华优秀传统文化，具有十分积极的作用。

一、四种契合

契合是结合的前提，马克思主义与中华优秀传统文化之间存在着诸多契合之处，从总体上来看主要有四个层面的契合。

第一，唯物观念的契合。马克思主义在对哲学和自然科学分析总结的基础上提出了科学的、辩证的唯物主义世界观，正如恩格斯所言："世界的真正的统一性在于它的物质性。"❶ 作为中华优秀传统文化重要组成部分的儒家思想，并没有像世界上其他的古老文化传统那样高扬有神论的大旗，热衷于构想人神两个世界，而是将重心放在生活世界本身。"敬鬼神而远之，可谓知矣"❷，这是将鬼神淡化，剔除对其存在性的探究，而仅保留其"神道设教"的社会功能。"未能事人，焉能事鬼""未知生，焉知死"❸，这是将生死鬼神问题悬置起来，直接将思考的对象指向更为现实、切近、急迫的生活世界；"人而不仁如礼何，人而不仁如乐何"❹，这是将原本以宗教祭祀为中心的礼仪活动，以人内在的仁爱道德情感为基础进行重释。这样一番努力，奠定了儒家六合之外存而不论、聚焦生活的朴素唯物主义的倾向，这种倾向使其具备了与以科学唯物主义为特征的马克思主义之间的高度契合性。

第二，辩证思维的契合。西方哲学家弗洛姆说："同亚里士多德逻辑对立的是人们称为悖论逻辑的理论，也就是 A 和非 A 都为 X 的宾语，但不相互排斥的假设。在中国和印度的思想中这种逻辑占主导地位，在赫拉克利特哲学中亦是如此——最后这一逻辑成为黑格尔和马克思的逻辑，被称作'辩证法'。"❺ 确乎如此，马克思在对黑格尔辩证法进行扬弃的基础上提出了唯物辩证法思想，使之成为马克思主义认识和改造世界的基本武器。这种辩证思维也广泛地存在于中华优秀传统文化之中。《易经》中已有阴阳对立、相互转

---

❶ 马克思恩格斯选集（第 1 卷）［M］. 北京：人民出版社，1972：83.
❷ 杨伯峻．论语译注［M］. 北京：中华书局，2006：69.
❸ 杨伯峻．论语译注［M］. 北京：中华书局，2006：129.
❹ 杨伯峻．论语译注［M］. 北京：中华书局，2006：129.
❺ 艾·弗洛姆．爱的艺术［M］．李健鸣，译. 上海：上海译文出版社，2008：67.

化的辩证思维，《易传》将其总结为“一阴一阳之谓道”❶“易，穷则变，变则通，通则久”❷ 的思想特点。儒家主要将辩证思维理解和表述为中庸之道，就是在全面掌握事物整体情况的基础上，避免走向极端，奉行恰到好处的适度原则，即所谓“乐而不淫，哀而不伤”❸“过犹不及”❹。道家主要将辩证思维理解和表述为“反者道之动”❺。首先是正反相依，即“有无相生，难易相成，长短相形，高下相倾，音声相和，前后相随”❻；其次是正极而反，即“物壮则老”❼“明道若昧，进道若退”❽“大成若缺”“大直若屈”“大巧若拙”“大辩若讷”❾；最后的结论是守反得正，即“将欲取之，必固予之”❿“夫唯不争，故天下莫能与之争”⓫。当然，马克思主义与儒道两家对于辩证法的运用是有所不同的。马克思主义运用辩证法推动事物向前发展，儒家则试图维持事物现有最佳状态，道家则反其道而行之，以退为进。毛泽东的《矛盾论》就是马克思主义与中华优秀传统文化相结合在辩证法方面的典型代表。《矛盾论》结合中国文化中新陈代谢的古理、“兼听则明，偏信则暗”的古训以及传统神话中的许多变化，生动而深刻地阐释了矛盾的普遍性与特殊性、主要矛盾和矛盾的主要方面、矛盾诸方面的同一性和斗争性、对抗在矛盾中的地位等辩证法基本问题。

第三，理想社会的契合。中国自古就存在以“天下为公”为主要特征、名曰“大同”的社会理想，据传这是五帝时期美好社会的写照，后世已不可复得。儒家知识分子虽也接受认可“天下为家”的“小康”，但对于“大同”理想社会的赞颂和追求绵延千年，直至近代。康有为说：“太平之世行之，惟

❶ 陈鼓应，赵建伟．周易今注今译［M］．北京：商务印书馆，2005：598.

❷ 陈鼓应，赵建伟．周易今注今译［M］．北京：商务印书馆，2005：650.

❸ 杨伯峻．论语译注［M］．北京：中华书局，2006：129.

❹ 杨伯峻．论语译注［M］．北京：中华书局，2006：130.

❺ 陈鼓应．老子今注今译［M］．北京：商务印书馆，2003：226.

❻ 陈鼓应．老子今注今译［M］．北京：商务印书馆，2003：80.

❼ 陈鼓应．老子今注今译［M］．北京：商务印书馆，2003：192.

❽ 陈鼓应．老子今注今译［M］．北京：商务印书馆，2003：229.

❾ 陈鼓应．老子今注今译［M］．北京：商务印书馆，2003：243.

❿ 陈鼓应．老子今注今译［M］．北京：商务印书馆，2003：207.

⓫ 陈鼓应．老子今注今译［M］．北京：商务印书馆，2003：161.

人人皆公，人人皆平，故与人大同。”❶ 日本著名学者沟口雄三认为，在中国追求“天下为公”这一传统的影响下，近代民主革命“从一开始就带有社会主义的倾向”❷。当中国文化从本有传统中滋生出社会主义的理想萌芽，遇到恰逢其时传入中国的马克思主义，虽然并非全盘接受，但前者迅速对后者描述的理想社会产生认同。如孙中山就说：“民生主义就是社会主义，又名共产主义，即是大同主义。”❸ 据统计，在孙中山的题词中，“仅目前所辑得的有受主姓氏的”“天下为公”，就达32件，其对大同社会的钟爱向往之情可见一斑。马克思主义思想在以天下为己任的中国知识分子中以星火燎原之势迅速传播，先有《万国公报》、梁启超等对马克思主义的推介，继有李大钊、陈独秀、陈望道、李达、李汉俊等人关于马克思主义的大量推广与译介，影响从知识阶层而至工农大众，终于由此诞生了以马克思主义为指导思想的中国共产党。

第四，实践精神的契合。举世皆知马克思的这句名言：“哲学家们只是用不同的方式解释世界，而问题在于改变世界。”❹ 实践性是马克思主义的突出特征，是其认识论和方法论的基本主张。马克思本人也不是单纯做形上玄思的哲学家，而是关注现实、心系大众、针砭时弊。与此相仿，儒家高度重视实践，从“学而时习之”到“知行合一”，再到“习行”格物，无一不在强调实践的重要作用。同样，孔子及儒学后人也多是积极入世的行动派，以天下为己任，忧国忧民，追求建功立业、匡时救世、为民造福，这也是其实践精神的典型表现。

毛泽东的《实践论》就是马克思主义与中华优秀传统文化相结合在实践精神方面的典型代表。《实践论》的副标题是“论认识和实践的关系——知和行的关系”，知行关系本身就是中国文化中反复讨论的一个重要问题，从中可以看出毛泽东阐释实践主题时的思考维度就是马克思主义与中华优秀传统文化相结合的。《实践论》中系统阐明了实践是认识的来源、认识的目的、检验

---

❶ 康有为全集（第五集）［M］. 北京：中国人民大学出版社，2007：555.

❷ 沟口雄三. 中国思想史［M］. 龚颖，赵士林，等译. 北京：生活·读书·新知三联书店，2014：260.

❸ 孙中山. 三民主义［M］. 北京：中国长安出版社，2011：159.

❹ 马克思恩格斯选集（第1卷）［M］. 北京：人民出版社，1972，19.

认识是否正确的标准等马克思主义实践观的主要内容，廓清了教条主义的错误，并以此为传统知行关系的讨论提供了科学解答，还结合“不入虎穴、焉得虎子”等古语使人对哲学化的实践观形成了形象化的理解。此外，毛泽东对于“实事求是”的马克思主义阐释，更将马克思主义与中华优秀传统文化在实践观的结合高度凝练，使“实事求是”成为马克思主义实践观的典型话语。

二、双向成就

正是基于以上所述的四种契合，使得马克思主义和中华优秀传统文化走向结合，两者的结合造成了彼此成就的结果，既成就了中华优秀传统文化，也成就了马克思主义。

第一，马克思主义让中华优秀传统文化成为现代的。千百年来，儒家对“天下为公”的大同社会孜孜以求，而事实如何呢？正如朱熹在回答陈同甫时所言：“其间虽或不无小康，而尧、舜、三王、周公、孔子所传之道，未尝一日得行于天地之间也。”❶ 这是精英阶层的慨叹。反观另一方面的平民阶层，历代农民起义常常喊出诸如“天补均平”“吾疾贫富不均，今为汝均之”“等贵贱，均贫富”“均田免粮”“有田同耕，有饭同食，有钱同使，无处不均匀，无人不饱暖”等口号，反映出打破封建等级、实现平等平均的心声与渴望。但遗憾的是，其也同样未曾有一天真正实现。造成儒家知识分子和农民阶级共同困境的根本原因，是他们所追求的理想缺乏智力支持，即便起义成功、拥有了权力，也缺乏实现理想的蓝图，正如毛泽东所说：“康有为写了《大同书》，他没有也不可能找到一条到达大同的路。”❷ 而马克思主义才真正为这一追求提供了智力支持。

只有建立在民主、科学、自由、平等、公正、法治等现代价值基础上的现代文明制度，才能帮助他们真正实现理想。马克思主义以其劳动创造价值、人民创造历史、人民政权保证公平等一系列思想主张，回答了中国问题，给出了解决之道。中国共产党以此为指导，结合中国实际，带领中国人民赢得

---

❶ 朱熹．朱子文集（第1卷）［M］．北京：中华书局，1985：12.

❷ 毛泽东选集（第4卷）［M］北京：人民出版社，1991：1471.

了胜利和解放。与马克思主义相结合，使中华优秀传统文化的民本精神走向了民主精神，平等诉求拥有了制度保证，理想社会具备了科学可行性。总之，马克思主义让中华优秀传统文化成为现代的。

第二，中华优秀传统文化让马克思主义成为中国的。但凡一种外来文化与本土文化相遇，其成功的结果要么是取代，要么是结合。近现代以来由于落后挨打，救亡心切的一些人如胡适、陈序经等就喊出了“全盘西化”的主张，中国共产党也曾经奉行过一段时间教条化的马克思主义，历史告诉我们这些都失败了，事实证明马克思主义与中华优秀传统文化在中国都独木难支，必须双剑合璧。习近平总书记在文化传承发展座谈会上指出，中华文明具有突出的连续性、创新性、统一性、包容性、和平性。连续性就意味着中华文化生命旺盛、不可替代；包容性就意味着中华文化具有开放精神，非常乐于接纳外来文化，为外来文化进入中国提供条件和保证；创新性就意味着中华文化可以与外来文化结合生成新的文化，后者为前者提供外来新知，前者为后者提供本土滋养。

中国共产党将马克思主义引入中国，是要面对中国社会，解决中国问题，这决定了马克思主义必须同中国具体实际相结合，这是一个从抽象到具体的必然过程；同时，中华民族在几千年的历史实践中积淀了丰富深厚的中华优秀传统文化，这是中国人的根和魂。马克思主义进入中国，用中国语言、中国经典、中国故事讲清楚马克思主义的道理，才更容易被理解和接受。

更为重要的是，中华优秀传统文化经过现代意识的择取，其中的很多内容对马克思主义者还有相当的补益。例如刘少奇在《论共产党员的修养》中就提到了《诗经》及孔子、孟子、曾子等传统经典和代表人物。中华优秀传统文化关于个人修养方面有非常丰富的内容，仁者爱人的情感基调、推己及人的换位思考、“一日三省吾身”的内省意识、“虽千万人吾往矣”的道德坚守、“独乐乐不如众乐乐”的共享观念、“静以修身、俭以养德”的自律品质等，都对我们今天的人格修养有极大帮助。一首唐诗、几句宋词，仍能让今人读得心潮澎湃；美轮美奂的传统艺术，也能让今人在审美愉悦中陶冶性情、升华境界。总之，马克思主义与中华优秀传统文化相结合，使马克思主义在中国落地生根，具有中国气质、中国特色，让马克思主义成为中国的。

马克思主义基本原理同中国具体实际、同中华优秀传统文化相结合，既是理论与实践的统一，也是传统与现代的统一，更是东西方文明智慧的交融。我们正处在“两个结合”的伟大历史进程中，沿着这个方向，新的时代必将造就新的文化，新的文化必将推动中华民族伟大复兴的实现。

“大变局”视域下高校意识形态工作的缘由、风险和对策*

刘亮高**

摘　要：做好高校意识形态工作，事关社会主义办学方向，事关国家安全稳定，事关中国式现代化建设后继有人。要坚持党的全面领导不动摇，以发展的、变化的、创新的眼光和思维，深化认识“大变局”视域下高校意识形态工作规律，全面把握新时代高校意识形态领域态势，以首善标准做好高校意识形态工作，为教育强国建设贡献高等教育力量。本文分析了“大变局”视域下做好高校意识形态工作的缘由，梳理了“大变局”视域下高校意识形态工作存在的风险，重点从五个方面提出了加强“大变局”视域下高校意识形态工作的对策及路径。

关键词：意识形态工作；“大变局”；缘由；风险；对策

意识形态工作是党的一项极为重要的工作。当今世界正处于百年未有之大变局，高校作为意识形态工作的前沿阵地，巩固壮大主流思想舆论的主战场，理性审视百年未有之大变局下高校意识形态工作呈现的新特点、新风险、新任务，加强对“大变局”视域下高校意识形态工作的研究与实践意义重大。

---

* 本文系2023年北京石油化工学院党建和思想政治工作研究课题（项目编号：DJYB2023005）的研究成果。

** 刘亮高，男，北京石油化工学院党委宣传部干部，政工师，主要研究方向为党建与思想政治教育。

一、缘由：“大变局”视域下高校意识形态工作的重要性和必要性

进入新时代，党中央着眼中华民族伟大复兴战略全局和世界百年未有之大变局，围绕意识形态工作作出系列重大部署，推动意识形态工作取得历史性成就。能否做好高校意识形态工作，事关社会主义办学方向，事关国家安全稳定，事关中国式现代化建设后继有人，我们要充分认识高校意识形态工作的重要性和必要性，为做好“大变局”视域下高校意识形态工作提供思想指南。

1. 做好高校意识形态工作关系到党对教育工作的全面领导

党的十八大以来，党中央反复强调意识形态工作一刻也不能放松和削弱。高校是意识形态工作的重要领域和前沿阵地，意识形态工作直接关系到培养堪当民族复兴大任的时代新人这一根本问题。习近平总书记高度重视高校意识形态工作，围绕高校意识形态工作提出了系列重要论述和指示精神，为加强党对高等教育意识形态工作的全面领导提供了根本遵循，高校要深入贯彻落实，不断提高对高校意识形态工作的驾驭能力，在教育强国建设新征程中不断巩固马克思主义在高校意识形态领域的指导地位。

2. 做好高校意识形态工作是坚决做到“两个维护”的实践要求

高校意识形态的本质体现在高校师生是否能增强“四个意识”、做到“两个维护”上。高校是人才密集、思想多元、知识前沿的阵地，师生思想活跃，理念诉求超前，对新知识、新理论、新技术十分渴求，因此做好高校意识形态工作尤为重要。要切实把高校意识形态工作当成一项政治任务来抓，用科学理论培养人，用正确思想引导人，用主流价值涵育人，不断巩固马克思主义在高校意识形态领域的指导地位。

3. 做好高校意识形态工作关系到国家政权的安全稳定

当前，地区冲突难息，大国博弈驶进未知水域，加之西方敌对势力对我国思想文化领域的渗透更加剧烈，中华民族伟大复兴绝不是轻轻松松就能实现的，必须战胜包括意识形态领域在内的一切艰难险阻，确保文化安全尤其

是意识形态安全。[1] 高校是意识形态工作的前沿阵地，必须掌握意识形态工作领导权，筑牢网上网下意识形态安全屏障，为确保国家安全贡献高等教育力量。

4. 做好高校意识形态工作关系到培养社会主义建设者与接班人

高校立身之本是立德树人，培养时代新人。高校作为青年人才和多种思潮的汇集地，肩负着培养社会主义事业合格建设者和接班人的重大任务。高校意识形态工作做得怎么样，事关中华民族伟大复兴，事关中国特色社会主义办学方向，事关高校“为谁培养人、怎样培养人、培养什么人”这个核心课题，必须聚焦“为党育人、为国育才”的初心使命，唱响团结奋进主旋律，落实立德树人根本任务，站稳守好意识形态主阵地。

二、梳理：“大变局”视域下高校意识形态工作面临的主要风险

当今世界进入百年未有之大变局，我国改革发展也进入深水区，面临不少深层次矛盾，一些错误观点层出不穷，意识形态工作面临更为严峻的风险挑战。高校是我国意识形态工作重要领域，也是敌对势力进行意识形态渗透的关键领域，必须深化认识高校育人与国家意识形态安全的统一性和必要性关系，主要应从以下三个方面认识高校意识形态工作面临的新形势新风险新问题。

1. 操控大众传媒的话语权产生意识形态“西化”风险

在全球范围内，西方国家一直在传播新自由主义等观念，并试图渗透到各国的高等教育领域，部分人丧失了辨别和选择价值的能力，最终在思维和行为上不知不觉或者有意识地接受了西方的一些错误思想。随着大数据、移动设备、智能算法和生成式人工智能等技术的不断发展，西方的观念和价值观不断渗透年轻学生的思维范畴，然而，人们逐渐认识到传统的西方“全球价值观”和新型民主理念之间的差异。

---

[1] 王燕茹．总体国家安全观视域下高校意识形态安全建设探析［J］．学校党建与思想教育，2023（14）：32-35.

2. 制造舆论事件产生意识形态"分化"风险

西方敌对势力通过使用各种舆论工具制造舆论事件，煽动大学生群体炒作社会热点话题，做到逢事必闹、逢喜必扰，企图制造混乱、争夺人心，对主流意识形态形成干扰和冲击。向大学生灌输所谓的"信念观念"不仅曲解了中国形象，也给高校意识形态工作带来了严峻挑战。

3. 全媒体时代的新样态加剧主流价值"弱化"风险

全媒体时代的到来，形成"人人都有麦克风"的多向互动式传播格局。有的青年学生在网络空间构筑以个人为轴心的朋友圈，依托多平台交叉性传播，个人臆测观点、负面舆论话语异常活跃。同时，个性化精准推荐技术更强调"靶向推送""实时推送""定向推送"，使学生只听自己想听的，只看自己想看的，由于主流价值的缺失，错误的思想观点无形中侵蚀着青年群体。

三、破解："大变局"视域下加强高校意识形态工作的思考及对策

加强高校意识形态建设是一项固本铸魂工程，必须旗帜鲜明地坚持党管意识形态，牢牢掌握高校意识形态工作领导权。坚决贯彻落实习近平总书记关于意识形态工作的重要论述精神，主要通过强化理论武装、巩固壮大主流思想舆论、抓活思想政治工作、坚决守好意识形态阵地、扎实推进队伍建设，进一步提升当前高校意识形态工作质量水平，筑牢高校意识形态安全防线。

1. 要推进党的创新理论入脑入心

掌握意识形态工作领导权，最重要的就在于加强理论武装，推动习近平新时代中国特色社会主义思想深入人心。[1] 用党的创新理论武装师生头脑、推动工作。特别要按照"学懂弄通做实"的要求，深刻把握习近平总书记关于宣传思想工作、意识形态、思政课等重要论述的内涵、体系、要求等，教育引导广大师生从思想上正本清源、固本培元，不断增强政治自觉、思想自觉和行动自觉。要深入学习贯彻习近平文化思想，围绕在新的历史起点上持续推动

[1] 中共中央宣传部．习近平新时代中国特色社会主义思想三十讲［M］．北京：学习出版社，2018：218.

教育强国建设这一新的使命，在深化内化转化上下功夫，创造性地抓好贯彻落实。

2. 要巩固壮大新时代主流思想舆论

新时代青年是互联网的“原住民”，高校应将互联网作为重要宣传载体，围绕增强信心、凝聚共识构筑社会主流舆论新态势，把“中国共产党为什么能、马克思主义为什么行、中国特色社会主义为什么好”等大道理讲小、讲实，切实增强高校主流话语的引导力和影响力。要注重把握青年学生群体的思想动态和情绪表达特点，积极开展网上思想动态调研，做好重大时间节点意识形态领域风险研判，加强对突发事件和热点舆情的舆论引导管控。应积极推进传统媒体和新兴媒体的融合发展，打造一套适应时代传播需要、具有竞争力的校园新媒体矩阵，做好主题宣传、成就宣传和典型宣传，讲好学校故事，唱响发展旋律，凝聚奋进力量，努力展现中国高校丰富多彩、生动立体的良好形象。要大力弘扬和践行社会主义核心价值观，在高校立德树人过程中做到无处不在、无时不有，使之成为高校师生日用而不觉的行为准则。

3. 要抓活思想政治工作这条生命线

高校是人才培养的摇篮，思想政治工作是提升高校人才自主培养质量的重要内容。要坚持育人与育才相结合，把思想政治工作贯穿高校教育教学全过程，坚持不懈培育和弘扬社会主义核心价值观，坚持不懈培育优良校风、教风和学风，真正把学生培养成为德才兼备、全面发展的社会主义建设者和接班人。要重视思想政治工作队伍建设，把政治上合格作为选拔专职辅导员首要条件，优中选优，配好大学生班主任，完善和优化高校各级党政干部和专兼职思想政治课教师的选拔培养机制，按照“德才兼备，以德为先”的标准，确保思想政治工作在高校自上而下的持续性和一致性。要组织开展好党史学习教育，让青年坚定做中国人的志气、骨气、底气。要注重运用大学生喜闻乐见的形式，利用多种互动交流平台，努力提供满足青年大学生精神文化需求的产品。要充分发挥思想政治教育理论课、社会实践活动、校园文化建设等主渠道、主阵地作用，使大学生在潜移默化中养成主流意识形态的思维和行为模式。

4. 要严抓阵地管理建设

“大变局”视域下意识形态领域的斗争，从根本上讲就是习近平总书记讲的“争夺阵地、争夺人心”的斗争。高校必须把握主动权，筑牢高校意识形态工作的阵地基础。要压紧压实校院两级党组织的主体责任，强化课堂教学、教材审用、讲座论坛、大型活动、网站和新媒体平台等各类意识形态阵地管理。要推动思政课守正创新，加强课程思政改革，打造更多的思政“金课”，推动思政小课堂与社会大课堂有效衔接，形成“人人讲育人，门门有思政”育人局面。坚持正能量是总要求、管得住是硬道理的原则，充分发挥网络新媒体的主流意识形态传播功能，加强互联网建设管理运用，打好网络意识形态攻坚战。要深刻认识大学精神在主流意识形态引领中的作用，积极发挥校内各种“软环境”和“硬设施”作用，创建文明校园，加强校园文化建设，做到以文化人，以文育人。要加强心理健康教育，全方位提升学生心理健康素养，不断提高高校意识形态工作的温度和亲和力。

5. 要扎实推进工作队伍建设

意识形态工作队伍建设成效关系到高校意识形态工作的全局，影响着高校培育时代新人的落实。做好“大变局”视域下高校意识形态工作，要依托传统骨干力量，如学校党政干部、思政课教师、学生工作专职干部、辅导员、班主任、网络评论员、宣传委员和心理健康教育教师开展意识形态工作。大数据、云计算、人工智能等新技术大规模应用，引发网络传播秩序的深刻变革，高校意识形态风险与挑战正逐渐加大，要把多学科知识背景的人才加入意识形态工作队伍，吸纳相关学科的学术带头人、育人标兵和成长成才典型和优秀学生干部，建设和完善一支政治过硬、学科年龄综合、数量充足的意识形态工作队伍。要加强意识形态培训，注重在工作实践中练就过硬的本领，增强政治判断力、政治领悟力、政治执行力，锻炼预判政治风险、应对风险挑战、处置突发情况的能力，更好地适应新时代高校意识形态斗争需要。

总之，高校意识形态工作必须坚持以习近平新时代中国特色社会主义思想为指导，坚持马克思主义基本原理不动摇，坚持党的全面领导不动摇，要以发展的、变化的、创新的眼光和思维，深化认识“大变局”视域下高校意识形态工作规律，全面把握新时代高校意识形态领域态势，持续站稳守好高校意识形态阵地，不断提高党驾驭风险和迎接挑战的能力，以首善标准做好高校意识形态工作，为教育强国建设贡献高等教育力量。

马克思主义交往正义的理论逻辑及实践价值

石雨晨*

摘　要：自《德意志意识形态》始，马克思恩格斯开启了对交往理论的系统与探究，从而建立起唯物史观视域下系统的交往理论。交往概念是马克思主义理论中极其重要的概念，彰显着马克思恩格斯历史唯物主义观点的同时，引领着其后生产理论的系统性阐发。正义作为价值和道德判断概念，与交往概念的结合体现了交往在不同历史条件下的合理合法向度，其反面即交往非正义，更成为马克思恩格斯当时力图批判的对象内容。唯物史观视域下的交往正义概念在马克思主义理论中占据着重要位置，并对我国人民主体间交往具有现实性实践意义。

关键词：马克思主义；交往正义；实践

随着马克思主义政治哲学逐渐成为一门显学，学界的研究视角也越来越多地聚焦在马克思的正义理论上。一些马克思主义重要概念与正义相结合的理论研究也如雨后春笋般涌现，如分配正义、劳动正义、生产正义等。“正义”作为一个伦理学与政治学的基本范畴，以一种道德评价规定着社会各个方面应有的“秩序”，回答着政治、经济、文化等诸方面的合理性特征。“交往”作为马恩思想中的重要概念，表征社会不同维度、不同层面上人与人之

* 石雨晨，女，哲学博士，北京石油化工学院马克思主义学院讲师，主要研究方向为马克思哲学与当代。

间的相互关系。基于此，我们将正义与交往两个概念相结合，便可得出反映社会中人与人相互关系在诸方面的合理性或合法性：促进人类社会发展的交往方式与交往关系理论必然是正向的交往的体现，我们可以称其为“正义的交往”，或“交往正义”；反之，与人类不相协调、阻碍生产力发展的交往，必然是“不正义的交往”，或称“交往非正义”。如此结合，使正义作为一个价值判断概念，得以判断“交往”在一定的历史环境下，是否在社会不同层面上展现主体际的合理关系。本文将主要对《德意志意识形态》中的交往概念进行探究，从而发现并阐释马克思主义交往正义的理论逻辑，并探究马克思主义交往正义概念的当代实践价值与意义。

一、交往正义的理论逻辑

众所周知，《德意志意识形态》这部著作是通过对德国意识形态家的批判来确立马恩的唯物史观的。在对意识形态家口诛笔伐的过程中，马恩首先将笔尖指向费尔巴哈，其中更包括他的交往理论，在征讨费尔巴哈等思想家的“交往非正义”的同时，建立唯物史观之上的交往正义理论。并且，如果说意识形态家是在理论基础上建立起了非正义的交往形式，那么资本主义私有制下的交往方式便是交往非正义当时历史条件下的现实表现。

（一）对意识形态家的批判

交往概念能够在费尔巴哈那里找到其人本主义逻辑渊源。费尔巴哈站在“类”的角度上，对人与人之间的关系进行构建。他认为，“类”就是交往中的个人，每个个体不是孤立的，而是处于“类”交往中的。费尔巴哈确实看到主体间的活动关系，但他的交往概念仍局限于精神交往，即“需求”“友情”“爱”等。“费尔巴哈在关于人与人之间的关系问题上的全部推论无非是要证明：人们是互相需要的，并且过去一直是互相需要的。”[1] 然而一个真正的共产主义者的任务却在于推翻这种现存的东西，在《德意志意识形态》中，交往虽然保持着主体间关系的特性，但很明显已经不再是一个单纯的人本主

[1] 马克思恩格斯全集（第3卷）[M]. 北京：人民出版社，1960：47.

义范畴，而是建立在人与人之间的物质性交往之上。处于交往中的个体是“现实的历史的人”，而非“类本质”意义上的人。在马恩那里，交往产生于实践活动中人与人之间切实的交互关系中，“是工业和社会状况的产物，是历史的产物，是世世代代活动的结果，其中每一代都在前一代所达到的基础上继续发展前一代的工业和交往方式，并随着需要的改变而改变它的社会制度”❶。可见，费尔巴哈的交往概念在马恩看来是明显非正义的。马恩以现实的物质交往形式否定费尔巴哈人的类本质的属性，从而确立真正的人的本质，这是对“人的本质在其现实性上，它是一切社会关系的总和”更深刻的揭示，以消解陷入“类本质”概念的费尔巴哈的“交往非正义”。

“除了爱与友情，而且是理想化了的爱与友情以外，他（费尔巴哈）不知道‘人与人之间’还有什么其他的‘人的关系’。”❷ 费尔巴哈站在人本主义范畴上，将交往构建成一个抽象的概念，他不清楚除了精神交往以外，还有什么能够构成交往领地的基础。同样，其他意识形态家也总是将一切哲学问题简化为经验事实，然而，问题却在于“物质交往”这一基础之上。马恩不否认精神交往，但人与人之间最本质、最基础的交往形式只能来源于物质实践，只有在物质生产和物质交往的过程中才能建立人与人之间最现实的联系，人的本质和历史发展的实质才能不被简单地归结为某种经验事实。这种认为交往是抽象的、经验性的观点，无疑是非正义的。在马恩那里，是物质交往决定精神交往，即“不是意识决定生活，而是生活决定意识”。马恩以最有力的人类本质上的物质生产活动，以及在此种活动之上建立的主体间的物质交往关系，对抗精神交往构建起的交往非正义。

那么，相对于费尔巴哈等意识形态家的、立足于人类现实社会的正义的交往是怎样的呢？马恩认为，交往正义应该到市民社会和现实的生产中去寻找。首先，人类物质交往活动的场所就是市民社会，“这个市民社会是全部历史的真正发源地和舞台”❸，合历史性的人类活动包括人与人的交往都可以在市民社会中找到根源与基础。因此，正义的交往必定生发于市民社会。市民社会包括市民存在和市民生活，市民的存在方式即以生产为基本方式的物质

❶ 马克思恩格斯全集（第3卷）［M］．北京：人民出版社，1960：48.
❷ 马克思恩格斯全集（第3卷）［M］．北京：人民出版社，1960：50.
❸ 马克思恩格斯全集（第3卷）［M］．北京：人民出版社，1960：41.

交往方式，市民生活是不同于公民政治生活的个体私人生活。而交往范畴，包括在人类物质活动中，主体间的相互活动关系或形式，分为物质交往和精神交往。由此可见，人们在生产过程中结成的交往形式、交往关系便构成市民社会，正义的人与人的交往关系与交往形式也只能形成于市民社会之中。马恩还说道：“从直接生活的物质生产出发来考察现实的生产过程，并把与该生产方式相联系的、它所产生的交往形式，即各个不同阶段上的市民社会，理解为整个历史的基础。”❶ 交往正义除了与市民社会互为表里外，还与生产有着最深刻与直接的关系。

《德意志意识形态》中，马恩对于生产与交往的辩证关系的论述是清晰明了的：“生产本身又是以个人之间的交往为前提的。这种交往的形式又是由生产决定的。”❷ 交往形式是由生产决定的，有什么样的生产资料占有方式和具体的生产方式，就会产生出怎样的主体间的交往方式；反之，如果没有以交往为前提的市民社会的存在，生产也不可能出现。人们一旦进行物质生产活动，必然形成主体间特定的相互关系，这种关系随着物质生产活动的形式与内容的不同而变化。可以说生产决定交往，即交往正义只有在生产中才能确立。同时，主体间的这种交往关系制约着生产力的发展：“某一个地方创造出来的生产力，特别是发明，在往后的发展中是否会失传，取决于交往扩展的情况。”❸ 生产的扩大化、生产资料的获得与传承、生产方式的确定，均离不开人们的交往状况。在市民社会基础上进行的生产活动，也必然受到交往方式以及人们的交往关系的制约。这里的交往的内涵可以扩展为交换、交易、交通等人们日常交往的不同具体形式。如果没有这些具体交往行为，生产资料、生产手段、产品都将局限于一定的空间与时间内，则将导致生产的不可继承性，毋论生产积累的实现。马恩在此还讨论了交往的世界化问题：“只有在交往具有世界性质，并以大工业为基础的时候，只有在一切民族都卷入竞争的时候，保存住已创造出来的生产力才有了保障。”❹ 即为了保存现有的生产力，交往就要打破地域上的界限，形成世界化的交往，才能使生产力得到

---

❶ 马克思恩格斯全集（第3卷）[M]. 北京：人民出版社，1960：42.
❷ 马克思恩格斯全集（第3卷）[M]. 北京：人民出版社，1960：24.
❸ 马克思恩格斯全集（第3卷）[M]. 北京：人民出版社，1960：61.
❹ 马克思恩格斯全集（第3卷）[M]. 北京：人民出版社，1960：62.

最坚实的保障。可以说，马恩的交往正义也需要在与物质生产范畴的关系中去探讨。

（二）私有制下的交往异化

被异化的交往或称交往异化，是交往非正义更深一层的表现。“异化”一词是马克思在《1844年经济学哲学手稿》中，为揭示资本主义不正当的劳动方式下提出的概念。这一概念在《德意志意识形态》中几乎未被提及，甚至有学者指出在此马克思已经放弃了异化概念，这明显是对马恩唯物史观的误解。虽未直接提及“异化”，但马恩字里行间痛斥资本主义生产方式下，工人被异化的状况。交往异化正是其中一个重要的方面。正义的交往是自觉的，是人们在生产生活中自发形成的、不受外界支配的主体际关系，在人类发展的第一大社会形态中表现为人与人之间的依赖关系。这种依赖关系诞生于家庭、部落、国家等共同体中，是个体由于自然的血缘关系或统治从属关系所连结的人与人的依赖关系，“他们只是作为具有某种规定性的个人而互相发生关系”❶。虽然这种依赖关系发生在狭小的空间中，但人与人之间却直接而简单地联结着，没有任何中介，亦不受任何外物的控制。然而随着工场手工业的发展，历史来到人类发展的第二大形态，即人对物的依赖关系占主导的社会形态。在资本主义生产方式的控制下，人与人被迫隔绝，人们的交往过程中出现了新的中介：被称为“物”的中介。人成为原子式的、单个的个人，并随着产业的细分以及部门分工的加剧，人与人的隔绝状态愈发明显。劳动者之间的交往关系表现为在生产产品基础上的协作或分工，工人与雇主之间直接表现为以货币为中介的雇佣关系，“而在工场手工业中，这种关系由工人和资本家之间的金钱关系代替了”❷。

很明显，此时以物为中介的交往异化已经占据了人们的交往行为和交往活动的主导地位，并反过来支配着人的其他交往活动。这体现为一种扭曲的、剥离人的本质的、非正义的交往形式。原本作为交往主体的人，在工场手工业的发展过程中，成为看似普遍联系，实际却相互独立的个体，在物的异化

---

❶ 马克思恩格斯全集（第30卷）［M］. 北京：人民出版社，1995：113.

❷ 马克思恩格斯全集（第3卷）［M］. 北京：人民出版社，1960：68.

下，沦为奴隶，从而使得主体间的交往关系受物的支配，被物所异化。交往异化包含物质交往异化和精神交往异化两种形式，它们都以生产方式的异化为根本原因。物质交往异化直接表现为物质生产过程中，人们无法主导主体间的生产关系，只能被动地被分工或产品所支配；精神交往异化更多地表现为意识形态的异化，即基于生产力之上的上层建筑——制度、法律、文化等，被资产阶级所控制，人们无法获得切实的制度法律保障，无法自发进行精神文化交流，作为社会存在的反映的社会意识，沦为统治者的工具，无法反映大多数人的精神意愿。异化的交往状态无疑使人们不再拥有自主的交往关系，这种交往是被动的、不自由的、非正义的。

（三）分工与非正义的交往

分工作为马恩考察人类历史的重要概念，体现着人与人之间的关系。从分工层面去理解资本主义制度下的交往非正义，无疑是十分重要的切入点。且交往异化层次便潜藏在分工逻辑中，马恩在《德意志意识形态》中对分工与异化的关系的深刻探究，也使得分工—异化—交往非正义的逻辑链条得以完整展开。上文中提到，交往异化以一种异己的形式，如劳动异化般，使人与人之间的关系与自身相对立。这种异己的力量驱使人们被迫交往，或按照他者所意愿的方式进行交往。在《1844 年经济学哲学手稿》中，马克思认为，这种异化力量来自私有制，但同时异化也导致私有制，这使得异化的来源问题并没有得到合理的解答。在《德意志意识形态》中，马恩说道：“最后，分工还给我们提供了第一个例证……只要分工还不是出于自愿，而是自发的，那末人本身的活动对人说来就成为一种异己的、与他对立的力量，这种力量驱使着人，而不是人驾驭着这种力量。”❶ 可以说，在建立唯物史观的过程中，马恩对于异化有了新的认识。资本主义社会下的分工，并非出自工人意愿，它使得人们本身的活动异于自己，甚至成为人们的对立物，控制、驱使着人们的行为。这种“人本身的活动”，即包含交往活动。在这种将人们异化的且非自愿的分工之下，“我们本身的产物聚合为一种统治我们的、不受我们控制的、与我们愿望背道而驰的并抹煞我们的打算的物质力量，这是过

❶ 马克思恩格斯全集（第 3 卷）［M］. 北京：人民出版社，1960：37.

去历史发展的主要因素之一”[1]。统治人们、不受人们控制、异于自身的“物质力量”随之产生，这种“物质力量”就是资本主义社会生产方式产出的新的交往形式，这是一种异化的、单向度的、硬化了的交往形式。交往非正义便在这样的社会生产条件下展现出来。

资本主义社会中的分工与交往之间是有着重大矛盾的，这一矛盾也推动着交往非正义的形成。分工作为物质生产活动过程中的一项人类活动，与资本主义社会下的交往活动相互交织，给交往带来束缚。人们的劳动、生产、消费等活动在资本主义分工条件下产生着矛盾，要使这些人类活动“正义”，就要消灭分工。“分工包含着所有这些矛盾，而且又是以家庭中自然产生的分工和社会分裂为单独的、互相对立的家庭这一点为基础的。”[2] 在分工的裹挟下，上述几种活动的矛盾日益尖锐，无法调和，也是由社会分裂、家庭孤立、继而人们被原子化而不断深化的。分工—交往非正义—人类基本活动矛盾加剧的资本主义进程也就此展开。那么，分工与交往之间又有着怎样的矛盾性呢？在马恩那里，“分工和私有制是两个同义语，讲的是同一件事情，一个是就活动而言，另一个是就活动的产品而言”[3]。分工是一种活动，私有制是在这一活动基础上的活动产品的分配，即产品归谁所有的问题。私有制的产生必然导致人与人之间的利益纠葛，生产出的产品的分配形式、分配额度等，驱使着人们之间矛盾加剧。人们之间的关系表现为在利益控制下的交往关系或交往形式，间接地，分工便促使人们的交往过程中产生矛盾。“随着分工的发展也产生了个人利益或单个家庭的利益与所有互相交往的人们的共同利益之间的矛盾。”[4] 在分工不断支配的人们之间关系的紧张作用下，分工与交往的对立日益明显，人们若想形成正常的交往关系，或者说利益关系，就必然要消灭分工；否则，将一直受到资本主义的交往方式的奴役和压制，形成一种异化的交往关系，从而使交往陷入非正义的境地。人们为了摆脱交往非正义的奴役和压制，就必然消灭分工、消灭私有制，进行世界交往，实现共产主义，从而建立交往正义。

---

[1] 马克思恩格斯全集（第3卷）[M]. 北京：人民出版社，1960：37.
[2] 马克思恩格斯全集（第3卷）[M]. 北京：人民出版社，1960：36.
[3] 马克思恩格斯全集（第3卷）[M]. 北京：人民出版社，1960：37.
[4] 马克思恩格斯全集（第3卷）[M]. 北京：人民出版社，1960：37.

二、未来社会的交往正义及现实实践意义

马恩那里的共产主义社会是这样一个理想而自由的社会：任何人都随着自己的心愿活动，不受限制，不被束缚，不参与固定化活动，可以参与任何部门进行生产，可以随意支配自由时间，人与人之间处在融洽的关系中，享受着生活的美妙。“随着对生产实行共产主义的调节，供求关系的统治也将消失，人们将使交换、生产及其相互关系的方式重新受自己的支配。”❶ 共产主义社会中人与人之间的关系是轻松自愿且受自身支配的。此时已经消除了异化、分工和私有制，人们之间的生产生活关系归于纯粹，交往正义也回归人类社会。这种共产主义社会下的交往正义通过世界交往、普遍交往继而“交往形式本身的生产”方式来实现。马克思恩格斯交往正义理论的构建，对于进一步研究我国的交往异化现象、建立社会主义和谐社会及人与人之间和谐平等的交往关系等无疑有着宝贵的借鉴意义。

（一）世界交往或普遍交往

这里的世界交往可等同于普遍交往。随着工业革命展开，生产力迅速提高，资本主义生产规模迅速扩大，资本家们已经不满足于一定地域内的发展，于是开始了全球范围的殖民扩张。此时，“各个相互影响的活动范围在这个发展进程中愈来愈扩大，各民族的原始闭关自守状态则由于日益完善的生产方式、交往以及因此自发地发展起来的各民族之间的分工而消灭得愈来愈彻底，历史就在愈来愈大的程度上成为全世界的历史”❷。正是由于资本主义将触角伸到世界各个国家，各地域的生产与交往状态就此被打破，异化状态与殖民侵略蔓延全球。因此，要获得正义的交往就必须形成全球范围内的世界交往，或称普遍交往。普遍交往形成的首要前提便是生产力的普遍发展，同时普遍交往又是能够保障生产力的重要因素。“只有在交往具有世界性质，并以大工业为基础的时候，只有在一切民族都卷入竞争的时候，保存住已创造出来的生产力才有了保障。”生产力和普遍交往正是这样一种辩证依存、相互影响的

---

❶ 马克思恩格斯全集（第3卷）［M］. 北京：人民出版社，1960：40.

❷ 马克思恩格斯全集（第3卷）［M］. 北京：人民出版社，1960：51.

关系。以生产力为前提的普遍交往，同时促成世界范围内无产阶级的联合，最终形成联合起来的个人发起的共产主义革命。关于这一点，马恩有着明确的表述：生产力的普遍发展才能建立普遍交往，普遍交往的建立，才能使所有每个民族中的无产阶级发现自己民族同其他民族的革命联系，从而使共产主义革命普遍化，无产阶级的交往力量形成普遍力量，去推翻资本主义的统治。因此，任何交往的普遍化都可以打破共产主义革命的地域性。“共产主义只有作为占统治地位的各民族‘立即’同时发生的行动才可能是经验的，而这是以生产力的普遍发展和与此有关的世界交往的普遍发展为前提的。”❶

（二）交往形式本身的生产

在马恩的共产主义社会构建中，交往形式的问题占据着重要的位置。“在上述矛盾产生以前（生产力与交往的矛盾——作者注），个人之间进行交往的条件是与他们的个性相适应的条件，这些条件对于他们说来不是什么外部的东西；它们是这样一些条件，在这些条件下，生存于一定关系中的一定的个人只能生产自己的物质生活以及与这种物质生活有关的东西，因而它们是个人自主活动的条件，而且是由这种自主活动创造出来的。”❷ 这是马恩对前资本主义社会共同体下的交往形式自身的生产的说明。在生产力与交往的矛盾显现出来之前，人们生产的内容是与自身相适应或说即为自身，这种生产方式基础上所产生的交往形式，是由交往方式自身产生的，而非通过异于自己的外部力量而产生。而当生产力与交往的矛盾显现出来之后，这种交往的片面性也会显现出来，从而出现异于人们自身的“偶然的桎梏”。作为桎梏的交往形式为了适应更发达的生产力，会被新的生产方式所代替，这种交替在生产力和交往的矛盾中不断循环往复，推进历史的发展。但是这种发展是“自发的”，并不是“联合起来的个人”共同的意愿，因此马恩认为，它是零散的、缓慢的，最终只能形成“虚幻的共同体”下的传统的权力，要打破这种权力只能采取革命的手段。而到了资本主义社会，交往方式的生产则通过殖

❶ 马克思恩格斯全集（第3卷）［M］. 北京：人民出版社，1960：39.

❷ 马克思恩格斯全集（第3卷）［M］. 北京：人民出版社，1960：80.

民扩张来实现，即迅速发展殖民地的生产力，从而用资本主义国家的交往方式直接代替旧的交往方式。虽然这种方式快速且无地域性限制，但这是一种占领与侵略，即通过发达与不发达之间极大的冲突来实现交往的蜕变。以上两种交往方式的生产，都会引发革命，因为“对于被支配的阶级说来，它不仅是完全虚幻的集体，而且是新的桎梏”[1]。在桎梏下生存的人们结成一个新的集体，在这一集体中，每个人并不是单个的个人，他们没有自己的个性，只是阶级的成员。若要摆脱这种桎梏，反抗被支配的命运，集体中的个人就要发展自我，解放自我，从而结成自由的保留个性的集体，即联合起来的个人，打破现存的生产力和交往方式，走向共产主义革命道路。

“共产主义和所有过去的运动不同的地方在于：它推翻了一切旧的生产和交往的关系的基础。”[2] 共产主义革命走的是一条与以往一切革命不同的道路，它意图打破一切不合时宜的旧的生产和交往，砸碎一切桎梏人们的机器，消除分工，消灭私有制，通过联合起来的个人的无产阶级革命，走上自由的解放之路。“过去的一切革命始终没有触动活动的性质，始终不过是按另外的方式分配这种活动，不过是在另一些人中间重新分配劳动，而共产主义革命则反对活动的旧有性质，消灭劳动，并消灭任何阶级的统治以及这些阶级本身，因为完成这个革命的是这样一个阶级，它在社会上已经不算是一个阶级，它已经不被承认是一个阶级，它已经成为现今社会的一切阶级、民族等等的解体的表现。”[3] 与过去的一切联合所不同，共产主义革命是一次全世界工人阶级联合的、彻底的革命，它的目的正是为了推翻驾驭其自身的异己力量，而这些力量本该在人与人之间的相互作用下产生，却被资本主义变为统治人们的异己的力量。共产主义坚决打碎这种异化，使人与人之间的关系从他者生产转变为人们之间相互作用的自我生产，使联合起来的个人支配自己的生产与交往。这可能就是马恩在共产主义社会下，“交往形式的自身生产”的回归，这更是交往正义的真正意旨。

---

[1] 马克思恩格斯全集（第3卷）［M］. 北京：人民出版社，1960：84.
[2] 马克思恩格斯全集（第3卷）［M］. 北京：人民出版社，1960：79.
[3] 马克思恩格斯全集（第3卷）［M］. 北京：人民出版社，1960：78.

（三）交往正义理论的现实实践意义

首先，马克思恩格斯在《德意志意识形态》中的交往正义理论警示我们应警惕技术进步带来的交往异化状况。在网络技术发达的今天，人们似乎形成了效率高、距离近的交往关系，但事实上，由于人们在交往过程中过度依赖先进的交往工具、交往手段，反而陷入被交往工具异化的泥潭之中，进而人们在交往过程中丧失主体性，沦为被交往工具支配的“奴隶”。例如，微信已然成为人们沟通交流的工具，微信给人们带来便利的同时，却使得人们距离越来越远。人们依赖微信这一交往方式，而放弃了其他如电话、见面等交往方式。此时，给人们带来便利的信息技术交往工具已经将交往的本质排除在人自身之外，人们在“云交往”中逐渐丧失了自我主体性。

其次，我们应警惕在市场经济下，货币对人与人之间交往关系的多样性进行的无差别阉割。在交换过程中，商品的所有者“是作为彼此只代表交换价值本身的抽象的社会的人而发生关系。货币变成他们之间的唯一的物的联结，直截了当的货币本身”❶，此时，交换双方的特殊性消失了，其他一切社会关系也都消失了，他们仅存在于货币为他们构建的普遍性的关系之中，“这一过程表现为冷酷无情的金钱关系代替了人类的丰富多彩的结合手段”❷。因而在马克思看来，货币是“无个性的”。不同于以往的经济学家，马克思发现了市场经济条件下，货币“抹杀一切历史差别、把一切社会形式都看成资产阶级社会形式”的本质，意识到其作为一种外在力量统治并支配着人们，交往方式也在货币的支配下仅仅作为商品交换的方式出现。人们交往过程被单一化为商品交换过程，交往的多样性不断地被抹杀。

最后，为了实现交往正义，就要从劳动与生产的角度解决问题。在社会主义初级阶段，劳动成为人们普遍交往过程中的重要方式。人们结成的合理的、科学的劳动关系必然促进人与人之间和谐的交往关系的构建。在劳动过程中，我国应监督企业合理安排劳动时间，并结构性、科学性地规划劳动过程中的分工与协作，从而使人们在劳动过程中结成促进相互发展、高效且不

❶ 马克思恩格斯全集（第31卷）［M］. 北京：人民出版社，1998：345.

❷ 马克思恩格斯全集（第31卷）［M］. 北京：人民出版社，1998：23.

乏味的交往关系。在生产领域，我国应持续提高生产力，发展科学技术，从而满足主体日益增长的丰富多彩的交往需求。通过技术创新，丰富人们的交往方式，防止人们对于单一交往工具的过度依赖，从而促进人们交往关系的多样化发展。只有通过生产与技术的进步与改变，人们才能真正成为交往的主体，人与人之间才能形成自由平等正义的社会交往关系。

当代集体主义视角下的社群主义评析

崔子修*

摘　要： 集体主义提供了评析当代中国现实语境中源于西方的社群主义思潮的有益借鉴，两种理论在回应社会、致思理路、本位立场和价值协调方面有着相似形式，同时也在理论性质、核心概念、主导目标和主体思路方面存在诸种差异。总而言之，在语境转化的当下中国，社群主义的历史主义视野、社会本位学说和德性正义理论皆具相当的言说合理性，同时也内蕴着事实和理论两方面的说理短板。

关键词： 社群主义；集体主义；评析

我们对待社群主义伦理思潮应有正确态度。由于中国的传统伦理文化、社会主义市场经济等都为社群主义在中国的产生与发展提供了背景和环境，这一伦理思潮对当代中国伦理学的发展有着一些不可忽视的积极意义，甚至对中国社会的发展也会产生一些积极影响。但社群主义作为一种在批判新自由主义的过程中诞生的伦理理论，在本身具有一定的合理性和积极意义的同时，也存在诸多的理论局限，更有一些内在、外在的理论困难。因此，对待社群主义我们仍然应该坚持辩证的态度，批判地吸收和借鉴。

* 崔子修，北京石油化工学院马克思主义学院教师，哲学博士。

一、集体主义视角下的社群主义之比照

（一）语境转换下的社群主义

社群主义在西方是以自由主义的对立面而兴起的，这种兴起自有其特定的政治、社会、文化语境背景。

早有论者指出，社群主义具有自己特殊的知识渊源和现实根据。就前者而言，社群主义主张重述美德，回到传统思想中汲取理论素养，以对接历史的姿态对古希腊以来的思想资源进行植根于现实的创造性释读，同时更是针对自由主义的理论霸权进行反向的话语创设，去寻找解释西方以自由主义为代表的现代主流话语的现代性困境，并借此重新设计现代性出路的新话语系统。他们一方面在反弹自由主义的权利优先于善的前提下提出善优先于权利的戒条，另一方面重新界定了权利的内涵。这样在理论起点、致思理路、思想目标方面都与自由主义有了体现自身理论立场的鲜明特色和思想历史地位。

当然，社群主义的兴起更有其背后的社会政治实践的因素起作用。随着“冷战”的结束，伴随着对峙性政治社会制度的弱化，人们对于相关理论的视野也逐渐脱离对峙性固定线路。假如说诺齐克在自由主义内部提出带有“右”的色彩的异议，那么社群主义就是在“左”的方面提出对待自由主义的理性思考。以自由主义为主导的西方现代主流政治制度设计及运行出现了某些难题，社群主义作为重整秩序的社会政治学说，必然有纠自由主义之偏的理论和现实动力。

当社群主义被引介到中国后，这种引介以及后续的阐释必然受制于中国文化语境的现实困扰。长期以来我们习惯于对西方思想实行拿来主义，这种拿来的外源性思想因素到底在中国现实社会中起到何种影响，自然会因中国现实思想与实践问题的选择性吸纳而呈现影响的强度和持久度的差异。社群主义横跨道德哲学和政治哲学的致思理路使得它必定为中国面临的文化阐释问题和政治设计问题提供某种带有现代意味的镜鉴，尽管是以中国正统意识形态作为衡量社群主义论说正当性的标尺这一习惯性误读方式进行的。

社群主义重视自亚里士多德以来的传统思想资源，并在此基础上进行理

论创新以应对现实理论和实践问题，可以给从问题意识出发的中国语境中的人们如下启示：一是可以对传统进行创造性阐释以适应现代需要，二是主流意识形态可以获取某种现代意味的理论支持。笼统言之，中国的现实语境中，主要传布于民间（包括学者层面）的中国传统思想，尤其是儒家思想的现代解读，需要借助中西方都能接受的或理解的话语来激活已经失去主导地位的价值体系，从而完成自身在现代社会的安置和发展，社群主义无疑具有某种可以提供参考的整体性理论架构，尽管是以纯工具意义上的比较研究的形式进行的。社群主义对传统学理的重视也使有的学者找到了社群主义中可以和儒家思想契合的思想资源，比如重视群体的自我意识、强调集体的利益、伸张道德的义务，如此一来社群主义就有可能以被动的姿态在工具意义上来为儒家伦理的现代阐释背书，而西方原初语境中作为自由主义对立面而出现的社群主义就可能会由原有的批判性面目一跃而变为中国语境中的建设性面目。而在主流的集体主义价值观的视野中，社群主义也可以提供有效的借鉴。在坚持集体主义的前提下，通过比较寻找二者之间的“一致性”和“差异性”，社群主义以此获得集体主义比对下的某种理论面貌和评价结果，并因此成为论证集体主义合理性的再次证明。

（二）集体主义与社群主义之互镜

改革开放以来，特别是市场经济的发展，在社会生活中，个人的主体性不断得到张扬，个人利益日益凸显，但集体及其利益的重要性在一定程度上被忽视了。因此，我们有必要重新认识集体及其利益的重要性，重塑集体主义价值观。从某种意义上说，当代西方社群主义为重构集体、重塑集体主义的话语权提供了有益的理论借鉴。集体主义是从马克思主义发展而来的，马克思主义受到黑格尔哲学的影响，而社群主义也推崇黑格尔哲学。因此，社群主义与我国的集体主义有很多相似之处。

1. 相似处

（1）社会背景的理论回应：反思与完善。

集体主义和社群主义都根植于各自相适应的社会经济形态中，都是对各自产生的社会背景的某种理论回应，并且在反思的基础上提出纠偏补缺的完善之道。

集体主义在我国的提出和推行由来已久，但是计划经济下的集体主义已经出现很多问题。改革开放以来，随着市场经济的发展，多元化日益突出，传统集体主义价值观受到一定程度的冲击。在这种情况下，必须反思如下问题：如何平衡多元价值取向和一元价值导向，是否以及如何坚持集体主义价值观，如何处理个人利益和集体利益的矛盾冲突？若坚持集体主义价值观必须回应新形势下的新问题，使集体利益和个人利益找到互相调适的平衡点，妥善处理个人和集体的关系。因此，集体主义必须加以完善，以适应市场经济条件下的社会现实。

社群主义兴起于20世纪80年代，它是以反思和批判自由主义而著称的，而自由主义本质上是个人主义，因此作为自由主义批判面出现的社群主义就带有和集体主义相似的基本立场。社群主义面对的既定社会存在是一个文明高度发展而道德腐败的自由主义社会，以功利和权利为基础的道德理论已经取代了以往德性在社会中的角色，“德性之后”社会中社群的价值渐行渐远，个人过度自由导致的社会责任缺失正在威胁社会的稳定和完整。因此，需要“追寻美德”来重建社会本位的国家制度。

（2）逻辑起点的形式相似：整体主义的思路。

我国社会主义市场经济体制条件下，以公有制为主体、多种所有制经济共同发展的经济制度，必然要求与此相适应的集体主义意识形态。它坚持集体主义的方法论，要求正确处理国家、集体和个人的关系，在逻辑起点上自然以集体为主导，从集体出发才能构建集体和个人的有机统一。

社群主义反对自由主义把个人自由的抽象原理看作以普遍性为依据，主张从社群出发，以社群作为理论论证的起点和核心范式，理解个人不能从自身出发，而要从各种社群及其与个人的关系入手来研究。麦金太尔认为，对个人的界定必须以社会为基础，个人权利和利益也必须以社会利益的实现为保证，从这个意义上说，个人与社会是统一的。[1] 桑德尔批评罗尔斯的个人主义立论，认为罗尔斯的理论既无法解决个体与社会的关系，也说明不了社会

---

[1] A. 麦金太尔．德性之后［M］．龚群，戴扬毅，等译．北京：中国社会科学出版社，1995：266.

合作的真实基础。[1] 查尔斯·泰勒则以“原子主义”来描述自由主义的特征，认为抽象地把原子主义和社会性论题对立起来，会极大限制人们对适当的人类生活形式的权利，并且影响对自我的认同的理解。[2] 因为自由的个人和权利的载体只有通过它们与人类发展了的自由文明的关系才能设想自我与人格的认同，所以应该要以与原子主义不同的方式赋予自由的个人去恢复、支持和完善社会的职责。

（3）本体论立场的呼应：集体与社群本位。

在个人与社会的关系上，社群主义和集体主义都非常注重集体、社群，将集体和社群置于个人之上，只有在集体和社群中才可能有个人的自由与发展。相对个人而言，集体和社群代表着更明确的共同利益指向和强大的秩序整合力量，对于个人具有明显的优先性。

集体主义以集体为本位，在处理个人和集体的关系时，主张集体是每个个人的集体，集体是通过联合个人而形成的能代表所有个人利益的一种社会关系；而个人也是集体中的个人，个人的价值不仅要服从集体，更重要的是对集体作出贡献。真正的集体本身就是包括个人的共同体和独立个体的二合一的内在统一结构体。

社群主义以“社群本位”为价值取向，强调社群本位的道德权利、积极权利和集体权利，在形式上展现了和集体主义大致相同的理论方向。社群主义认为社群是一个拥有某种共同价值、规范和目标的且对个体具有优先性的实体，其中每个成员都将共同的目标作为自己的目标。任何人都生活在一定的社群中，而且他不能自由地选择所处的社群。构成自我的东西恰恰是由社群决定的，社群构成了个人对自我的认同并界定了自我是谁。

（4）价值观的相似：注重集体利益和个体利益的协调。

集体主义要实现集体利益与个体利益的协调，不能因为集体利益的主导性就忽视甚至压制个体利益，忽视个人利益、片面强调集体利益只会将二者对立起来，割裂二者的有机联系。真正的集体主义恰是要主张集体利益中蕴含个人利益，而个人利益中包含集体利益。一方面要强调集体利益的权威性，

---

[1] 应奇．从自由主义到后自由主义［M］．北京：生活·读书·新知三联书店，2003：63.

[2] 应奇．从自由主义到后自由主义［M］．北京：生活·读书·新知三联书店，2003：57.

另一方面也要肯定个人利益的正当合理性。西方自由主义片面强调个人权利，忽视社群利益。社群主义主张以社群利益为主导，但不忽视个人的合理要求。

2. 相异处

社群主义包含一些合理因子：或者在某些观点上接近集体主义的方面，或者采用了某些可取的分析方法。但是，无论理论成熟度还是实践基础，社群主义都是无法和集体主义比拟的，二者存在一些差异。因此，站在集体主义的高度审视这些差异，并合理扬弃社群主义，而不是用社群主义代替或补充集体主义，才是我们的正确选择。

（1）理论性质的差异：社会主义的和资本主义的。

首先，二者赖以生存的经济基础不同。社群主义根植于资本主义私有制，集体主义是建立在社会主义公有制经济基础之上的，它是为社会主义制度服务的；其次，二者所代表的意识形态截然不同。社群主义是资产阶级意识形态的反映，而集体主义则是社会主义意识形态的反映。最后，二者的目的不同。社群主义的最终目标是改良资本主义制度，把资本主义制度当作人类最美好的制度，而集体主义的最终目标是实现共产主义社会。

（2）核心概念的差异：集体与社群。

对集体概念的不同规定是理解不同集体主义的钥匙。历史上集体主义有广义和狭义之分，前者泛指个人从属于共同体，共同利益高于个人利益的共同体主义，如原始集体主义、整体主义、社会主义集体主义等；后者特指马克思的社会主义集体主义。在马克思主义看来，集体是集体主义的核心概念，在范围和类型上都有严格的限定。从范围看，它反对把集体理解为某种任意的小团体，在哲学层面上与社会整体有相同的包容性。从类型看，集体可区分为虚幻的集体、现实的集体和真实的集体三种类型。❶ 社会主义集体是广大劳动群众根本利益一致基础上的真实集体，它是在充分重视和尊重个体成员差异性和独立性的基础上，自觉形成并追求共同利益和目标，因此既不同于传统社会的群体和整体，也和私有制社会的各种仅代表少数人的利益集团的虚假集体有本质区别。形式上，可具体表现为或大或小的有一定组织系统、组织形式和活动方式的个人之间的共同体。这种集体的基本结构是：作为集

❶ 罗国杰. 伦理学［M］. 北京：人民出版社，1989：142-143.

体，是由各具独立性的个体组合而成的；作为个体，则是集体中相互联系、彼此协调一致的具有独立性的个人。所以集体的结构要素中内在蕴含着由个人组合的集体和独立存在的个人。集体主义是社会主义道德体系的基本原则，其基本内涵是：强调整体利益高于个人利益，强调个人对集体、社会和国家的义务感和责任心。在个人利益和集体利益发生矛盾时，要先公后私；重视个人正当利益，维护个人尊严和正当权利，保障个人价值实现，并努力促进个人的进步和发展。集体和集体成员都要不断为完善集体而努力，使得集体公正、全面、真实地代表所有成员的利益。

“社群”是当代西方社群主义的核心概念，这一概念最早可追溯到亚里士多德。亚氏在《政治学》中认为，人天生是政治动物，合群是人的自然本性。在人类结成的所有社群中，以政治社群为最高社群，因为它本质上追求全体公民的公共利益，希腊城邦就是这种为实现某种善业而结成的政治社群，城邦公民的公共利益由此得以显现。[1] 中世纪基督教对世俗世界的统治同样是追求整体和秩序的世界。黑格尔力主“以国家为本位”的国家整体主义，国家是伦理理念的现实。19 世纪末，德国社会学家滕尼斯在《社群与社会》一书中才首次对社群和社会作了严格区分，强调社群是建立在自然情感基础上的有机体，社会是人们基于共同利益和理性选择的结果，二者的区别主要在于自然生成和后天选择。[2] 滕尼斯显然将社群排除在社会之外，认为它与人们追求公共利益的自觉活动无关。与此相反，英国社会学家麦吉弗强调公共利益对社群形成的作用，社群应是人们有意识创造活动的结果，以追求公共利益为目的。[3]

以麦金太尔、泰勒和桑德尔为代表的当代社群主义者对社群予以重新阐释。桑德尔认为，社群就是那些具有共同的自我认知的参与者组成，并且通过制度形式得以具体体现的某种安排。他提出三种不同性质的社群：工具意义上的社群、感情意义上的社群、构成意义上的社群，尤其强调最后一种社

---

[1] 亚里士多德．政治学［M］．颜一，秦典华，译．北京：中国人民大学出版社，2003：4.
[2] 程立涛，曾繁敏．社群主义与集体主义之比较［J］．河北师范大学学报，2005（5）：16.
[3] 程立涛，曾繁敏．社群主义与集体主义之比较［J］．河北师范大学学报，2005（5）：16.

群。[1] 丹尼尔·贝尔则提出了地理的、记忆的和心理的三种社群类型，其中地域性社群即社区才能对个人认同产生最深刻的影响；在历史和生活中形成的记忆性社群承载着人们共同的道德传统；心理性社群描述人们共同的心理体验，乃是形成归属感和共同善的根本原因。[2] 社群主义者在社群的重要性上存在共识，他们认为，社群是个人思维和行动的社会文化背景，个人无法摆脱作为社会文化背景的社群，个人只有在社群中才能完成自我认同。

由此可以看出，集体与社群无论形成、类型还是作用都有本质区别，不能混为一谈。

（3）主导目标的差异：集体利益和公共利益。

集体主义集中表现为集体利益优先于个人利益，社群主义则集中表现为公共利益优先于个人利益。

集体主义强调的集体利益，居于国家、集体和个人之间，既服从于国家利益又统辖个人利益，三种利益虽有发生矛盾的可能性，但在根本上是一致的。对此我们“既强调集体利益的个人性质，把集体利益看作是个人利益总和的载体，又同时强调集体利益自身的独立价值，把集体利益看作是个人利益的一种过滤器和道德价值导向目标”。[3] 集体主义主张正确处理集体利益和个人利益的关系，在维护集体利益的前提下，把个人利益和集体利益结合起来；在二者发生冲突时，主张做出必要的自我牺牲。所以，集体主义坚持集体利益的优先性和首要性，个人利益的正当性和合理性，个人利益和集体利益的协调性和结合性。

社群主义认为，一个社会存在着超越各种私人利益累积或局部利益总和的公共利益，国家是公共利益的合法代表并担负实现公共利益的责任。真正的善就是个人之善和社群之善的结合，即个人在实现私人利益时，也实现了社群的公共利益。个人利益包含公共利益，公共利益也蕴含个人利益。公共利益分为产品形式的和非产品形式的公共利益，产品形式的公共利益包括各

---

❶ 迈克·J. 桑德尔. 自由主义与正义的局限［M］. 万俊人，等译. 南京：译林出版社，2001：179-184.

❷ 丹尼尔·贝尔. 社群主义及其批评者［M］. 李琨，译. 北京：生活·读书·新知三联书店，2002：103.

❸ 罗国杰. 伦理学［M］. 北京：人民出版社，1989：157.

种各样的社会福利，非产品形式的公共利益具有相容性和相关性特点。其一，相容性利益。当这种公共利益提供给某个人时也会自动为同一社群的其他成员所享有。如街道卫生和全民义务教育就是这样的公共利益。其二，相关性利益。这种公共利益不仅有利于个人，也有利于与他相关的许多人。假如此种公共利益受损，则所有相关人都受损。如空气受污染，那么相关人都呼吸不到新鲜空气。其三，众所认同的共识。比如诚实、无私、奉献等基本的人际原则等。

由此可以看出，集体主义的集体利益和社群主义公共利益是有明显区别的。

（4）主体思路的差异：美德至上与超越美德。

自由主义主张权利优先于善，保障个人权利的最重要原则是正义，所以作为公平的正义是首要的善。社群主义则主张善优先于权利，并且认为公共利益优先于个人权利，所以社群主义倡导的是集体（社群）权利。泰勒认为，个人权利的确定并不能独立于共同体，人之所以能够成为一个道德主体，正因为他参与了一个语言共同体中，参与了善与恶、公正和不公正交互性对话中，权利并不具有对善的优先性。麦金太尔认为，道德原则和个人美德是两个不同的概念，道德原则体现道德要求的普遍性，而个人的美德总是某种具体境遇的产物。[1] 无论怎样合理的道德原则，脱离个人美德均难以发挥作用。因此，并非正义优先，而是美德居首。作为个人品格的美德是在社群生活中、通过个人实践形成的。

集体主义对权利和善的理解体现了辩证特性。一方面，集体是个人发展的目标和保障。集体作为公共价值目标的引导者，能够协调不同的个体价值抉择中的冲突，培养人们明确的公民意识和国家观念，并使其主动承担集体赋予的职责和使命，促进个人美德的提升。另一方面，集体又是个人美德的实现途径。集体主义使得个人理想和奋斗目标有机融入社会的共同理想之中，使个人美德在服务他人和社会中实现自身价值。[2] 在个人和集体这对矛盾中，集体永远是核心和矛盾的主要方面，集体的存在决定了个人的存在及其美德与生活的意义。由此，可以看出集体主义超越了自由主义的所谓权利优先于

[1] A. 麦金太尔. 追寻美德：道德理论研究［M］. 宋继杰，译. 南京：译林出版社，2003：318.

[2] 程立涛，曾繁敏. 社群主义与集体主义之比较［J］. 河北师范大学学报（哲学社会科学版），2005（5）：18.

善，也超越了社群主义的善优先于权利，在辩证论证的层面上更多从现实的社会向度出发，而不是仅仅诉诸美德或者抽象的自然法。

二、现实语境下社群主义之评价

社群主义作为一种在批判新自由主义的过程中诞生的伦理理论，其伦理思想方法中的历史性、社会性、具体性，确实具有深刻性，但是，社群主义思想也不是一个完美的理论体系，我们需用马克思主义辩证法来分析社群主义的合理性与局限性。

（一）社群主义的合理性

当今社群主义对自由主义的批评主要集中在两个论点上：一个论点主要针对自由主义的实践，而另一个论点则主要针对自由主义的理论。每一个论点都部分正确，但每一个论点都是通过削弱对方的价值才成为正确的。[1] 具体说来，社群主义理论的合理性主要表现在：

第一，坚持历史主义的视野来批判自由主义的普遍主义。社群主义认为个人是社会文化发展历程中的环节，因为个人都是历史地生成的，并带有历史的特征。麦金太尔集中表述了对历史传统的重视：人只有借助于传统，个体才能获得自我理解的能力和有意义的生活，个人生活因此是特殊文化群体的一个叙述系统，这个系统是由一个传统故事和神话所传播的。个人生活的故事永远嵌入他从中获取同一性的那些社群的故事中，历史同一性的内容和社会同一性的内容就合二为一了。从这些叙述可以看出，在分析哲学占主导地位的当代英美哲学中，社群主义尝试引入历史主义的视野来阐释历史传统和个人的关系，一定程度上揭示了人与社会关系的合理状态。

第二，社群主义社会本位的权利理论和国家学说确实具有合理性。首先，社群主义坚持社会本位，强调社群对于自我与个人的优先性，这无疑具有很大的真理性。自由主义坚持极端个人主义，认为个人权利是优先于善的，其意义在于对个人价值和尊严的肯定，对个人权利的尊重和保护。但当对个人

---

[1] 应奇，刘训练. 共和的黄昏：自由主义、社群主义和共和主义［M］. 长春：吉林出版集团，2007：194.

权利的强调到极端地步时，就会出现对他人和社会权益的相对淡漠。社群主义倡导以社会本位取代原子个人、以社群利益取代个人自由的中心位置、以共同的善取代个人权利的优先，是有其积极意义的。人是社会关系的产物，“应当避免重新把社会当做抽象的东西同个人对立起来。个人是社会存在物”❶。脱离社会关系的抽象的人、先于社会生活的超验的人事实上是不存在的。从这个意义上说，社会本位有其真理性因子。其次，社群主义主张强国家理论。社群主义者反对自由主义的两种国家观，一是国家中立，二是公民对国家事务的冷淡。社群主义认为，按照国家中立原则很难达到公共的善，很难实现公共利益，这样有害于民主政治的合法性。而且社群主义坚持把公民积极的政治参与视为自我实现的重要途径，把追逐并实践公共利益视为公民的一种美德甚至是最大的美德。因为只有通过积极的政治参与，个人的权利才能得到充分的实现，而且这样也能防止专制集权。❷ 在当前我国政治体制改革进程中，引入社群主义视角，使公民在社群中通过彼此的对话和协商对公共事务产生影响，从而实现政策制定中自下而上的参与、倡导政策执行中的美德与公益精神，以此促进我国政府与社会的良性互动，由此也将促进我国协商民主与公共精神的发展。❸ 最后，社群主义反对道德权利而主张法律权利，更加注重积极权利，倡导集体权利，重视公共利益和各种美德。社群主义这种通过社群价值的重诉，对个人主义引起的社会之弊无疑具有补缺纠偏的积极意义，对盲目膨大个人权利引起的精神空虚起到一种很好的警醒作用。

第三，社群主义提出的“德性正义论”凸显了对美德的重视。社群主义提出“德性正义论”来对抗自由主义的“规则正义论”，实现了规范伦理学向美德伦理学的现代转向。社群主义主张德性和善对于权利和正义的优先性，所谓善优先于正义就是追求社群的共同利益、追求良善生活要高于追求正义生活秩序的目标。人们对公共善的共同追求构成了社会成员团结的纽带。社群主义提供了一种评价公共善的标准：公共善恰是出于对公共利益的追求。没有人的正义美德，正义的秩序和规则只能是一纸空文。每个人都应该追求

---

❶ 马克思恩格斯文集（第1卷）［M］. 北京：人民出版社，2009：188.

❷ 俞可平. 当代西方社群主义及其公益政治学评析［J］. 中国社会科学，1998（3）：114.

❸ 王婷. 对于现代性的质疑——麦金太尔社群主义思想述评［J］. 扬州大学学报，2007（3）：103.

美德，在追求美德的过程中实现一种善良的生活。在个人实现私人利益时，也实现了社群的公共利益。如此一来，个人之善和社群之善结合在一起，真正的善就是个人之善和社群之善的有机结合。

（二）社群主义的局限性

社群主义的局限性主要体现在事实和理论两个方面。

1. 社群主义无法逃避历史阴影的事实诘难

当社群主义过于强调个人生活的外在环境的决定性影响作用时，那么该如何确认和辨识个人所属生活群体的观念的真实含义？相对个人而言，这些群体观念类似于解释学所说的“前理解”，这些先在意义上的观念构成个人观念的起源和论说模式，人的善观念、人对世界的理解以及价值选择对策都是以具备群体观念框架的认同为基础的。问题是我们如何跳出来从局外人的视角判断局内人所接受群体观念的就不是“虚假的”呢？也就是说，我们如何认定我们通过群体观念的认同而形成的观念以及在此观念映射下的生活就是最好和最值得肯定的呢？既然对社群主义者来说只有被动接受共同的价值背景为我们界定的成员身份，那么该如何反问由共同价值背景决定的既定生活本身的价值呢？加尔文、希特勒的存在始终是西方文明中让人压抑的心魔，希特勒政权借国家、民族和集体之名推行所谓的公共善，留下的历史教训何其深刻！

尽管经过罗尔斯的改良，自由主义已经从一种统合性理念变成一种政治的自由主义，但自由主义仍然在现代西方社会中居于奠基性地位。社群主义作为自由主义的反动而兴起，其批判性意义远远大于其建设性。挑战自由主义所代表的基本价值观念，无疑是有相当难度的。

2. 社群主义的理论困境

（1）困境之一，社群主义相关概念的模糊性造成理论分歧和自我认同困境。

何谓共同的善，什么是美德，这些概念无法彻底厘清。比如仅仅社群主义概念本身的内涵就很模糊，以至于世所公认的社群主义者自己几乎不使用这一概念，更别说以社群主义者自居。由于社群主义对自由主义展开了多视角、多层面的批评，这种批评是建立在批判者各自不同的理论背景、偏好的理论工具和私人学术立场的基础之上的，尽管批判对象一致，但得出的结论和所持的态度却不尽相同，其中分歧也是十分明显的，使得“有多少社群主义者，就有多少种社群主义”的说法具有相当的真实性与相对的合理性。如斯蒂芬·加德鲍姆认为存在三种独立的社群主义立场：“反原子主义，一种关注个体认同之构成的描述性主张；元伦理的社群主义，一种有关价值之根源的二阶（或者‘元’）主张；和强社群主义，一种有关什么是有价值之事物的一阶主张。”❶ 这种划分恰恰说明对社群主义的内涵理解大不相同，从一定意义上说自由主义和社群主义是互为界定的，因此有人干脆就说，几乎不存在什么对自由主义或社群主义者的公正描述。

（2）困境之二，道德相对主义的理论痼疾。

自由主义认为道德是绝对的和普遍的，社群主义则认为道德是相对的和特殊的。社群主义以特殊主义道德观反对自由主义的普遍主义道德观，认为道德是在特定的历史条件下和特定时空的群体中形成的。但是，社群主义脱离了个人谈论作为抽象整体的特殊社群利益，这种特殊群体在私有制下具有“虚幻的共同体”性质。逻辑上如果不能超越特殊利益的普遍人类理想，只好认可各种社会群体的特殊价值观。如果过度强调道德的相对性以至于不同价值观念的社群之间没有通约的可能，那么任何社群都无权指责其他社群的野蛮行径，一个国家的宗教迫害、种族歧视就将是天经地义的。那样的话，目前国际社会中存在的各种全球性问题，如环境污染、核危机、毒品泛滥、恐怖主义等将因缺乏合作的价值认同基础而难以解决，各行其是的特殊社群正义的定义变成扯皮的借口。

（3）困境之三，抽象论的整体主义理论偏好。

社群主义从整体主义理论框架出发论证自我的嵌入性和情境性，“社群主义以主张人类存在的社会性、相互依赖性的整体本体论取代了自由主义的原子本体论，确立了以社会为理论解释路径起点的方法论整体主义”。❷ 本体论关注的是在解释序列中终极的选项依据，具体到社群主义和自由主义的对峙

❶ 应奇，刘训练．共和的黄昏：自由主义、社群主义和共和主义［M］．长春：吉林出版集团，2007：238.

❷ 宁乐峰．马克思主义政治哲学对社群主义的超越——基于方法论视角的分析［J］．北华大学学报（社会科学版），2011，12（4）：115.

中就体现为社会与个体之间何为本原的问题。首先，在解释的序列中，以自由主义为代表的原子论者认为应从个体起点出发来解释社会构成、行为等，而整体论者则主张应从社会出发解释个人。其次，在评议的序列中，原子论者依据一系列的个人之善来解释社会之善，而整体论者认为应以共同的善解析个人之善。自由主义主张的个体观念相当程度上体现了历史选择和人类理性发展的必然结果，而社群主义片面强调社会相对于个人的优先性，此种整体主义观点带有浓厚的传统色彩，易导致一种压制个人能动作用的纯粹决定论，具有历史的负面作用。这在社群主义的国家观上体现得最为明显。社群主义的国家有两种基本功能，一是它有强迫个人从善的权力，二是它有强制个人不从恶的权力。但是，对善的理解是因人而异的，当在高位者和大多数民众对善的理解不一致时，极力推行前者以国家名义而行的善举，易于出现极权政治和专制独裁。同时，与可能出现用社群价值的名义打压个人的情况逻辑上相适应的，可能出现的后果就是会使自我丧失对社群的批判和反思能力。

（4）困境之四，历史主义之树结下的乌托邦之果。

自由主义主张个人自主，推崇人们对于优良生活的自由选择，以及选择本身造就的巨大差异和相互竞争。社群主义则担心，多元化的生活目的将会危及社会团结，结果会出现社会多元和社会团结之间的失衡。基于此，社群主义者提出两种解决方式，一种是“往后看”的方式，另一种是“往前看”的方式。

前者，往往表现出对共同体衰落的乡愁般的哀叹，社群主义者认为社会在过去运转良好，而现在却被多元化毁坏。这种多元的社会更多关注个人如何实现自己的偏好而较少关注如何实现群体的共同责任。对于这种社会，他们所能采取的恢复社会多元和社会团结之间的平衡之道就是：目光向后，努力恢复历史上的曾经实存的某一种共同善的观念以作为价值支撑，以此遏制和纠正社会多元化的毁坏性因子。后者，往往表现出对个人选择导致的多元化的有节制的价值认定和事实认可，但是担心现有的传统资源不足以维系社会的团结，因此有必要寻求新的共同资源来抵制多元化的消极影响，并以新建构的共同体纽带整合和包容人们在事实上的多元化。

无论是“往后看”的方式还是“往前看”的方式，其实都对自由主义带来的多元化结果持或强或弱的批判态度。不过前者向历史回归的方式无疑具有很大的乌托邦色彩，毕竟历史已是历史。社群主义强调回归传统，但是对于回归路径缺乏可行之计；社群主义强调不割裂历史，但是忽视创造新的历史；社群主义强调历史对人的生成性的决定性作用，但是忽视人对历史的批判超越的自觉能动性。历史资源的作用在此除了作为批判的借鉴外，只能徒增田园牧歌式的哀伤之叹。而后者在解决强化社群合力和保持个体自主内在困难时，落脚在政治实践中只能左支右绌而已。因此，社群主义以历史主义批判自由主义的普遍主义，其历史观缺乏实践根基，没有切实的可操作性。如此在所谓“德性之后”的年代还梦想着重回亚里士多德的德性传统，以历史传统为依归“追寻美德”来拯救现代之弊，最后的走向无疑会滑向反现代的历史乌托邦。

（5）困境之五，从本质上看，社群主义仍然植根于西方世界的地域主义知识谱系中。

社群主义作为当代西方主流的思潮，本身就根植于西方世界的地域主义知识谱系中。尽管社群主义是作为自由主义的对立面而复兴的，但二者形式上的对立并不能掩盖它们实质上的互补，无非双方的侧重点和着眼点有所不同而已，它们是一对由当代西方发达国家的土壤所培育出来的同胞兄弟。其一，二者的理论基础是相同的，实质上都是资本主义意识形态的种类；其二，产生的背景大致相同，“离开发达的自由主义就无法真正理解社群主义，而离开自由主义谈论社群主义就会发生时代的错位”。[1]其三，二者最终的目标是相同的，都是要完善资本主义制度。因此，当代西方社群主义和自由主义作为批评与反批评中的互补存在，二者虽然在一定程度上吸纳对方观点以缓和自身理论的极端色彩，但是它们都不可能实现对于二者之争的根本超越，而只能是相对的超越，真正的超越只能通过马克思主义哲学奠基于现实的人和社会的唯物主义的历史主义方法实现。

---

[1] 俞可平. 当代西方社群主义及其公益政治学评析［J］. 中国社会科学，1998（3）：121.

北京大兴国际机场拆迁村落非物质文化遗产保护与传承的调查、问题与对策

——基于文化生态的视角*

李淑敏**

摘　要：北京大兴国际机场建设过程中传统村落的拆迁使非物质文化遗产的文化生态发生着重大变化，对于非物质文化遗产的保护与传承而言，文化生态的变化中既包含机遇，亦带有挑战。应在广泛调研的基础上，对其中的相关问题进行合理分析，同时根据非物质文化遗产项目自身的文化属性和传承发展的特质，分类制定适宜的方案对其进行可持续性的保护与传承。

关键词：北京大兴国际机场；拆迁村落；非物质文化遗产；保护；传承

北京大兴国际机场地处京冀交界地带，位于北京市大兴区礼贤镇、榆垡镇与河北省廊坊市广阳区之间。截至 2020 年 8 月，北京市大兴区已拆迁 39 个村落，其中，礼贤镇拆迁村落 15 个，榆垡镇拆迁村落 24 个；河北省廊坊市广阳区拆迁村落 4 个。这些拆迁村落中深藏武吵子、诗赋弦、文吵子、高跷会、小车会、传统医药等代表性非物质文化遗产项目。另外，榆垡镇、礼贤镇也是民间花会的重要聚集地。《中华人民共和国非物质文化遗产法》中将非物质文化遗产界定为：各族人民世代相传并视为其文化遗产组成部分的各种

* 本文为北京市教委社科项目“文化生态视角下北京新机场拆迁村落非物质文化遗产的保护与传承研究”（项目编号：SM201910017001）的研究成果。

** 李淑敏，女，汉族，河北省石家庄市深泽县人，哲学博士，北京石油化工学院马克思主义学院副教授，研究方向为文化哲学。

传统文化表现形式，以及与传统文化表现形式相关的实物和场所。❶拆迁村落中的这些非物质文化遗产是传统文化的重要载体，是新时代乡村文化建设的重要立足点。随着村落的拆迁，非物质文化遗产的文化生态发生着重大变迁。如何在新的文化生态中对这些非物质文化遗产予以保护、传承、发展，已成为一个现实而紧迫的问题。

1955 年，美国学者朱利安·斯图尔德（Julian Steward）创造性地将生态学理论引入文化研究，“发现了文化与环境因果关系并系统论证了其对于人类社会组织的作用、类型与意义”❷，此研究范式极具前瞻性。20 世纪 90 年代，文化生态保护的相关理论逐渐被我国学者关注。方李莉首次从文化生态的角度关注中国文化生态失衡的问题，她在《文化生态失衡问题的提出》一文中阐发了文化生态的意义，“人类所创造的每一种文化都是一个动态的生命体，各种文化聚集在一起，形成各种不同的文化群落，文化圈，甚至类似食物链的文化链，它们互相关联成一张动态的生命之网，其作为人类文化整体的有机组成部分，都具有自身的价值，为维护整个人类文化的完整性而发挥着自己的作用”❸。时至今日，随着学术界对于文化生态相关热点问题的关注，文化生态学的意义也日益凸显。

本文以文化生态理论为学理依据，运用田野调查、文献分析、专题研究等方法，对北京大兴国际机场拆迁村落非物质文化遗产的保护、传承与发展进行研究。

一、北京大兴国际机场拆迁村落非物质文化遗产保护与传承的相关调研数据

2019 年 11 月至 2020 年 8 月，笔者运用文献研究、田野调查、访谈法、参与观察相结合的方法，在北京市大兴区文化馆、礼贤镇和榆垡镇，以及河北省廊坊市广阳区相关部门和地区进行调研，调研对象主要涉及拆迁村落从

❶ 中华人民共和国非物质文化遗产法（2011 年 2 月 25 日第十一届全国人民代表大会常务委员会第十九次会议通过）[EB/OL]. [2019-11-02]. http://www.gov.cn/jrzg/2011-02/26/content_1811128.htm.

❷ 黄永林．“文化生态”视野下的非物质文化遗产保护 [J]. 文化遗产，2013（5）：2.

❸ 方李莉．文化生态失衡问题的提出 [J]. 北京大学学报（哲学社会科版），2001（3）：105.

事文化管理和宣传的人员，非物质文化遗产传承人以及拆迁区的村民。调研问卷问题为25题，涉及调研对象的性别、年龄、文化程度、对于非物质文化遗产的态度和了解程度、关于非物质文化遗产活动的参与宣传情况、对非物质文化遗产在当代社会的价值的认知、关于拆迁村落非物质文化遗产的保护与传承的现状、拆迁对于本村镇非物质文化遗产保护与传承的影响、非物质文化遗产对于拆迁村落回迁社区文化建设的作用、对本村镇拆迁村落非物质文化遗产保护与传承的看法和建议、如何推动本村镇非物质文化遗产的保护与传承等几类问题。截至2020年8月，共获取有效调研问卷700余份，访谈录音时间约650分钟。调研问卷相关数据分析如下：

（一）调研对象基本情况

调研对象中，男性占比36.00%，女性占比64.00%；年龄层次20~30岁占比30.05%，30~40岁占比19.00%，40~50岁占比23.45%，50~60岁占比27.50%；学历层次硕士研究生占比6.50%，本科占比36.50%，专科及以下占比57.00%。

（二）对于非物质文化遗产的态度和了解程度

在“您知道的本镇非物质文化遗产品类有哪些”这一问题的回答中，排在前几位的非物质文化遗产品类是：武吵子、诗赋弦、文吵子、高跷会等。

关于对非物质文化遗产的社会价值认知这一问题的回答，通过图1、图2数据可以看到，77.27%以上的调研对象对于非物质文化遗产有一定了解，93.18%的调研对象认可非物质文化遗产的当代社会价值，但仍有少部分调研对象对于非物质文化遗产了解不够，对本区域内的非物质文化遗产的项目缺乏了解，需加大对于区域内非物质文化遗产的宣传力度。

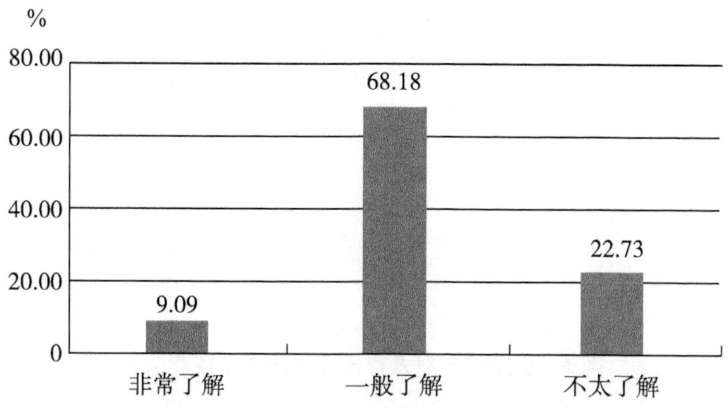

图 1　您对非物质文化遗产的了解程度

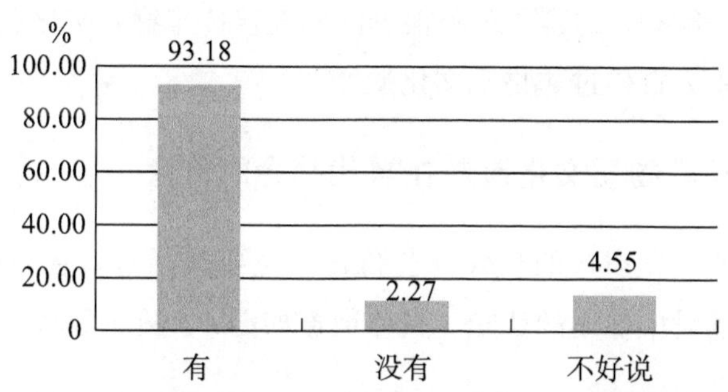

图 2　您认为非物质文化遗产是否有当代社会价值?

(三) 关于非物质文化遗产活动的参与宣传情况

在“您参与过哪些非物质文化遗产相关活动”这一问题的回答中，主要集中于参加诗赋弦、同乐会、打吵子等演出，参加星火工程演出，参观演出，等等。

在“您经常向别人宣传非物质文化遗产么”这一问题中，回答如图 3 所示：

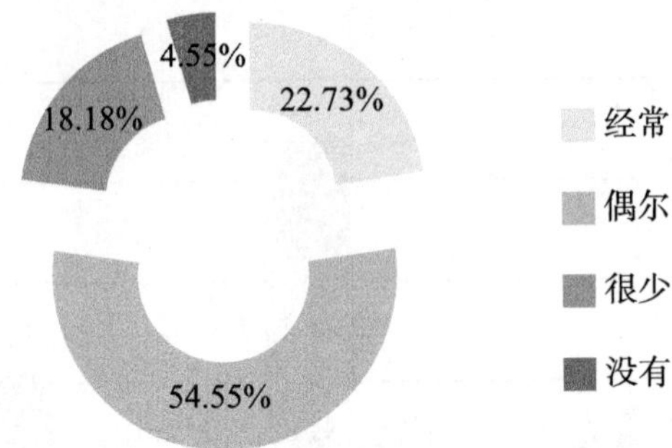

图 3　您经常向别人宣传非物质文化遗产么?

通过以上数据可以看到，经常和偶尔向别人宣传非物质文化遗产的总占比为 77.28%，18.18%的调研对象很少向别人宣传非物质文化遗产，4.55%的调研对象未向别人宣传过非物质文化遗产。

（四）关于非物质文化遗产在当代社会的价值

关于非物质文化遗产的当代社会价值，主要包括对其在乡村文化建设和城市社区文化建设中作用的认知。具体数据如图 4、图 5 所示：

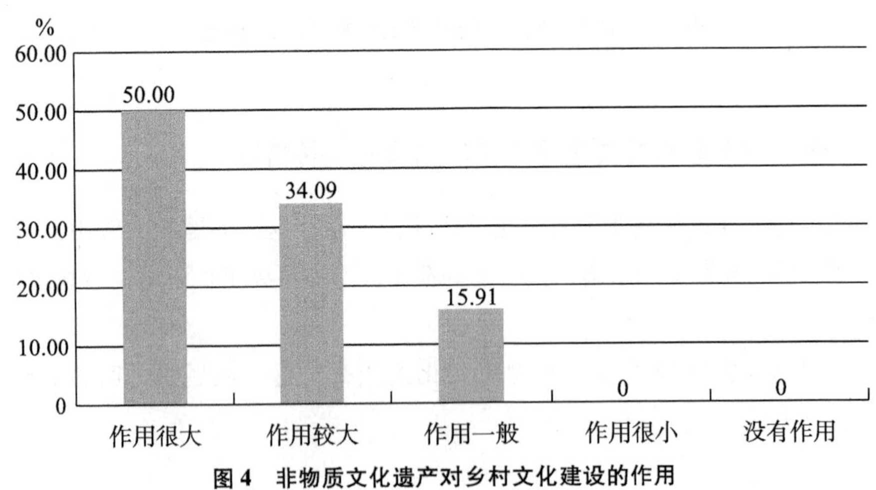

图 4　非物质文化遗产对乡村文化建设的作用

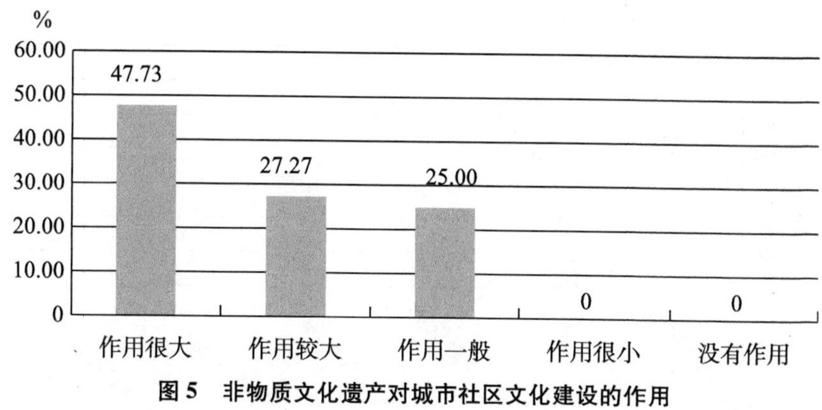

图 5　非物质文化遗产对城市社区文化建设的作用

以上图表数据显示，对于非物质文化遗产在乡村文化建设和城市社区文化建设中作用，持肯定态度的分别占比 84.09% 和 75.00%，调研对象对于非物质文化遗产当代社会价值认同较高，同时，认为其对于乡村文化建设的作用高于城市社会文化建设的作用。

（五）关于非物质文化遗产的保护与传承的现状与影响因素

由图 6、图 7，认为本区域非物质文化遗产保护与传承较好以上的占比 65.91%，认为一般的占比 27.27%，认为很差的占比 6.82%。对于影响非物质文化遗产的保护与传承的因素，列举中的影响因素排序是：非遗传承人老龄化，公众参与兴趣不大，外来文化和现代文化的冲击，缺乏专业人才，地方重申报、轻保护以及培养资金匮乏。

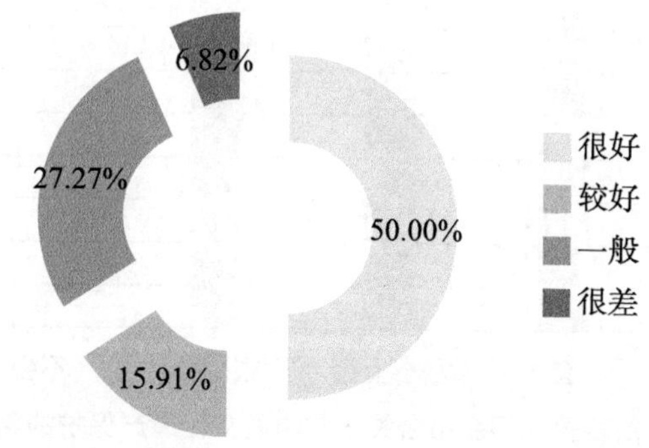

图 6　您认为当前本镇非物质文化遗产保护与传承的现状如何？

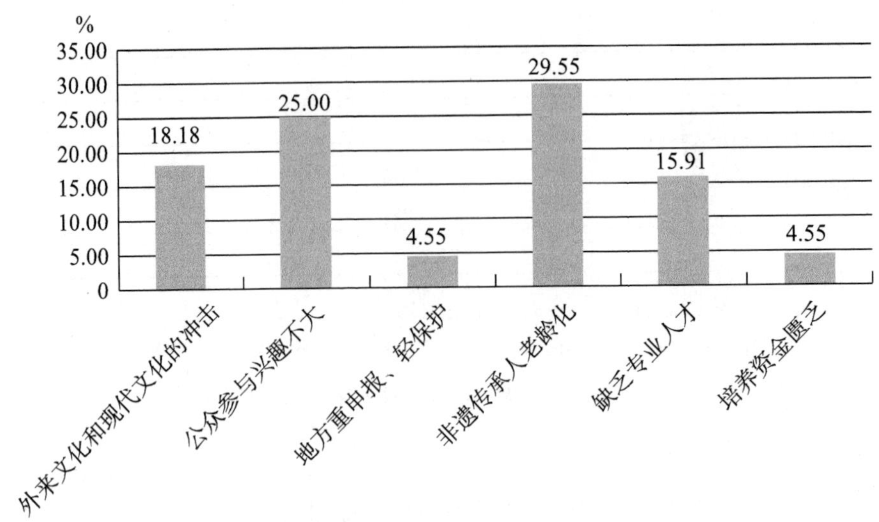

图 7　您认为当前本镇保护非物质文化遗产面临的挑战有哪些？

（六）关于拆迁对非物质文化遗产保护与传承的影响

本部分主要从拆迁前非物质文化遗产保护方案的制定、关于拆迁对于非物质文化遗产保护与传承影响的认知、拆迁后非物质文化遗产在回迁社区文化建设的作用等方面，来调研拆迁对于非物质文化遗产保护与传承的影响。相关数据如图 8、图 9、图 10 所示：

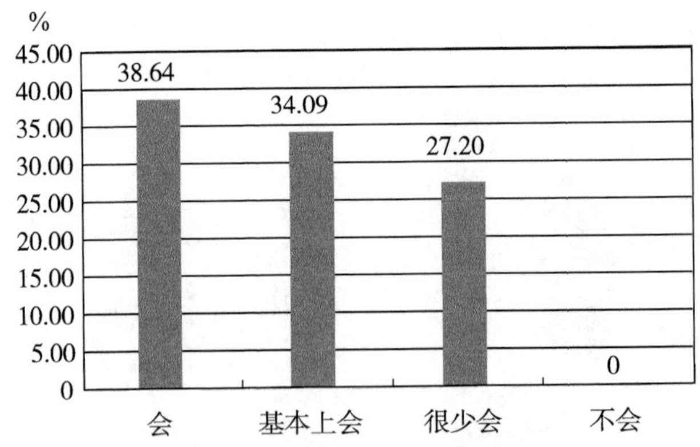

图 8　您所在地区拆迁前相关部门会出台关于非物质文化遗产保护的相关文件或者方案么？

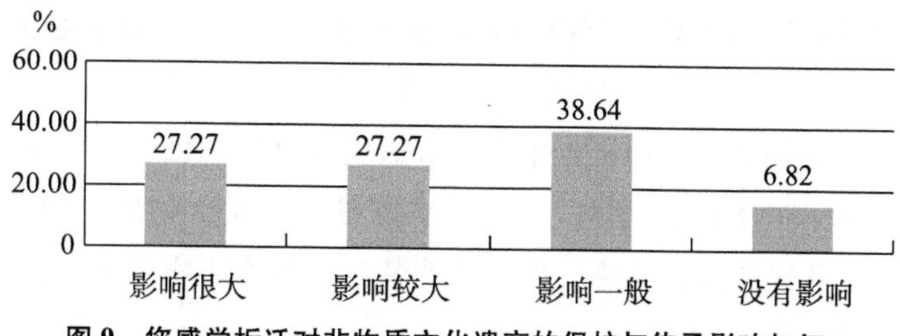

图 9　您感觉拆迁对非物质文化遗产的保护与传承影响如何?

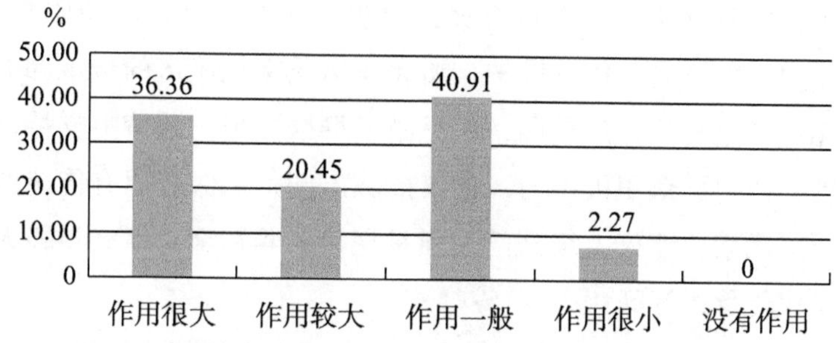

图 10　您认为非物质文化遗产对于拆迁村落回迁社区文化建设的作用如何?

调研数据显示，拆迁前会出台、基本上会出台非物质文化遗产保护相关文件或者方案的共占比 72.73%，很少会的占比 27.27%；对于拆迁对非物质文化遗产保护与传承影响的认知，认为影响很大和影响较大者共占比 54.54%，认为影响一般者占比 38.64%，认为没有影响者占比 6.82%。关于拆迁后非物质文化遗产在回迁社区文化建设的作用，认为作用很大和作用较大者共占比 56.81%，认为作用一般者占比 40.91%，认为作用很小者占比 2.27%。

（七）关于非物质文化遗产的保护与传承的形式

在“您认为应该开展哪些活动推动本镇非物质文化遗产的保护与传承”这一问题的回答中，主要集中于加大宣传尤其是在年轻群体中加大宣传；加大政府支持尤其是资金支持；非物质文化遗产多进校园、进社区、进乡村；定期举办相关演出与培训；增强非物质文化遗产项目自身的创新能力，等等。

在“您认为如何利用非物质文化遗产发展本地区经济，以其富民”这一问题的回答中，主要集中于引入市场资源，打造特色品牌；创造非物质文化遗产衍生产品，以售卖增加经济收入；加大宣传力度，形成镇域文化特色，文化旅游相结合；窗口化，标签化，潮流化；等等。

在“您认为如何把非物质文化遗产打造成当地的文化品牌”这一问题的回答中，主要集中于政府加大支持力量；深挖非物质文化遗产的文化内涵，加大非物质文化遗产宣传力度；挖掘传统特色，开展非物质文化遗产品牌系列活动；等等。

在“请谈谈您对本镇非物质文化遗产保护与传承的看法和建议”这一问题的回答中，大致如下：让群众有保护意识，让群众重视非物质文化遗产，政府要有作为，积极去宣传及维护；加大非物质文化遗产的传承和弘扬，使非物质文化遗产进村庄，进校园，广泛激发群众兴趣；政策上支持，加大宣传教育力度，做到群众积极参与；建议推陈出新，在保持原有传统的同时加入时代的新鲜元素；建议上级部门加强重视，培养资金，培养年轻人继承传统文化，世代传承；等等。

在“请谈谈您对本镇拆迁村落非物质文化遗产保护与传承的看法和建议”这一问题的回答中，主要有如下回答：拆迁不能破坏非物质文化遗产，要注意保护；人员分散可以达到扩散影响力的效果；为非物质文化遗产传承人提供聚集场地和软硬件支持；拆迁后住到楼房，可能会有影响；建议建立保护机制方案，保护非物质文化遗产文化；定时定点组织活动；多组织演出，竞赛，让群众喜欢非物质文化遗产，把本镇的文化财富传承下去；吸引年轻人才，走进校园，提高演出质量，重点是老龄化太严重，新鲜血液进不来，激发不了年轻人兴趣；有机会多组织演出，要有一定的场地；等等。

除了以上的调研问卷数据分析，课题组还通过访谈法、参与式体验法等对部分非物质文化遗产保护与传承的管理人员、从业人员、传承人进行了调研，主要调研问题为：对于本地区非物质文化遗产的了解、对于所从事的非物质文化遗产项目的介绍、拆迁对于非物质文化遗产项目保护与传承的影响，对于拆迁村落非物质文化遗产保护与传承的看法、意见和建议等。结果分析将在文中第二部分一并体现。

二、北京大兴国际机场拆迁村落非物质文化遗产保护与传承的相关问题

将调研问卷的相关数据与个人访谈的结果汇总后，分析结果如下：

（1）拆迁对非物质文化遗产的文化活动空间和活动方式产生较大影响。

通过对问卷调研结果的分析，我们看到，认为拆迁对非物质文化遗产的保护和传承影响很大和影响较大各占 27.27%，认为影响一般的占 38.64%。通过对相关人员的访谈，我们发现，拆迁对非物质文化遗产的保护与传承而言，有利的一方面在于增加了非物质文化遗产传承者经济实力，再加上政府政策和资金支持，对非物质文化遗产的传承而言没有了以往的生存压力，整个团队的生存有了最基本的经济保障。

但另一方面，拆迁也对非物质文化遗产的保护与传承带来了一系列问题。具体如下：

其一，非物质文化遗产的文化空间受到了影响。拆迁使村民从乡村走向社区，从场院走向楼房，这对于彩绘、皮影等非物质文化遗产项目影响不大，但是对于吵子、诗赋弦、高跷等对场地和空间有一定要求的非物质文化遗产项目影响则较大。目前已拆迁村落中，一部分村落已回迁，另外还有另一部分村落未实现回迁。对于未实现回迁的村落，非物质文化遗产项目的团队成员住处较为分散，排练场地空间不足，再加上五十岁以上的人占大多数，从距离较远的住处聚到一起排练存在一定困难，影响排练效果。

其二，对已经回迁的村民而言，一些非物质文化遗产项目的保护与传承亦受到一定影响。比如吵子、高跷等项目，其在活动时会使用鼓、镲、钹、唢呐等声音穿透力较强的乐器，如果在居民社区进行活动在一定程度上会影响其他居民的生活。再比如高跷等项目，在硬化的地面上进行时存在一定安全问题，有些动作无法做到位。因此，类似上述非物质文化遗产项目的文化空间的需求问题需要加以解决。

其三，文化活动方式的变化。文化活动空间的变化在一定程度上会影响非物质文化遗产项目的文化活动方式，无论是场地、欣赏人群，还是管理形式，都会产生一定方式的变化。如在榆垡镇：“比如说武吵子，我们是 2014

年入选了国家级非物质文化遗产名录。每个村每个社区它不是单一的文化活动，比如说搬到楼里边，可能武吵子就不好来排练了，但是我们可以在镇里边的文化广场，我们有活动的地点，我们是把几个村归纳成一个分的剧场，分的中心，镇里边有镇里的剧场，有镇里边的文化广场，其他的村可能四五个村聚到一起，村里边也有村级的剧场，然后划成几个片。这样的话，包括非遗的什么秧歌会、舞龙舞狮、传统秧歌、高跷，就吹吹打打的这种，适合在农村的，我们整个还延续。”❶“比如说搬迁村的这些……可能不具备高跷、练武吵子的条件，我们就组织一些不太扰民的，噪音不是很大的，适合城市的活动……搬迁这十几个村有他们单独的一个活动场所，每天几点到几点，他们一块会去跳广场舞，会打吵子，他们有自己的活动场地。”❷礼贤镇对于诗赋弦等非物质文化遗产，会结合区里的星火工程演出组织活动，另外在农历九月十五和春节组织一些剧团去村子进行演出并给予一定补助。

在新的文化生态下，对于与乡村文化土壤紧密相关且受城市社区文化空间限制较大的非物质文化遗产项目，应在其文化活动空间、文化活动方式、组织管理形式等方面深入探讨其保护与传承模式，并形成长效机制。

（2）拆迁村落非物质文化遗产的传承模式中家族传承占多数，传承人对非物质文化遗产具有非常深的情怀，一直在围绕时代主题和社会热点问题努力创新，对非物质文化遗产的保护和传承饱含期待，充满信心。

比如诗赋弦某剧团就曾围绕拆迁创作了《争婆婆》《拆迁风波》等新的剧本，演出深受群众欢迎。再比如高跷，在原来只有男演员的基础上增加女演员；演出内容更丰富；演出形式在原来以歌唱为主的基础上增加了舞蹈、现代音乐元素；开始登上现代化舞台；等等。这些都为非物质文化遗产的传承注入了新鲜血液。

拆迁村落调研对象对于本地区非物质文化遗产的品类与发展历史具有较深的了解，对于非物质文化遗产的当代价值以及文化功能的重要性有较高程度的认识，对于非物质文化遗产保护与传承中的问题与困境具有较为清晰的认识。

---

❶ 张振东，韩旭．北京大兴国际机场筹建工作口述纪实［M］．北京：中国书店，2019：173-174.

❷ 张振东，韩旭．北京大兴国际机场筹建工作口述纪实［M］．北京：中国书店，2019：174.

（3）政府对于非物质文化遗产的重视程度和支持力度大大提升。

比如星火工程，比如对于非物质文化遗产传承人的资金支持等。以某非物质文化遗产项目某剧团为例，每年会参与政府出资支持的庙会演出、春节民俗演出、调演等，一年大概有十几场演出。这样既丰富了公共文化活动，同时也为这些非物质文化遗产项目注入了活力，使非物质文化遗产的传承具有最基本的物质保障。

（4）观众的欣赏水平提高，原来的剧本以及表演形式已不能满足观众的需求，非物质文化遗产的表演内容和表演形式均需要创新。

当前，在新的文化生态背景下，观众文化娱乐生活日益丰富，文化产品的种类和数量日益增多，观赏形式也日益多样化，欣赏水平不断提升。相比较而言，非物质文化遗产如果还采用原有表演内容和形式，已不能满足观众的审美要求。在实地调研中，我们发现，一些传统剧目欣赏群体以中老年为主。如何将时代主题融入非物质文化遗产，创新其表演形式和内容，吸引更多的群体参与，是从事非物质文化遗产保护和传承相关工作者需要深入思考的问题。

（5）拆迁村落非物质文化遗产的传承存在人员老化、后继无人的危机。

在调研中我们发现，大部分非物质文化遗产的传承存在人员老化、后继无人的“断代”之痛。在影响非物质文化遗产的保护与传承的因素中，占比最高的影响因素是非物质文化遗产传承人老龄化。传承人大多是中老年人，年轻人极少。在家族传承中，老一代的传承人大多基于情怀和家族使命在从事非物质文化遗产的保护与传承工作，但家族中年轻人由于兴趣爱好、经济方面的原因不愿意从事传承工作；在师徒传承中，有的年轻人出于经济原因放弃传承；在社会传承中，会有青少年从兴趣出发从事这些活动，但未必能长久，将其作为事业去做的少之又少。

在非物质文化遗产的保护与传承中，除了兴趣爱好、使命与责任等因素，经济原因成为一个必须要正视的问题。在调研中我们发现，大部分非物质文化遗产相关活动的开展，有的是节假日当地政府部门的组织，有的是兴趣相投的人员一起活动，有的是乡村红白事的一些活动，未能充分满足从业者及其家庭成员的经济需求；还有部分采取市场化运营方式的非物质文化遗产项目需要政策方面更大程度的支持。

因此，非物质文化遗产的保护与传承既有价值理性的维度，还需要有工具理性的维度。如何以非物质文化遗产为内核，打造文化品牌，既可以产生经济效益以此富民，又可以彰显非物质文化遗产的文化意蕴与文化功能，是非物质文化遗产传承者与从业者以及相关管理部门应深入思考的问题。

（6）拆迁村落非物质文化遗产的文化内涵与文化价值未得到充分阐释与体现。

要打造以非物质文化遗产为内核的文化品牌，需要对非物质文化遗产有较高的文化自觉，挖掘其文化内涵，明晰其文化价值，从文化哲学的深度彰显其文化意蕴。笔者在调研中发现，非物质文化遗产的相关从业者文化水平不是很高，且年龄偏大。因此，一方面要努力吸引文化水平较高的成员加入这个群体，充实队伍；另一方面相关政府部门和学者要注重对非物质文化遗产的政策引领和学术研究，提升其文化内涵，彰显其文化价值。

三、北京大兴国际机场拆迁村落非物质文化遗产保护与传承的对策与建议

针对调研结果中拆迁村落非物质文化遗产保护与传承中的相关问题，提出以下对策与建议：

（一）合理评估拆迁对不同的非物质文化遗产项目影响，对于不同的非物质文化遗产项目，采取不同的保护方案

非物质文化遗产是一种活态文化，植根于村落多年形成的文化生态背景，其文化活动方式也是由长期以来的文化活动环境决定。随着村落的拆迁，非物质文化遗产的文化生态环境发生了重大变迁，村民从传统的院落走向高楼，走向现代化的城镇社区。

《国家“十二五”文化改革发展规划纲要》中指出：“对濒危项目和年老体弱的代表性传承人实施抢救性保护，对具有一定市场前景的非物质文化遗产项目实施生产性保护，对非物质文化遗产集聚区实施整体性保护。”[1]对于拆

[1] 中办国办印发国家“十二五”文化改革发展规划纲要［EB/OL］.［2019-12-01］. http://www.gov.cn/jrzg/2012-02/15/content_2067781.htm.

迁村落中的非物质文化遗产项目要因地制宜，确立适合其保护与传承的相关方案与措施，而且要依据非物质文化遗产项目的文化属性分类制定相应方案。比如，对于濒危的非物质文化遗产项目，以抢救性保护为主；对于在当代仍发挥重要作用的非物质文化遗产项目，融入当代元素，运用生产性保护和公共文化活动的方式为现代所用，促进其更好地传承和发展。

因此，一个亟待解决的问题是，调动政策资源和学术资源，对大兴国际机场拆迁村落和拟拆迁村落的非物质遗产项目进行甄别、分类、整合，精准施策，合理确定其保护与传承模式。

（二）重视对拆迁村落居民的文化补偿，形成完善的可持续的非物质文化遗产保护方案

在拆迁前，制定完善的文化保护方案，在拆迁过程中予以切实实施，在居民回迁至社区后，充分有效运用预留的文化活动空间，妥善安置非遗项目的传承人等。对于一些已进入市场化、公司化传承的非物质文化遗产项目加大政策、资金的扶持力度，使其实现平稳过渡，良性发展。目前的政府投入改变了过去非物质文化遗产传承人靠自己不断注入资金的情况，保证了整个团队最基本的需求，不至于出现难以维持的情况。不过目前非物质文化遗产的团队未能实现将此作为职业当成生活资料的来源。以某非物质文化遗产项目的某剧团为例，整个剧团大概 20 多个人，政府资金支持的春节、庙会演出、调演等一年总收入除去车费、饭费，净收入大概在 10 万。平均每人不到 5000 元。如果想从社会上招募演员或者培养传承人，这部分资金是不够的。尤其是对于拆迁村落的非物质文化遗产，由于文化生态的变迁，文化空间受限，要在资金、场地、政策等方面加大支持力度。

（三）加大对拆迁村落非物质文化遗产项目的挖掘与整理力度

其一，加大对拟拆迁村落非物质文化遗产项目的挖掘与整理。

非物质文化遗产是植根于、内蕴于百姓日常生活的活态文化，现在调研和研究的大多是一些代表性的非物质文化遗产项目。对于拆迁村落而言，由于文化生态的巨大变迁，更应在拆迁前加大对于非物质文化遗产项目的挖掘力度，完善非物质文化遗产的保护体系。

其二，通过文化考古，挖掘拆迁村落非物质文化遗产的文化意象与文化内涵，提升其文化意蕴。

从文化生态的角度，对拆迁村落的非物质文化遗产项目进行文化生态的探源，挖掘其文化意象与文化内涵，提升非物质文化遗产项目的文化意蕴，不仅对于非物质文化项目自身的传承与发展，而且对于所在地区文化品牌的宣传与推广，具有重要的价值与意义。

（四）充分运用拆迁的有利影响，创新非物质文化遗产保护与传承模式

其一，利用拆迁形成的文化空间变化，创新拆迁村落非物质文化遗产的传承模式，如除了家族传承、师徒传承，还可依托现代化传播方式，在新的社区探索传承主体的社会化。

其二，非物质文化项目的传承人需要增强自身的造血功能，要在活动方式、表演内容、表演形式上努力创新，同时处理好继承与创新的关系，积极促成非物质文化遗产在当代的创新性发展。

其三，利用拆迁形成的文化资源整合情况，各方面需加大宣传力度，打造文化品牌。笔者在调研中发现，一些文化骨干人员对于本镇的非物质文化遗产项目了解不够。应加大在社会上的宣传力度，打造当地的文化品牌；可在媒体中加大宣传力度；可通过开展一系列活动扩大非物质文化遗产的社会影响力，打造区域文化品牌。

（五）加强非物质文化遗产的文化生态保护

在条件允许的情况下，可尝试建立拆迁村落非物质文化遗产的文化生态博物馆，对非物质文化遗产进行区域性的整体性保护。为原生态的非物质遗产项目预留出一定的文化活动空间，通过展览、展演、参与式体验、互动体验、社会化传承等形式，促进非物质文化遗产的文化生态保护。通过非物质文化遗产的保护与传承，使村民留住乡愁，扩大非物质文化遗产的社会影响力，延续文化之生命力。

（六）建立完善的非物质文化遗产保护队伍

调研发现，在人员配备上，镇级、村级无专门的非物质文化遗产保护部门，同时区域内从事相应研究人员较少，在一定程度上影响了非物质文化遗产的保护与传承。因此，可从人员配备、人员分工、专业研究等方面入手，建立区级、镇级乃至村级（社区）一体化的非物质文化遗产保护队伍，完善非物质文化遗产保护人员队伍的建设。

（七）建立完善的区域非物质文化遗产评估监测体系

2014 年 8 月，原文化部提出将建立国家级非物质文化遗产代表性项目的评估制度和监测体系，目的就是继续完善国家级名录项目“有进有出”的动态管理机制。与此相应，应建立完善区域性的非物质文化遗产评估监测体系，对于进入相应级别名录的非物质文化遗产项目，依照申报时所制定的保护规划以及相关国家法律规章，定期对代表性的非物质文化遗产项目的保护与传承状态进行评估，实行动态监测，摒除重申报、轻保护等情况。

总体而言，传统村落的拆迁使非物质文化遗产的文化生态发生重大变迁，影响着非物质文化遗产的文化活动空间、文化活动方式、经济环境、欣赏人群、传承人的生活环境、保护与传承模式。对于非物质文化遗产的保护与传承而言，拆迁既为其创造了新的传承与发展的机遇，也带来了新的挑战。在抓住新的发展机遇的同时，要科学分析这些新的挑战与问题，遵循“保护为主、抢救第一、合理利用、传承发展”的非物质文化遗产保护方针，重视对拆迁村落居民的文化补偿，形成完善的可持续的非物质文化遗产保护方案；加大对拆迁村落非物质文化遗产项目的挖掘与整理力度；合理评估拆迁对不同的非物质文化遗产项目的影响，对于不同的非物质文化遗产项目，采取不同的保护方案；建立拆迁村落非物质文化遗产的“活态博物馆”；有效利用拆迁的有利影响，创新非物质文化遗产的保护与传承模式；建立完善的区域非物质文化遗产评估监测体系。通过这些形式，在新的文化生态下形成科学的可持续的拆迁村落非物质文化保护方案，促进非物质文化遗产的活态传承。

对选派干部发挥社会资源优势促进乡村全面振兴的思考*

刘英侠　梅树屯**

摘　要：中国的脱贫攻坚战已经取得全面胜利，在中华大地上全面建成了小康社会。这一成绩的取得离不开广大选派干部团结一心、英勇奋斗，脱贫攻坚精神也成为伟大建党精神的重要内容。要进一步促进乡村全面振兴与巩固脱贫攻坚成果的有效衔接，推进乡村治理水平和治理能力现代化，仍要继续发挥选派干部的作用，尤其要充分发挥其所拥有的社会资源优势，强化其对利用社会资源重要性的认识，扩大给予选派干部资源配置的权限，促进其通过交流提升资源利用效率，做好发展规划并形成资源利用的长效机制，促进其为乡村全面振兴助力赋能。

关键词：乡村振兴；选派干部；社会资源

当前，中国式现代化国家建设的全面推进，中华民族伟大复兴中国梦的实现，最艰巨最繁重的任务依然是农村，我国脱贫攻坚工作虽然已经取得全面胜利，但是“脱贫摘帽不是终点，而是新生活、新奋斗的起点”❶，下一步的工作是要促进巩固脱贫攻坚成果与推进乡村全面振兴的有效衔接，这一新

---

* 本文系2024年北京高等教育本科教学改革创新项目一般项目“习近平新时代中国特色社会主义思想概论”课案例教学研究的阶段性成果。

** 刘英侠，女，汉族，北京石油化工学院马克思主义学院副教授，研究方向为基层党建，思想政治教育。梅树屯，男，汉族，大连大学党委宣传部助理研究员，研究方向为基层党建，文化宣传。

❶ 王晓萍．抓党建促脱贫攻坚 为乡村留下“三笔财富”［J］．求是，2020（9）：59.

的历史任务需要社会各界的积极参与，一定要继续充分发挥农村基层党组织的战斗堡垒作用，尤其是选派干部的作用，要推动选派干部整合利用各种社会资源，在全面加强基层组织建设的同时推进乡村振兴。

一、选派干部对乡村振兴的重要意义

（一）历史交汇期的乡村振兴战略

党的十九大提出，实施乡村振兴战略要坚持农业农村优先发展，并提出农业农村现代化要按照“产业兴旺、生态宜居、乡风文明、治理有效、生活富裕”❶ 的总要求展开。之后，国家先后出台了一系列政策措施，如 2018 年《中共中央国务院关于实施乡村振兴战略的意见》（以下简称《意见》）聚焦“乡村振兴战略”，对推进乡村振兴的“5+1”建设工作作出系统整体安排。指出实施乡村振兴战略是决胜全面建成小康社会、全面建设社会主义现代化国家的重大历史任务❷，是解决当今我国社会主要矛盾的必然要求，是“两个一百年”奋斗目标能够顺利实现的必然要求，更是实现全体人民共同富裕的必然要求。《意见》同时指出，实施乡村振兴战略是党和国家的重大决策部署，从中央到地方的每一级党政部门都要提高政治认识，高度重视乡村振兴战略，坚决落实党管农村工作。

在建党百年之际，在“两个一百年”奋斗目标的历史交汇期，中国宣布全面实现脱贫攻坚任务，完成了对人类社会顽疾的治理，锻造形成了伟大的脱贫攻坚精神，这进一步提振了全国上下同心同德的凝聚力、战斗力，习近平总书记总结的“上下同心、尽锐出战、精准务实、开拓创新、攻坚克难、不负人民”❸ 的脱贫攻坚精神将成为继续推进乡村全面振兴的力量源泉。

---

❶ 决胜全面建成小康社会 夺取新时代中国特色社会主义伟大胜利［M］. 北京：人民出版社，2017：32.

❷ 中共中央、国务院关于实施乡村振兴战略的意见［C］//十九大以来重要文献选编. 北京：中央文献出版社，2019：157.

❸ 大力弘扬脱贫攻坚精神——论学习贯彻习近平总书记在全国脱贫攻坚总结表彰大会上重要讲话［N］. 人民日报，2021-02-28（01）.

（二）选派干部的具体实施

选派第一书记的做法是2013年习近平总书记到湖南湘西考察时提出的，当时主要是针对基层党组织软弱涣散和建档立卡贫困村的帮扶。中共中央组织部、中央农村工作领导小组办公室、国务院原扶贫开发领导小组办公室于2015年下发了《关于做好选派机关优秀干部到村任第一书记工作的通知》，进一步明确了第一书记选派的标准、程序、工作职责及任务等。此后，各地都纷纷响应号召，互相学习经验，针对实际情况分别出台、实施选派计划，开启了以精准扶贫为目标、以第一书记驻村工作为抓手的乡村治理工作模式。

（三）选派干部在乡村振兴中发挥的作用

当前，实现乡村振兴、全面建成小康社会，最艰巨、最繁重的任务依然在农村，特别是在贫困地区。选派干部作为第一书记驻村开展工作作为精准扶贫的重要和有效手段之一，是贯彻落实中央扶贫开发决策部署和习近平总书记重要讲话精神，深入推进“三农”工作，加强农村基层党组织建设、实现乡村振兴战略的重要举措。

在全党及全国人民共同的努力奋斗中，在党成立一百周年的重要时刻，乡村振兴、全面脱贫攻坚工作取得了重要成果。中国用事实证明，我们解决了其他任何国家解决不了的区域性整体贫困问题，消除了绝对贫困，这是一份彪炳史册的人间奇迹，也是中国特色社会主义最本质特征的有力彰显。当然，这一成绩的取得是与驻村干部及第一书记的奉献分不开的。据统计，在脱贫攻坚过程中，“全国共选派出25.5万个驻村工作队，300多万名第一书记和驻村干部”[1]，他们在农村、在基层、在扶贫一线与数百万名乡镇村干部共同奋战、奔跑的脚步永不停歇，创造了人类减贫史上一个又一个动人的故事。

乡村要振兴，首先就要做到“产业兴旺”，而产业兴旺必须有好的带头人，即“头雁”的选择是重中之重。[2] 自中央提出全面实施驻村第一书记工作以来，这些选派干部在强化基层党建、推动精准扶贫、提高为民服务质量、

---

[1] 刘建军．脱贫摘帽是新生活新奋斗的起点［N］．人民日报，2021-03-15（09）．

[2] 刘英侠．农业合作化经验对乡村振兴战略的启示［J］．广西社会科学，2020（12）：102-103.

提升乡村治理水平和能力等方面发挥了重要作用。

当前，第一书记的工作实践成效已经成为乡村振兴的关键所在，如何发挥这些选派干部在乡村全面振兴中的关键作用，则是提升基层社会治理效能的重要课题，基于选派干部所拥有的社会资源建立管理体制和运行机制，是进一步开展工作的一个重要依托。

二、选派干部的管理体制

作为农村基层社会治理和精准脱贫工作的一项创新举措而派出的第一书记就成为接受基层管理及考核的主要对象，他们承担着建强基层组织、推动精准扶贫、为民办事服务、提升治理水平的责任，这些责任需要通过对国家和基层组织资源进行精确化分配和充分利用来实现。

目前已经有很多第一书记通过整合内外部资源在推动乡村基层治理和乡村振兴方面发挥了独特的作用，但是由于各自的能力及拥有的社会资源不同，第一书记参与乡村治理的成效也不一样，迫切需要对第一书记的选拔条件、考核标准等制定计划措施，使其明确工作任务、考核标准，并不断提升开发、整合社会资源的能力，进一步提高为民服务的水平，发挥其对乡村振兴的重要作用。

因此，从这个意义上讲，管理者深入了解驻村第一书记所拥有的社会资源情况，充分调动其工作积极性，通过整合社会资源提升其参与乡村治理的效能具有重要的现实意义。

三、选派干部拥有的社会资源类型

由于选派的干部来自不同行业、不同岗位，又具有不同的成长和教育背景，有不同的朋友圈和交流方式，他们所拥有的社会资源类型也不同。通过对第一书记的调研分析发现，目前他们拥有的社会资源主要分为如下四种。

（一）因自身成长背景所带来的社会资源

乡村振兴需要打造一支新型的工作队伍，必须培养造就一支懂农业、爱农村、爱农民的“三农”工作队伍，以实现乡村全面振兴，农业强、农村美、农民富全面实现的乡村振兴任务。因此，第一书记本人的专业背景和工作经验是其最直接的社会资源，对基层社会治理和乡村振兴所能带来的影响也最为直接。

如大学期间学的是农林专业或者曾经从事过涉农的工作，在农村长大或是有农村生活经验，这样的第一书记很容易快速融入农村生活，与群众接触的困难会少一些、阻力会小一些，也会很快了解乡村治理中的矛盾所在，他们通过行政嵌入的方式使外在型治理进入乡村社会，可以快速实现党和国家的权力向基层的延伸，对开展基层工作十分有利。还有一些第一书记自身具有文艺、体育等方面的特长，或能调动一些社会上的文体活动资源，协助其开展乡村文化工作，使基层工作锦上添花，最终赢得了当地百姓的爱戴。

（二）因工作单位的背景所带来的社会资源

这主要是指第一书记的派出单位对其工作能够带来的帮助，如一些建筑、投资、水利、交通等部门，从自己的业务工作出发，对派出的干部予以工作支持；或者是金融机构给予本单位派出干部所在村进行资金投入，给予贷款优惠等支持；或者是单位给村里的农产品提供销售渠道或平台，如有的高校为派出教师所在的对口村提供销售平台，建微信群、提供展览展示的平台、师生积极购买该村的绿色农产品等；还有的单位利用宣传部门的窗口以创新的方式对派驻村进行宣传；高校或企业还可以到现场开展实地调研或教学、培训工作，通过种种举措提升所驻村的人气值，从而提升宣传效果，使第一书记更易于开展工作。

（三）因社会关系所带来的社会资源

一般而言，被选派的第一书记都德才兼备，不少第一书记都拥有发达的人脉，这些人脉资源可以为第一书记的扶贫工作提供资源和便利条件，在资金、销售渠道、市场等方面都可以提供帮助，在争取优惠政策、引进致富项目等方面具有诸多优势。

调查数据显示，全国第一书记的平均年龄为39.47岁，最大的为55岁，最年轻的仅为26岁，这些第一书记在乡村振兴和基层社会治理过程中发挥了重要作用。从某种意义上说，年轻也是一种资本，他们拥有更多的人脉资源和充满青春活力的朋友圈，因此，管理部门要根据这些书记的社会关系情况精准施策。

（四）因所驻村的自身条件所产生的社会资源

主要是指所在村是否具有独特的土壤、矿山、森林、水草等资源。驻村第一书记到任后首先要进行调研、走访、座谈，了解当地的资源禀赋和优势，协助当地的村干部一起制定发展战略，设计出符合这些资源使用的开发、发展思路，发挥好第一书记的沟通和协助作用。

另外，村级组织还拥有村干部资源、参与乡村振兴积极性很高的农民、一些硬件设施，这也是第一书记可以整合、利用的资源，通过这种整合不仅能实现其本人在乡村的快速融入，还能使地方治理的成效得到及时的彰显。

四、对选派干部整合社会资源促进乡村振兴的建议

（一）强化对利用社会资源重要性的认识

选派干部的派出单位是各级党组织，这些组织不仅担负着选派人员的任务，还担负着对派出者的管理、考核职责，要以《关于做好选派机关优秀干部到村任第一书记工作的通知》中强调的“建强基层组织、推动精准扶贫、为民办事服务、提升治理水平”的总要求为基础，结合实际情况，对已经派出的三批人员在“建强基层组织”“促进乡村振兴”“开展扫黑除恶”这三方面的工作进一步明确评价指标和具体的评价要素。

将选派干部发挥沟通与协调效果作为绩效考核的重要方向，构建起选派干部社会资源与工作绩效的正向关系模型，使其在明确自身职责的前提下，更好地规划工作思路，明确驻村期间自己在参与乡村治理、精准脱贫过程中可以调动的社会资源，更好地团结、凝聚当地村干部和村民，挖掘各种农村资源潜力，抓住基层治理中的各种主要矛盾，解决为民服务的突出问题，及时调整选派干部的选派条件和评价标准，将社会资源的运用与基层治理工作紧密结合，促进乡村治理效能的进一步提升。

（二）扩大赋予选派干部资源配置的权限

在选派干部的时候应遵循“选派”而不是“摊派”的原则，做到选好配强。各地在选派前要对干部的社会资源情况有一定程度的调研分析，并按照这一基础有计划、有针对性地派驻。要注意选派单位的性质和所能拥有的各种社会资源与派出地的需求相适应，还要注意选派干部的年龄特质、学科专业和实践经验，更要注意被帮扶村的特点和资源需求，做到供给侧和需求侧的真正吻合，通过双向沟通提升干部派出的精准性和针对性，提高政策的效率。

要赋予选派干部更大、更多的资源配置权限，到岗位之后，村书记要与选派干部及时沟通，互相了解所拥有的社会资源和经济资源情况，做好发展规划，使选派干部有更大的发挥空间，能更好地施展才华和能力。对于目前已经在岗的、社会资源相对较弱的干部，管理部门要给予其政策和资源倾斜，使其增加利用社会资源提高工作绩效的意识，并能主动寻找和进一步开发各种社会资源。

（三）促进选派干部通过交流提升资源利用效率

管理部门除了对选派干部开展基层组织工作进行的各种业务知识培训，还应加强干部之间的经验交流、合作共建等能力的培训，鼓励各位第一书记间经常互通有无、互相学习借鉴，形成基层社会治理的合力；加强对选派干部运用社会资源能力的培训，培训的核心内容主要围绕乡村全面振兴思路、社会矛盾防范与化解方法、政策使用的风险评估、资金使用政策、基层支部开展活动的创新举措、最新的惠农措施等展开；加强对选派干部人际沟通、群众工作、“互联网+”、创新创业能力等方面的知识培训；组织模范的干部现身说教，拓宽其他干部的工作视野，尤其是丰富工作经验和掌握工作技巧，多角度提升其运用社会资源的能力，提升资源利用效率。

（四）做好选派干部发展规划形成资源利用长效机制

对选派干部的发展做好规划关系到所有选派干部的职业发展问题，关系到在岗者的积极性问题，因为服务的时间长短不同，各自的意愿不同，所以政策要具有灵活性、多样性。

对于有意愿继续留在农村服务的干部，管理部门不仅要继续给予政策等方面的支持，更要考虑到对其个人的职业认可问题，在职称、岗位优先提拔方面要有所倾斜，目的是为这些干部安心、开心工作创造良好的条件。

同时要继续加大对选派干部的初心使命教育，加强对其“爱农业、爱农村、爱农民”的情感关怀和引导，尤其是借助主题教育学习活动等机会，引导其开展相关的活动，使其立志于扎根乡村，继续把帮扶的责任扛在肩上。

对于回到原工作单位的干部，要将其在派出期间的表现及时、如实写入档案和个人履历，并由组织对其派驻期间的表现予以认定，在日后的职称评定、岗位安排方面优先考虑。此外，要通过开展座谈会等形式进行经验交流，选树一批工作成效高的干部作为典型，使其及时将工作经验介绍给下一批工作者，发挥好传帮带的作用。

一切伟大成就都是接续奋斗的结果，一切伟大事业都需要在继往开来中推进，幸福都是奋斗得来的，目前虽然实现了脱贫目标，但还有一些贫中之贫、困中之困。要让人民过上更加美好的生活是一个长期奋斗的过程，要发挥“接续奋斗、久久为功”的精神。成绩代表过去，奋斗仍将继续，还需要发挥选派干部的各种优势和能力，带领人民群众不断创造幸福生活，为乡村全面振兴助力赋能。

回顾与启示：道德模范在改革开放前的历史作用

张墨书*

摘　要： 作为我国社会主义事业的重大转折点，改革开放同样是道德领域的重要分水岭。回顾改革开放前这一特定历史时期，道德模范在社会大众的集体主义道德实践中发挥着鲜明且具有浓厚时代特色的历史作用。道德模范的导向作用、示范作用、激励作用对当时的国家、社会、个人都产生了举足轻重的影响，其中既有值得学习借鉴的地方，也有必须反思纠正之处，这对于当下如何更好发挥道德模范作用、改善集体主义道德实践效果，具有重要的参考价值和借鉴意义。

关键词： 道德模范；历史作用；集体主义；道德实践

马克思曾经说过：“人们按照自己的物质生产率建立相应的社会关系，正是这些人又按照自己的社会关系创造了相应的原理、观念和范畴。”❶ 中国共产党在领导中国人民彻底推翻千年剥削统治之后，为了适应新形势下的伦理关系和社会发展要求，对中国革命优良道德传统进行了卓有成效的传承，初步建立了以集体主义为基本道德原则的社会主义道德规范体系。相应地，集体主义道德实践也就成为我国社会主义道德建设的关键。而道德模范在我国是社会主义道德的人格化，也是具有集体主义道德精神的典型代表。从理论

* 张墨书，女，辽宁大连人，哲学博士，主要从事马克思主义伦理学研究。

❶ 马克思恩格斯选集（第1卷）［M］. 北京：人民出版社，2012：222.

上来讲，道德模范是社会大众集体主义道德行为的正面代表，是集体主义道德教育的典型示范，也是集体主义道德评价和道德修养的重要参照。从现实中来看，道德模范自中华人民共和国成立以来，特别是在改革开放前这一特定历史时期里，一直发挥着显著的引导作用、示范作用和激励作用，对国家、社会和个人都产生了不容忽视的影响。即使得到的评价褒贬不一，但是通过学习其中的经验教训，可以在当下更好地促进道德模范作用的发挥，这对于当今中国特色社会主义道德实践无疑具有重要意义。

一、导向作用广泛，但个人利益被忽视

1949年10月1日，中华人民共和国成立，中国共产党成为全中国的执政党，带领无产阶级和广大人民群众翻身做主人，揭开了中国历史的新篇章。1950年8月24日，周恩来在中华全国自然科学工作者代表会议上就提出，“我们要发挥集体主义的精神，打破个人主义的小圈子，群策群力，与群众结合，为新中国的建设而努力”❶。1954年4月，邓子恢在全国第二次农村工作会议上提出，提高社员的觉悟水平要靠教育，“要经常进行集体主义、爱国主义、社会主义教育，逐渐改变和减少农民的自私心理，树立爱国主义、集体主义的思想”❷。同年8月，陶铸在提到大学生要确立社会主义思想问题时说：“树立高度的集体主义思想，即国家利益和人民利益高于一切的思想。因为社会主义是为了集体的幸福的，每个人都应当服从社会主义的国家利益。”❸1954年9月15日，刘少奇在《关于中华人民共和国宪法草案的报告》中强调个人利益与国家利益之间的辩证统一关系，指出“社会主义，集体主义，不能离开个人的利益；我们的国家充分保障国家和社会的公共利益，这种公共利益正是满足人民群众的个人利益的基础”❹。1956年，毛泽东在《论十大关系》一文中谈到国家、生产单位和生产者个人关系时，也强调“不能只顾一头，必须兼顾国家、集体和个人三个方面”❺。总之，中华人民共和国成立后，

❶ 周恩来选集（下卷）［M］. 北京：人民出版社，1984：30.
❷ 邓子恢文集［M］. 北京：人民出版社，1996：366.
❸ 陶铸文集［M］. 北京：人民出版社，1987：112.
❹ 刘少奇选集（下卷）［M］. 北京：人民出版社，1985：161.
❺ 毛泽东文集（第七卷）［M］. 北京：人民出版社，1999：28.

党在领导全国人民进行社会主义建设的实践中、在反对资产阶级个人主义的过程中，对集体主义的理解和认识不断深化，使集体主义原则最终成为我国社会主义道德体系的基本原则，体现了我国的价值导向。

道德模范的导向作用正是指对国家的价值导向起到进一步的引导和推广作用，主要体现在对社会大众集体主义道德行为的影响上，即强化集体主义原则的影响力，引导人们进行集体主义道德实践。由于中华人民共和国成立后经历了抗美援朝、土地改革等一系列影响深远的重大事件，因此当时的道德模范主要是围绕这些重大的历史事件树立的。道德模范在改革开放前对社会大众起到明显的集体主义价值导向的作用，从而影响到国家的政治、经济以及文化的发展。

（一）在政治领域的导向作用

在中华人民共和国成立初期，集体主义道德原则的含义在政治领域被具体化为“保家卫国”“为国捐躯”的大无畏精神。相应地，所树立的道德模范以军人为主体，主要集中在抗美援朝时期。

在抗美援朝中，国家通过奖励军功、谱写歌曲、组织英雄事迹宣讲团等方式，表彰了大量为抗美援朝胜利作出突出贡献的军人。上甘岭战役中用自己的身躯挡住敌军枪眼的黄继光、身背炸药与敌人同归于尽的杨根思、为了不暴露目标趴在火中纹丝不动直至牺牲的邱少云……他们都是其中的典型代表。无论是被中国人民志愿军总部追记特等功、授予“中国人民志愿军特级英雄”称号，还是被编入中小学教科书、拍成电影，他们都得到了大力的宣传，享受了崇高的政治礼遇，如黄继光的母亲邓芳芝作为代表出席了 1953 年全国妇女大会，并得到毛泽东的接见等。将为国捐躯的战士英雄树立为当时的道德模范，并大力宣传和表彰，实质上是对军人进行革命观、价值观教育。那些英雄模范人物为了获得战争的胜利，为了保卫国家的利益不受侵犯，将个人的生死置之度外，这样的集体主义大无畏精神坚定了军人们的战斗意志，使军人们形成强烈的集体荣誉感并保持高昂的爱国热情，从而保证了在十分艰苦的战争条件下仍然战果累累，不仅支援了社会主义阵营的朝鲜国家，也为我国争取了安定的外部环境，提升了我国的国际地位，为中华人民共和国的进一步发展提供了有利条件。

（二）在经济领域的导向作用

中华人民共和国成立后，集体主义道德原则的含义在经济领域被具体化为“艰苦奋斗”“公而忘私”的奉献精神。所树立的道德模范以从业人员为主体，包括工人、农民、科学家等，其导向作用在整个社会主义改造和建设时期都体现得十分明显。

在社会主义改造和建设时期，涌现出一批“茧在手上，红到心里”的社会主义劳动者。其中“大庆精神”、“大寨精神”以及“‘两弹一星’精神”就是当时表彰道德模范团体的典型事例，它们分别体现了在工业、农业以及科学技术方面，广大劳动者为国争光、为民族争光的爱国主义精神，独立自主、自力更生的艰苦创业精神，讲求科学、“三老四严”的求实精神，还有胸怀全国、为国分忧的奉献精神，而这些高尚的道德品质具有一个共同点，那就是将国家利益、集体利益放在个人利益之上，因此归根结底都是集体主义精神的外化表现。正是在道德模范团体的集体主义道德精神影响下，各行各业的劳动人民在劳动中培养着吃苦耐劳、协作为公的劳动观点，以苦为乐，以苦为荣，艰苦创业，斗志昂扬，“有条件要上，没有条件创造条件也要上”，以大局为重，不计较个人得失，将国家利益、集体利益看得比自己的生命还要重。当时许多科学家隐姓埋名，抛小家，顾国家，不求名，不求利，超越了一般职业的道德要求和从事一般职业的目的，很多人因此忽略了家庭，甚至作出了生命和健康的牺牲。这些牺牲为我国创造了大量的物质财富，彻底改变了建国初期我国物资短缺、技术低下、民生艰难的经济状况，促使国民经济得到迅速恢复和发展，为我国社会主义建设事业提供了永不枯竭的精神力量。

（三）在文化领域的导向作用

中华人民共和国成立后，集体主义道德原则的含义在文化领域被具体化为“忠于人民”“克己为人”的服务精神。所树立的道德模范既有党员干部，也有贫苦的底层人民，其正面导向作用主要体现在“文革”之前，“文革”期间则主要体现了其负面的导向作用。

在“文革”之前，道德模范人物的道德境界更多地表现为对新社会的认同、对马列主义的信仰和对人民的热爱，他们因为代表了当时整个社会的精神面貌和道德水平而被广为了解和学习。雷锋、焦裕禄、时传祥、南京路上好八连……都是其中的典型代表，他们或者为人民日夜操劳，或者为了群众吃苦耐劳，又或者为了他人而无私奉献。他们中的很多人都得到了党和国家领导人的题词，各地为道德模范尤其是英模建立了纪念馆和纪念碑，加上宣传部门和主流媒体的大力褒扬和宣传，使英模文化成为一种精神文化现象和道德文化高地，对英模的宣传和学习成为那个时代独特的文化景观。之所以会树立像雷锋这样的道德模范，因为他们不仅是平凡的人，而且他们所做的也都是些平凡的事，因此他们与人们的日常生活比较贴近，歌颂他们的文化形式如电影、歌曲等也就更容易被大家接受，从而能够深入影响人们的道德选择和道德实践，有助于在社会中形成互帮互助、无私奉献的友好关系和“人人为我，我为人人”的和谐景象。在社会主义改造和建设时期对于推动广大干部和群众树立共产主义世界观、形成毫不利己的社会风尚、掀起社会主义建设高潮产生了深远的影响。

二、示范作用显著，但模范形象被神化

“示范”本身是一种道德教育的方法，主要是以教师、家长、英雄模范人物或革命领袖的道德行为、英雄模范事迹和高尚情操作为学习的榜样和效仿的对象。[1] 道德模范的示范作用正是体现在道德教育的过程中，并且侧重于对集体主义道德教育的示范。道德模范发挥其示范作用主要是依靠两种途径实现的：一是将道德模范高尚的道德品质或是道德行为等，直接以文艺作品的形式再现，使社会大众对道德模范及其道德行为存有广泛的道德认知和价值认同；二是将道德模范的形象、阶级特征、道德品质以及英雄事迹等抽离出来，重新塑造成小说、话剧等文学作品中的虚拟人物，使道德模范的示范作用得到间接的实现。

1949 年 7 月，全国第一次文代会在北平召开，中共中央发贺电说：希望全国的一切爱国的文艺工作者“进一步团结起来，进一步联系人民群众，广

[1] 李燕杰，施宗恕，王殿卿，等．德育辞典［M］．武汉：湖北辞书出版社，1987：119.

泛地发展为人民服务的文艺工作”。1953 年 9 月 23 日至 10 月 6 日，全国第二次文代会在北京召开，这次文代会不仅确定了文学艺术在社会主义改造时期的新任务，而且清算了文艺创作上的概念化、公式化和其他反现实主义的倾向，清算了文艺批评的简单化、庸俗化的倾向和文艺事业组织领导上的行政命令作风等，这对于认识文艺和政治的关系、认识文艺的特殊发展规律、扫除文艺发展的障碍起到了积极的作用。总之，两次文代会的召开促成了建国初期文艺创作繁荣的局面，促成建国后大量符合意识形态要求、反映人民群众道德理想的文学作品的产生。这些文学作品有的直接以当代的道德模范为题材，将其英雄事迹以歌曲、诗歌等文艺形式表现出来，并加以赞扬；有的则在道德模范的道德感染下，通过发挥个人的想象力和创造力，塑造出“来源于现实，但又高于现实”的人物形象，从而更具有道德感染力。正是这些文艺作品将道德模范分别以真实和虚拟的人物形象表现出来，并加以生动化、细节化的描述，促使道德模范的示范作用在改革开放前取得了良好的效果，达到了当时对社会大众进行集体主义道德教育的目的，对整个社会的道德氛围产生了有利的影响。

（一）真实人物的示范作用

中华人民共和国成立以来，在党的文化政策引导下，许多优秀的文艺作品涌现，其中不乏对道德模范英雄事迹的历史回顾以及对道德模范高尚品质的赞美之作，分别以电影《董存瑞》和歌曲《学习雷锋好榜样》为典型。

电影《董存瑞》于 1955 年上映，讲述了在 1948 年解放隆化的战斗中，董存瑞为了避免更多战友牺牲、为了保证整个战斗的胜利、为了新中国，在危急关头毅然决然地用自己的身体充当支架，手托炸药包，舍身炸暗堡，最终光荣牺牲的真实故事。故事中的主人公正是为了保护他人利益和集体利益，甘愿牺牲个人利益的典范。虽然董存瑞的英雄事迹发生在 1949 年以前，但是他身上所具有的典型的集体主义精神使他成为建国后集体主义道德教育的模范人物。电影《董存瑞》正是将这位集体主义道德模范的英雄事迹以人们喜闻乐见的文化艺术形式展现在社会大众面前，使广大人民群众为道德模范身上所具有的这种高尚的集体主义精神所鼓舞，在社会上形成了广泛的道德认同，促使社会大众自觉投入到集体主义道德实践中——不仅自身乐于接受集体主义道德教育，而且身体力行地传承给子孙后代 。

歌曲《学习雷锋好榜样》也是以真实的道德模范人物为题材所创作的优秀文化作品，区别在于它是对道德模范身上所具有的高尚道德品质的直接赞美。歌曲的其中两段歌词如下：学习雷锋好榜样，放到哪里哪里亮，愿作革命的螺丝钉，集体主义思想放光芒，集体主义思想放光芒；学习雷锋好榜样，艰苦朴素永不忘，克己为人是模范，共产主义道德多高尚，共产主义道德多高尚！从歌词中可以看出，作为当时道德模范的代表性人物，雷锋身上具有舍己利人、克己为人、公而忘私、奋不顾身的集体主义思想和共产主义道德精神，并且这种思想和精神得到了广泛的认可和赞美，成为那个时代精神的代表和象征。《学习雷锋好榜样》这首歌事实上是对集体主义思想、共产主义道德的一种宣教，在歌词创作时就特别注意确保其具有普及性和群众性。它以雷锋为宣传对象，赞美以雷锋精神为代表的高尚道德品质，与广大人民群众的心声取得共鸣，并且以其特有的旋律和激情感染人，进而在潜移默化中使雷锋式的道德模范人物成为那个时代道德评价的标杆，使集体主义精神成为那个时代人们追求道德的方向。

（二）虚拟人物的示范作用

毛泽东说：“中国共产党人是我们民族一切文化、思想、道德的最优秀的继承者，把一切优秀的传统看成和自己血肉相连的东西，而且将继续加以发扬光大。”[1] 因此，那个年代的道德模范都是无产阶级中的优秀代表，他们中大多数是平凡的底层人民群众。

中华人民共和国成立以后，诸多优秀的文学作品通过塑造一个又一个鲜明的人物形象，将当时道德模范的各种优秀道德品质汇聚于这些虚拟人物的身上，为实践集体主义道德原则作出示范，使社会大众感受到道德模范式的人物是普遍存在的，使整个社会都被道德的光环所笼罩，起到了良好的集体主义道德教育作用。以袁静、孔厥所著的小说《新儿女英雄传》为例，小说中所表现的人物都是平凡的儿女，但也都是集体的英雄，他们的平凡品质使

[1] 中国共产党中央委员会关于共产国际执委主席团提议解散共产国际的决定［N］. 解放日报，1943-05-27.

人们感到亲切，他们的英雄气概使人们感到发自内心的崇敬，从而得到改善自我、提升自身道德修养的鼓励和愿望——男的都能做到牛大水那样，女的都能做到杨小梅那样。这样的文学作品实际上在教育人们：不怕你平凡、落后，甚至是文盲、无知，只要你有自觉、求进步、自我牺牲的精神，谁都可以成为新社会的柱石。这样的文学作品将各种人物加以伦理道德的生活细节化描述，既避免了意识形态宣讲的空洞化，使作品富于人情味，同时又与“文以载道”“以情动人”的中国文化传统相吻合，达到宣传教化的作用，使人们自觉投入到集体主义道德实践当中。

1963 年后，毛泽东多次严厉批评文化界尤其是文艺界，认为文化部不管文化，文化方面特别是戏剧，大量的是封建落后的东西，社会主义的东西很少。1967 年 5 月，江青《谈京剧革命》发表，推出了八个“革命样板戏”，将其作为一种道德教化的工具加以推广。

样板戏进行道德教化的方式就是塑造无产阶级英雄形象。这些英雄形象的思想、感情、性格、气质在各个样板戏中都是一致的，甚至是多人一面的：他们都是劳动人民出身，具有一不怕苦、二不怕死的英勇顽强的战斗毅力，拥有叱咤风云、气冲霄汉的豪迈气概，在性格上都具有沉着冷静、精细机制的特点，展现的都是革命英雄主义和革命乐观主义的精神风貌。以革命现代京剧《奇袭白虎团》为例，该剧所塑造的无产阶级英雄严伟才，其原型正是被授予“一级战斗英雄”称号的中国人民志愿军侦察兵副排长杨育才。剧中严伟才率领小分队以惊人的勇敢和机智越障碍、跨天险，排除敌人多个地雷，冲破敌人多道防线，最终活捉了白虎团团长及美国顾问，捣毁了“白虎团”团部，打乱了敌军的部署，为全线反击创造了有利条件。虽然类似这样的剧情安排会给社会大众带来狂热的革命热情，教化人们要像剧中的革命英雄一样，为了集体利益不顾个人安危、勇于牺牲，但是，这些英雄人物“完美无缺”的形象却是严重脱离现实生活的。他们不仅具有超人的智慧和过人的胆识，而且有叱咤风云、靠意志排除万难的能力，却没有半点不足和缺陷。这样的道德教化将英雄模范的形象在现实的基础上再次拔高、抽象，甚至神化，促使道德评价标准水涨船高，导致那个时代的人们一面要忍受物质资源的匮乏、物质需求得不到满足之苦，一面又要承受精神上超高的道德压力。

三、激励作用深刻，但存在政治化倾向

美国管理学家贝雷尔森和斯坦尼尔认为，“激励”是人类活动的一种内心状态，一切内心要争取的条件、希望、愿望、动力等都构成了对人的激励。[1]辞典上将“激励”解释为：利用个体对特定目标追求的心理，为之提供获得它的良好机会，即用诱因来诱发和激起有目标指向的行为。[2]具体来说，每个人都是有道德需要的，这是一种与物质需要同等重要的精神需要，在这种精神需要的支配下，个体会自觉参照与自身理想道德人格最相符的模范人物，采用模仿或效仿的方式，追求自身的道德目标，实现内心的道德需要。其中，对道德目标的追求就是“内心要争取的愿望”，是“对特定目标追求的心理”；以模范人物作为道德理想人格的参照就是所谓的“良好机会”。

道德模范的激励作用主要体现在每个个体对他人的道德评价和对自身的道德修养中，例如：个体在道德评价中是否将集体主义道德视为“善”的标准，在道德修养方面能否自觉地以集体主义道德原则来规范自己的道德行为。中华人民共和国的成立宣告着一个崭新社会的形成，也随之唤起了人们对权利和义务的新意识：表现在权利上，就是一种“婚恋自由”“择偶自主”的新意识；表现在义务上，则是一种“夫妇有义”“爱之大义”的新意识。正是这样的新意识构成了那个时期人们的道德需要，即“内心要争取的愿望”，而将新意识转化为实践的道德模范们则为社会大众提供了一个实现道德需要的“良好机会”，使人们在追求权利和承担义务的过程中，能够以道德模范为榜样，以集体主义道德原则为指导去进行道德评价和道德修养。

（一）在权利上的激励作用

事实上，在1949年以前，人们几乎没有恋爱自由。直至中华人民共和国成立，恋爱之门才得以打开，当时的人们开始迸发出自由恋爱的梦想。1950年《婚姻法》的颁布，使自由恋爱的梦想成为现实，为广大人民群众争取自

---

[1] 小詹姆斯·H. 唐纳利，詹姆斯·L. 吉布森，约翰·M. 伊凡赛维奇. 管理学基础——职能·行为·模型［M］. 北京：中国人民大学出版社，1982：195.

[2] 李燕杰，施宗恕，王殿卿，等. 德育辞典［M］. 武汉：湖北辞书出版社，1987：589.

由婚恋、男女平等提供了法律武器。随着“恋爱自由”“婚姻自主”的观念深入人心，人们逐渐有了择偶的自主意识，选择什么样的配偶，人人都有自己的择偶观。并且从择偶观中，可以看出人们对他人的道德评价。虽然青年男女的择偶观不尽相同，但是在一个时代中反映出的社会主导道德的择偶标准却是相对固定的，在千差万别中仍然有时代的主旋律，特别是在道德模范的激励作用下，人们的择偶标准也自觉地向道德模范身上所具有的特点靠拢。因此，当时人们的择偶标准主要可以概括为三个方面，即政治面貌、思想品质以及劳动态度：在政治面貌上，不是党员也要是团员；在思想品质上，要关心集体、爱护他人，对爱人、家庭、社会都具有高度的责任感；在劳动态度上，要积极热情、要求上进，把为人民服务当作自己生活中最大的乐趣，在学习、工作、生活中都服从于革命利益。这样的择偶标准其实就是人们内心对“善”的诠释，是得到当时人们积极的、正面的道德评价的具体要求。正是在这样的择偶标准影响下，共产党员、解放军战士、劳动模范、工作积极分子等成为当时的择偶焦点。以解放军战士为例，那个时代是个充满革命光环的时代，在爱国主义、集体主义、英雄主义的教育下，在诸多道德模范英雄事迹的激励作用下，人们自然而然地将解放军看作胜利的符号。

但是到了“文革”时期，择偶标准的政治化现象严重，可以说是典型的“政治本位”。这一时期，青年择偶首先要考虑对方的“阶级出身”，家庭有无“政治历史问题”，带有浓厚的“政治色彩”和“阶级色彩”。那是强调“根正苗红”，出身越穷越光荣的时代，贫下中农之类的出身是一个颇有分量的条件，它至少可以提供一个较为可靠的政治背景，以保证在飘忽不定的政治风云中不会使家庭出现较大动荡。

（二）在义务上的激励作用

马克思、恩格斯说：“每日都在重新生产自己生命的人们开始生产另外一些人，即增殖。这就是夫妻之间的关系，父母和子女之间的关系，也就是家庭。”❶ 婚姻是社会为孩子们确定父母的手段，男女相约共同担负抚育他们所生孩子的责任就是婚姻。夫妇一方面共同享受生活的乐趣，另一方面又共同

❶ 马克思恩格斯选集（第1卷）［M］. 北京：人民出版社，1972：33.

经营一件极其基本而又重要的事业，那就是抚育后代；若不能两全其美，多数选择牺牲前者以成全后者。因此，这个时期的家庭功能观主要体现为“家庭本位”的思想，强调个体要服从家庭整体利益。人们普遍接受的是“夫妇有义”，而并不完全是“夫妇有爱”，为了义可以牺牲个人幸福，家庭中即使没有了情爱，还有更多的责任和义务来延续它的存在。在那一时期，少有人因为服从家庭整体利益、牺牲个人幸福而被评选为道德模范，因为家与国相比还是微不足道的。但是那些为了国家利益不顾个人安危的道德模范，他们身上所具有的集体主义精神其实足以激励社会大众形成“为家舍己”的道德责任感，因此对人们的家庭道德同样产生了不小的影响。

到了“文革”时期，人们的恋爱婚姻、家庭生活这类私人化的行为已经被人为地社会化和政治化了，社会试图对人们之间的这类交往活动加以政治限制，并进行“无产阶级革命”。在婚恋问题上，社会意识形态所倡导的婚恋观具有极强的禁欲主义色彩，它将宋明理学时期盛行的“存天理、灭人欲”“从一而终”的观念在社会上重新演化，导致大多数青年将爱情视为洪水猛兽，羞于启齿，只能用革命感情和同志关系来重新界定爱情和婚姻关系的内涵，并用前者作为后者的唯一基础，否则便不能建立正确的、纯洁的、革命的婚恋观。当时的革命样板戏就是很典型的说明，样板戏中的爱情是缺失的，其中的英雄人物多数是没有家庭、孤身奋战的“严肃”形象，即使有爱情，也只能是维持同志关系，要讲爱就是阶级爱，要谈情就是无产阶级感情。

四、启示

综上所述，道德模范在改革开放前发挥着重要的历史作用。无论是在集体主义道德行为中的导向作用，在集体主义道德教育中的示范作用，还是在集体主义道德评价以及道德修养中的激励作用，都是十分明显的，其中存在诸多值得借鉴的地方。

（一）道德模范的导向作用启示

道德模范的导向作用得以发挥的首要条件是道德实践主体对道德模范特别是其道德行为存在基本的认知。倘若存在个别的道德实践主体，在对道德模范及其道德行为丝毫不知的情况下，即使做出集体主义道德实践行为，无论得到的是善评，还是恶评，都与道德模范无关。此种情况下，道德模范对个别主体而言并没有发挥其导向作用。另外，道德实践主体对道德模范所导向的道德原则的理解，也会深深影响其对道德模范的基本认知。道理很简单，倘若实践主体在对集体主义道德原则的认知上存在误解，将会直接影响他们对道德模范所做出的道德行为的理解，甚至怀疑道德模范的评选标准是否公正；反之，将有助于实践主体透过道德模范的道德行为感知其所遵循的道德原则，在此基础上做出的道德认同或批判将会更加理性。

道德模范在改革开放前的导向作用广泛，这与社会大众对道德模范和共产主义道德原则的高认知度是分不开的。在高认知度的前提下，道德模范通过其个人或团体身上所具有的高尚的集体主义道德精神，感召和引导社会大众在社会主义改造和建设时期能够自觉投入到集体主义道德实践中来，从而对国家的政治领域、经济领域和文化领域都产生了深远的影响。

当下为了促进道德模范更好地发挥其积极方面的引导作用、减少负面引导所带来的损失，一方面要求道德实践主体提高其对道德模范以及道德原则的科学认知度，另一方面要求道德实践主体在道德模范的引领下，也要能够做到具体问题具体分析。首先，对于提高道德模范及其道德行为的认知度，可以通过壮大道德模范群体、扩大德育范围、加大宣传力度等手段，提高其社会影响力。其次，对于道德原则的科学认知，属于常识性认知，道德实践主体应该持有客观、公正的认知态度和追求真理、实事求是的理性精神去主动探索其科学内涵；同时可以借助新媒体的传播，纠正道德实践主体对社会主义道德原则存在的诸多误解，提高其对道德原则的科学认知度。最后还要做到具体问题具体分析。所谓具体问题具体分析，就是要求道德实践主体避免盲目效仿道德榜样的言行举止，化被动引领为主动学习与追随，在掌握社会主义道德原则的基本内容的基础上，能够将其灵活运用，而不是生搬硬套个别语句，或是对其进行断章取义的理解与应用。虽然道德模范的道德行为在多数情况下是符合社会主义道德原则的，但是历史教训告诉我们，盲目跟随他人的指引是不可取甚至是危险的，必须进行理性的分析。毕竟我国社会主义道德实践的主体是每一位社会大众，其主体地位正是体现在主动学习道德模范、科学理解道德原则并将其灵活运用于道德实践这三个方面当中。

（二）道德模范的示范作用启示

道德模范的示范作用强弱，在很大程度上取决于道德实践主体对其的价值认同程度。基本认知是价值认同的基础，有助于价值的认同，价值认同是基本认知的升华，二者是相辅相成的关系。具体来说，社会大众通过对道德模范的相关认知、对道德原则的科学认知，可以更加客观公正地对道德模范的道德行为进行评价，通过对道德模范的道德行为进行分析，可以直接或间接地了解道德模范的价值取向，进而对其价值取向进行评价。如果社会大众认同道德模范的价值取向，就会自然转换成为自己的价值取向，对进一步的集体主义道德实践起到一定的反作用；倘若不认同道德模范的价值取向，则其道德实践很可能与道德模范的道德行为有所出入，相应地，道德模范的示范作用效果也就较弱、较差。

道德模范在改革开放前得到了社会大众广泛的价值认同，直接推动其在集体主义道德教育中发挥着显著的示范作用。无论在文化作品中道德模范是以其真实形象还是虚拟形象出现，其本身的道德感染力在文化作品的渲染下都显得更加耀眼夺目，进而使社会大众积极投身于集体主义道德实践当中，产生了强烈的教化作用。但是，样板戏中的英雄形象存在抽象、夸张、神化的现象，严重脱离了现实生活，所提倡的道德观也明显超出了与当时物质生产力相适应的道德水准。

因此当下在促进道德模范发挥其示范作用时，一方面应该避免神化倾向，做到实事求是。这首先要求在道德教育过程中，教育内容的真实可靠性。保证教育内容的真实可靠，必须尊重事实、还原真相，避免不切实际地引用事例论证个人观点，或是为了达到说教的目的而言过其实。只有做到实事求是，才能够让道德实践主体信服，才会进一步促进道德实践主体的知行转化。马克思、恩格斯就十分重视以事实为基础的模范教育，在他们看来，任何思想观念都不可能直接进入教育对象的脑海，需要借助一定的手法和形式，其中最好的形式就是以事实为基础，方能达到教育者宣传和教育的目的。[1] 另一方面，在道德教育过程中必须慎重选择道德模范。由于道德模范的价值取向代

---

[1] 马克思恩格斯全集（第9卷）［M］. 北京：人民出版社，1995：37.

表的不仅是道德模范个人的价值偏好，而是我们国家的核心价值所在，因此国家认定的道德模范必须具有代表性，其所引导的道德内容必须与我国核心价值体系相吻合、与我国国情相适应。否则，将不恰当的道德个体作为道德示范者加以道德教育，容易导致道德实践相关主体受到精神伤害和物质损失，降低社会大众对道德模范的认同度，阻碍道德模范示范作用的发挥。不仅如此，长此以往还会使道德模范群体的道德魅力指数下降，弱化道德模范群体对社会大众道德意识的感染力和道德行为的吸引力，使道德模范的整体示范作用大打折扣。如此下去，必然导致我国社会主义道德实践的发展受阻。

（三）道德模范的激励作用启示

道德模范的激励作用主要体现在其对社会大众道德修养的影响上，而激励作用效果最终取决于道德实践主体的知行转化情况。社会大众在未形成集体主义道德信仰的前提下，仅对道德模范及其道德行为存在道德认知和价值认同，未必能够转化成相应的道德实践，相反，社会大众往往会由于道德成本过高、道德约束较低等原因而放弃积极的集体主义道德实践，使知与行发生断裂。因此，无论是道德认知还是价值认同，都是为转化为相应的集体主义道德实践服务的。社会大众在道德模范的影响下进行积极的集体主义道德实践，才是道德模范在集体主义道德实践中发挥作用的最终表现。

道德模范在改革开放前对社会大众集体主义道德评价和道德修养的激励作用可以说是深刻的。其激励作用在权利上表现为以集体主义道德为准则，对婚恋对象进行道德评价并进行自主选择，在义务上表现为以集体主义道德为自我修养的目标，在家庭中，甚至是在社会中、国家中自觉承担起自己应尽的责任和义务，这都使得改革开放前人们的婚姻家庭的稳定性相对较强。但是，“文革”时期所倡导的婚恋观和家庭道德，即使在道德模范的激励作用下，也没有实现“纯洁化”，相反却造成了人们婚恋观念与行为功利化指数上升。[1]

当下在促进道德模范发挥其激励作用时，不需要将研究重点放在如何消解政治化倾向等相关问题上，而应该将注意力投放在如何促使道德实践主体

[1] 袁熹．论“文革”对婚姻的政治干预［J］．妇女研究论丛，1993（4）：49-52.

做到知行合一。要实现知行之间的顺利转化，一方面在集体主义道德评价中，应该避免以个人利益损失程度作为道德层次高低的评价标准。以道德模范的评选标准为例，在利他的前提下，似乎个人利益损失程度越大，越容易被评选为较高级别的道德模范称号。因此在进行道德评价时，应该将评价依据重点放在对他人利益的贡献程度上，平等对待那些兼顾个人利益的行善者。另一方面，不要让社会大众对道德模范产生固定的、可望而不可即的印象，以致对积极的道德实践望而生畏。这就要求道德模范的选举具有更广泛的代表性，不仅有高层次道德行为的模范代表，也要增添那些能够始终坚守基本道德规范的模范代表，让道德模范既能够发挥传统道德要求下的高层次道德激励作用，又可以发挥时代道德要求下基础层次的道德激励作用，实现同时发挥不同层次道德激励作用的局面，这也是对道德实践主体所具有的道德层次差异性规律的尊重。

（本文发表于《新疆社科论坛》2020 年第 1 期，收入本书时有修改）

习近平文化思想视域下高校校园文化建设的思考
——以北京某市属高校为例

张利敏*

摘　要：高校校园文化作为中国特色社会主义文化的重要组成部分，有一定的特殊性。本文介绍了构建高校校园文化体系的基本思路，高校校园文化可分为物质文化、制度文化、精神文化三个层次，并形成以精神文化为深层文化、制度文化为中层文化、物质文化为表层文化的同心圆结构，在此基础上介绍了北京某市属高校校园文化体系构建过程中的实践。

关键词：高校；校园文化构建；实践

一、文化自信与高校校园文化

2023年全国宣传思想文化工作会议正式提出并系统阐述了习近平文化思想，为我们在新时代继续推动文化繁荣、建设文化强国、建设中华民族现代文明提供科学行动指南，为增强四个自信，特别是文化自信指明了方向。❶ 文化自信是一个国家、一个民族发展中更基本、更深沉、更持久的力量。坚定中国特色社会主义道路自信、理论自信、制度自信，说到底是要坚定文化自

* 张利敏，1982年生，河北邯郸人，硕士研究生，副教授、高级政工师。北京石油化工学院致远学院组织员、辅导员，研究方向为大学生思想政治教育及高校党建。

❶ 杨卫军，徐李平．习近平文化思想的六个维度．[EB/OL]．[2024-07-01]．http：//www.qstheory.cn/2023-11/21/c_ 1129985476.htm.

信。文化自信，是一个国家、一个民族、一个政党对自身文化价值的充分肯定，对自身文化生命力的坚定信念。当今社会，随着经济全球化的发展，各种文化之间的碰撞与交流在所难免，我们的文化受到西方意识形态和文化的冲击，也受到全球各种非马克思主义思想的挑战和影响。文化自信，不仅是个人发展的需要，也是我们实现中华民族伟大复兴的内在力量源泉。

广义的文化是指人类发展过程中所创造的物质财富与精神财富的总和，因而文化包含物质文化与精神文化。而狭义的文化则主要指精神文化。精神文化，是指属于精神、思想、观念范畴的文化，是代表一定民族的特点，反映其理论思维水平的思维方式、价值取向、伦理观念、心理状态、理想人格、审美情趣等精神成果的总和。❶ 高校校园文化作为中国特色社会主义文化的重要组成部分，为青年一代的成长成才提供了优质的土壤，不仅能够教育在校大学生，其良好的文化氛围和影响力还能够延展到全社会。大学生是社会主义制度的受益者，更应该是社会主义建设的实践者，应当以对国家和人民高度负责任的精神，进一步增强责任感、使命感，成为社会主义文化自信建设的中坚力量，为增强我国文化软实力，实现中华民族百年来的文化强国梦想作出贡献。

由此可见，高校校园文化是高校校园物质文化和高校校园精神文化的总和，但高校校园文化主要还是指高校校园精神文化，当然，也包含一定的校园物质文化的内容。❷ 高校校园文化作为社会主义文化的重要组成部分，有一定的特殊性。一方面，高校校园文化有特殊的载体，即高校校园，大部分的活动及校园文化的形成，依托这个载体，因此，既有集中表现的便利性，也有空间限制的局限性。另一方面，有特殊的主体，即大学生、教师、管理者，可以说他们也是创造高校校园文化的人，没有这些主体，高校校园文化就无从谈起。

高校是文化创造和传播的重要阵地，也是坚定大学生文化的前沿阵地，因此必须将文化自信作为思想政治教育的重要任务，教育大学生在弘扬中华优秀传统文化、革命文化、社会主义先进文化的过程中，坚定文化自信。❸ 笔

---

❶ 曾丽雅．关于建构中华民族当代精神文化的思考［J］．江西社会科学，2002（10）：83-88.

❷ 侯长林．高校校园文化的理论研究［J］．中国高等教育，2013（23）：23-25.

❸ 李博．坚定文化自信是高等教育的重要任务［N］．人民日报，2016-11-18.

者认为，必须以文化自信的高度，来指导高校校园文化体系的构建，把增强大学生文化自信作为高校校园文化体系构建的衡量指标，才能为社会主义中国培养出合格的建设者和接班人。❶

二、构建高校校园文化体系的基本思路

高校校园文化层次结构是最基本的，也是被广泛采用的分类，可分为物质文化、制度文化、精神文化三个层次，并形成以精神文化为深层文化、制度文化为中层文化、物质文化为表层文化的同心圆结构。这三个层次，比较全面地将高校校园文化进行了一个宏观的区分，构建高校校园文化体系，可以以此为切入点，通过高校校园文化体系的构建原则、构建目标和工作内容来分别加以思考。

1. 高校校园文化体系构建原则

高校校园文化体系构建应该遵循针对性原则、标准化原则及可延伸的原则来开展，具体如下：

（1）针对性原则。通过对文化内涵的梳理，结合高校校园文化的特点，设置合理的内容，使该体系为高校校园文化体系建设服务，并指导高校校园文化体系的构建。

（2）标准化原则。文化体系中所选取的文化因子应具有一定的准则或指标；有共性的原则和标准，在不同的高校校园可以差异化地实现这些标准下的内容，以实现高校校园文化体系构建，指向相对而言比较明确。

（3）可延伸原则。所构建的高校校园文化体系结合学校建设和发展的不同层面，结合学校的中长期规划进行演绎，能在内容上加以详细的解释，并且能够落实。

2. 高校校园文化体系构建目标

高校校园文化体系构建具有针对性的目标，以文化层次构成为依据，具体包括物质文化层面、制度文化层面和精神文化层面。

（1）物质文化层面。在高校校园里保护具有历史文化价值的空间和实体，

---

❶ 丁凯，姜林宏．坚持党对高校全面领导，落实立德树人根本任务［N］．光明日报，2023-05-22.

如传统建筑、传统雕塑、校史展示、全景沙盘等；结合学校的规划和发展，创造具有文化内涵的新空间和实体，突出学校特色，彰显校园文化的精髓。

（2）制度文化层面。坚持思想引领，在正确的理论指导下，以改革创新的精神，不断完善具有中国特色的社会主义现代大学制度，加强本单位各项规章制度的建设，最终在宏观层面形成党委领导、校长负责、民主管理、教授治学的管理体制，在微观层面形成以学生为本的制度体系，实现日常管理有制度可依的良好局面。

（3）精神文化层面。坚持把握政治导向、思想导向、价值导向，营造风清气正的氛围，将以爱国主义为核心的民族精神、以改革创新为核心的时代精神融入日常思想政治教育中，帮助师生形成良好的人生观、世界观和价值观；在各项活动中融入历史传统、人文素养和科学精神，普遍开展道德教育，实现以文化人、以文育人。

3. 高校校园文化体系构建的工作内容

高校校园文化体系是用于指导高校校园文化建设的，因此必须反映具体体现高校校园文化建设的内容，因此涵盖：（1）传统空间和实体的保护和创造，并在此基础上可以进一步细分，注重传统建筑、传统雕塑、校史展示、全景沙盘、新建筑、新景点、校园风景等基础设施的保护和发展；（2）现代大学制度和管理体制，并在此基础上进行多维度、全方位的细化，如分别从“学校—院系”“教师—学生”等维度全方位推进学校治理的规范化和法治化，形成富有效率、有利于科学发展的管理体制和运行机制；（3）构建以文化人、以文育人的良好精神文化氛围，如开展相关学科竞赛、形成优良的传统；开展备受欢迎的品牌活动，并做好品牌的宣传和推广；组织好各种大型活动，增强仪式感和归属感；不断创新活动形式和内容，与时俱进（如表1所示）。

表1　构建高校园文化体系构建

文化层次	构建目标	工作内容
物质文化	保护具有历史文化价值的空间和实体；创造具有文化内涵的新空间和实体	在传统建筑、传统雕塑、校史展示、全景沙盘、新建筑、新景点、校园风景等基础设施和环境保护和发展上，做好顶层设计；做好校园内部教育场地建设

续表

文化层次	构建目标	工作内容
制度文化	不断完善具有中国特色的社会主义现代大学制度；形成党委领导、校长负责、民主管理、教授治学的管理体制	围绕学校发展目标定位，分别从“学校—院系”“教师—学生”等维度全方位推进学校治理的规范化和法治化，形成富有效率、有利于科学发展的管理体制和运行机制
精神文化	把握政治导向、思想导向、价值导向，营造风清气正的氛围；融入历史传统、人文素养和科学精神，实现以文化人、以文育人	开展相关学科竞赛、形成优良的传统；开展备受欢迎的品牌活动，并做好品牌的宣传和推广；组织好各种大型活动，增强仪式感和归属感；不断创新活动形式和内容，与时俱进

三、高校校园文化体系构建的实践——以北京某市属高校为例

北京某市属高校在学校校园文化建设方面，不断在物质文化、制度文化、精神文化三个维度上下功夫，不断建设美丽校园，营造良好育人环境，不断加快机制创新，建设现代大学制度，不断培育文化品牌，创造以文化人氛围，收到了良好效果。

1. 建设美丽校园，营造良好育人环境

北京某市属高校在校党委的领导下，进一步完善三个校区一体化建设，依据康庄和燕山校区的功能定位，在与清源校区互联互通、风格风貌等方面加强建设，完成风格独特、协调一致、功能兼顾的建筑设计，如乙烯形状的主教学楼、图书形状的图书馆，色调都是统一的石油色，彰显了学校的特色。在此基础上，在学校相应位置有“奋斗”“精神柱”“闵恩泽铜像”“超越”等雕塑，又设计了“溪塘”“康庄湖”“樱花园”“朗园”等有特色的园林。完善工程师教育等主题展览，加强了基础设施改造，筹建了校史馆，优化了校园景观布局，建成美丽校园，营造了良好的育人环境。

2. 加快机制创新，建设现代大学制度

该校致力于深化学校综合改革，建立健全现代大学制度，努力破除影响学校转型发展的体制机制障碍，激发广大师生投入学校建设发展的内在动力。坚持依法治校，依据学校章程，全面推进学校治理规范化和法治化，提高管

理科学化水平。坚持和完善党委领导下的校长负责制，不断完善议事规则，科学决策强化落实。探索校园两级管理体制改革，推进信息公开，强化民主管理与监督，建立健全学术组织、不断创新校园公共服务管理机制、运行机制，完善校园公共服务管理制度，细化校园公共服务标准，优化校园公共服务流程。

3. 培育文化品牌，创造以文化人氛围

学校坚持用积极向上的主流文化占领校园文化建设的主阵地，大力开展各级各类学生学习竞赛、学生科技创新活动、鼓励师生开展多种形式的学术讲座与交流，营造浓厚的学术校园氛围，进一步凝练校训、校歌和学校精神，完成充分体现学校特色的形象识别系统设计。大力宣传师德楷模和优秀师生事迹，加强对学校的日常教育和引导，营造良好的育人环境。加强学校档案建设，启动年鉴编写、校史编写等。在学生欢迎的文化品牌培育方面，学校坚持办好“书记座谈会”“校长有约”“石化促膝会”等活动，促进学校与师生零距离接触，交流更加通畅；坚持举办“致远大讲堂”“名师讲堂”“康庄名家讲坛”等品牌活动，营造浓郁的人文校园氛围。精心组织学生开展开学典礼、毕业典礼、表彰大会、新生晚会、毕业晚会，实现校园文化“月月有主题，一年不断线”，不断培育新的文化品牌，把学校精神和文化融入多样的师生活动中。

四、结语

本文介绍了构建高校校园文化体系的工作原则、工作标准和工作内容，以文化层次结构的细分为前提，将高校校园文化体系的构建目标和工作内容进一步细化，初步构建了高校校园文化体系的框架，因此框架本身具有针对性和可操作性。在此基础上，以北京某市属高校几项校园文化体系构建为实例，探索了操作层面的部分成果，其中很多做法虽不能一一详解，但是有很强的借鉴性。然而，高校校园文化体系应该是一个动态体系，根据学校的不同、时代的不同，应该有所变化并加以调整。

论网络对学生文化自信的机遇和挑战

闫新华　高德文*

摘　要：在网络时代之下，人们的生活方式以及思维模式产生了较大的变化，这一现实情况导致我国在对学生进行文化自信建立的过程之中面临诸多的困难和障碍。作为中国特色社会主义道路建设之中的重要基础，文化自信对推动国家综合实力的提升有着关键的作用以及价值，结合相关的实践调查可以看出，在网络时代，各种数字化以及多媒体技术的运用为中国特色社会主义文化自信带来了更多的发展机遇以及挑战，本文结合“互联网+”时代之下我国文化自信树立的实际情况，积极分析网络对学生文化自信的机遇以及挑战。

关键词：互联网；学生；文化自信；机遇；挑战

一、网络时代

2015年的政府工作报告中提出了“互联网+”这一重要的概念，在“互联网+”以及网络化时代，不同的行业在运作时实际的操作模式以及运作方式产生了较大的变化，互联网开始与各种传统行业进行紧密结合，在这样的社会经济发展状态之下，人们的思维模式以及行为方式产生了许多的变化。网络时代的到来催生了“互联网+”，“互联网+”是指传统企业在网络技术基础

* 闫新华，男，理学博士，北京石油化工学院信息工程学院讲师，主要研究方向为大学生思想政治教育。高德文，男，硕士，北京石油化工学院数理系副教授，主要研究方向为大学生党建。

上的延伸，其并非是指互联网与传统行业的简单相加，而是深度的融合和共通，互联网平台以及信息技术、大数据技术、云计算技术是两者相融合的技术基础和保障。随着我国综合实力的不断提升，“互联网+”在我国有了更快的发展，新的生态发展模式不断涌现，各行各业开始突破各自的局限，通过深度的融合以及各类信息技术和平台的运用实现创新驱动以及发展模式的重塑，学术界以及理论界在对这种经济发展形态进行分析时提出，开放生态、连接一切、重塑结构、创新驱动、尊重人性以及跨界融合是“互联网+”时代以及网络时代最大的特征。

由此可以看出，在网络时代之下，经济发展模式、发展理念、人的行为模式、思维模式产生了较大的变化，这种大的社会背景环境也会影响学生文化自信的树立。

二、中国特色社会主义文化自信

在中国共产党成立95周年大会上，习近平总书记明确提出：坚持中国特色社会主义道路自信、理论自信、制度自信、文化自信。只有真正地实现文化自信，才能够为我国在政治、经济、文化以及制度建设的过程之中奠定坚实的智力因素。对于一个民族国家以及政党自身的发展来说，必须要将文化自信作为实现自身文化价值的基本态度，不断地提升文化自信的生命力，坚持并坚信文化自信对自身发展以及建设的重要性以及价值，以此作为中国特色社会主义文化英勇顽强的生命力以及强大的根基。首先，中国特色社会主义文化与中华民族传统文化一脉相承，两者相辅相成，共同促进，只有真正地继承我国的优秀传统文化，并承接以中华民族文化为核心的基本精神基因，才能保障我国在激烈的社会竞争之中获得更多的优势。其次，中国特色社会主义文化以马克思主义为指导思想，真正地为人类解放以及社会进步的推进奠定坚实的文化基础以及先进的思想基础。最后，中国特色社会主义文化与我国的社会主义实践经验相契合。

三、网络时代与树立文化自信的机遇

在当今社会，我国的社会主义文化建设是文化自信的核心以及精神，只有真正地实现文化自信，才能够为道路自信、理论自信及制度自信奠定坚实的先决条件以及理论基础，在互联网时代，我国学生的文化自信树立面临着诸多的机遇。

（一）网络时代为学生文化自信的树立营造了良好的环境

文化自信不仅涉及许多人为因素，更带有一定的历史文化内涵，通过对历史纵向发展以及时代横向发展的比较分析可以看出我国文化自信发展的具体情况。在网络化时代之中，中国特色社会主义文化自信必须要以时代潮流为立足点和核心，通过对我国民族历史的辩证分析来了解世界历史以及历史规律，共产主义信念需要以全体中国人民自觉行动为主题和核心，积极地抵制各种错误思想所带来的负面影响，在这样的情况之下，学生文化自信的树立也需要以把握时代潮流为前提，深入分析共产主义运动的发展阶段，着眼于全球社会主义事业发展的必然要求，通过对学生的积极引导以及教育来保障其真正地树立一定的文化自信。

（二）网络时代对学生的文化自信提出了更高的要求

文化自信对一个国家、民族以及政党的发展有着重要的作用及价值，文化自信的树立涉及许多内容，在树立文化自信的过程中不能够自娱自乐、孤芳自赏，而是需要真正地站在宏观发展的角度，具体地分析文化自信树立的具体要求。要通过与其他民族之间的比较来凸显自身的优势，客观地呈现自身所存在的各类不足。网络时代中，只有真正地坚持具有中国特色社会主义的文化自信才能够保障我国在进行教育改革以及制度革新的过程之中真正地为国家的经济建设以及文化建设作出应有的贡献以及价值。

由此可以看出，网络时代对学生的文化自信树立提出了更高的要求，学校以及社会各界必须要在更加开放的环境中积极地应对纷繁复杂的外部环境，以弘扬我国的优秀传统文化为立足点和核心，坚持中国特色社会主义文化自信，保证学生能够实现个人的长远发展。

（三）网络时代为学生文化自信的树立提供了更多的机会

学生文化自信的树立对提高国家的凝聚力、团结各民族有着重要的作用。

我国是一个多民族国家，人口基数大，人口总量多，因此在推动国家经济建设的过程中除了需要积极提高经济总体实力，更应该关注民族团结和民族文化繁荣，以树立文化自信为立足点，通过弘扬我国的优秀传统文化来为国家的软实力提升奠定坚实的基础。

一直以来，我国十分注重文化建设和文化繁荣，通过不断地宣传以及教育，将优秀文化、经典著作融入现有的教育体制之中，通过这种形式来更好地落实国民素质教育工作以及文化宣传工作，让社会公众能够对我国的优秀传统文化有一个更加深入的认识和理解，这一点也能有效地促进我国文化自信的树立。

但是，结合本文的实践调查以及资料分析可以看出这种传统的学生文化自信的树立方式所取得的效果不容乐观。长期的应试教育导致许多教师在实践教学的过程中只注重文化内容的单方面灌输，没有站在学生的角度了解学生的真实需求，忽略了学生的学习能力分析以及学习结果的评价，许多学生在课堂上经常开小差，学习的积极性不足。网络时代的到来则能很好地突破这一不足，教师可以积极利用各种网络平台以及多媒体教学设备、仪器来对学生进行引导，通过播放视频、音频，展示图片的形式来对学生的多个感官进行全方位的刺激，真正地吸引学生的注意力，调动学生的学习热情。另外，对于一些主动性比较强、学习能力较好的学生来说，其可以通过浏览不同的文化资讯网站来加深对我国优秀传统文化的理解以及认识。因此，网络时代的到来为学生文化自信的树立提供了更多的机会，对学生个人的发展以及我国的文化建设有着重要的作用和价值。

四、网络时代树立文化自信的挑战

不可否认，网络时代的到来为文化自信的树立提供了更多的机遇以及平台，但是如果站在更加宏观的角度进行分析，那么可以看出，在网络时代，只有真正地考虑各类影响因素才能够充分发挥网络的作用以及价值，针对性地提出相应的解决对策，才能为学生文化自信的树立奠定更加坚实的外部基础。

（一）适应网络时代的传播，共享模式的变革

网络时代的传播模式以及传播内容产生着较大的变化，其中传播的速度变得越来越快，传播的范围越来越广，各种信息资源开始突破时间和空间的限制，在更广阔的范围内进行传播以及共享，在这样的社会背景之下，各种外来文化纷纷涌入我国，对我国的特色社会主义文化建设造成了诸多影响。

对此我国必须要积极地传承优秀的传统文化，不断地适应时代发展的变革以及相关的历史文化要求。作为一个有着五千年悠久历史的文明古国，我国有着许多优秀传统文化。因此，在推动国家经济建设以及引导学生树立文化自信的过程之中，我国必须要坚持中国特色社会主义文化自信，以适应时代发展的需求为立足点和核心，不断实现中华民族优秀传统文化的创造性转化。在学生文化自信建立的过程之中，学校以及社会各界需要主动继承优秀的传统文化，积极推动优秀文化的发展以及创造，将其转化为我国优秀文化之中的重要组成部分，真正为我国文化的弘扬以及发展增添更多的动力。此外，在马克思主义中国化的过程中也需要以学生文化自信的树立为立足点和根基，积极创新，从而为世界历史的发展以及世界文化的繁荣作出更多贡献。

（二）坚持中国特色社会主义文化自信

网络时代以创新发展为立足点和根基，在这样的社会背景之下，必须要以中国特色社会主义文化自信为立足点和根基，不断进行创新和创造，立足于文化自信在时代变化之下的具体情况进行有效的创新，真正地站在辩证发展的角度看待我国特色社会主义文化事业，积极弘扬并传播具有我国特色的社会主义文化，只有这样才能够保证我国在学生文化自信树立的过程之中，真正理解中国特色社会主义文化自信的内涵以及核心。

另外，只有以中国特色社会主义文化为前提和核心，站在更加宏观的角度，以辩证发展的眼光看待中国传统文化之中的不同组成部分，以取其精华，弃其糟粕为工作的重点和核心，才能在学习外来文化以及树立文化自信的过程之中真正能做到取长补短，充分发挥自身的优势以及作用，为国家的经济建设，文化建设以及制度建设作出应有的贡献。

（三）学生文化自信的内容产生了较大变化

随着我国综合实力的不断提升，我国的科学技术水平有了极大的改善，在“互联网+”时代之下的生活及生产方式与传统有着较大的区别，因此在树立学生文化自信的过程之中必须要以时代发展的需求为立足点和根基，了解学生文化自信建立的相关要求。

如果站在更加微观的角度进行分析，那么可以看出，网络时代之下学生接触的内容以碎片化的信息为主，尽管这些信息能够保障信息数量的充足性，但是对于学生个人的学习以及文化自信的树立来说有着许多的不利影响，因为碎片化的传播方式对个人的逻辑思维有着一定的挑战，也会直接影响个人后期的发展，学校以及社会各界需要积极地关注这一社会变化。

五、结语

结合上文的相关分析可以看出，在推动中国特色社会主义文化事业建设的过程之中，我国必须要以中国特色社会主义文化自信为立足点和核心，结合我国目前学生文化自信建立的实际情况，通过对网络时代中学生文化自信所面临的机遇以及挑战的深入分析来采取针对性的解决对策，充分利用网络时代之中的各种优势，通过发挥各种先进技术的作用以及价值来保障我国在新世纪之下，真正地推动学生文化自信的树立，只有这样才能够保证我国在激烈的市场竞争以及国际化竞争中充分地发挥自身的优势，拥有一定的国际地位。

（本文发表于《文化创新比较研究》2019 年第 5 期，收入本书时有修改）

大学生实践成果撷芳集萃

北京大兴国际机场拆迁村落非遗保护与传承的社会调查报告

——兼论非遗与红色文化的融合*

刘宇思　刘　文　李铭睿　金晓琛　侯　宇　王禹中**

（指导教师：李淑敏）

摘　要：北京大兴国际机场建设过程中，传统村落的拆迁使得相关非物质文化遗产的保护与传承环境发生着重大变化。为了更好地了解非遗文化内涵及其保护与传承现状，项目组通过多种调查方式进行研究与探讨，并针对非遗保护中的痛点从政府部门、相关保护机构和社会三方面提出了对策与建议，以期对非遗的保护与传承提供一定的借鉴意义。

关键词：北京大兴国际机场；拆迁村落；非物质文化遗产；红色文化

北京大兴国际机场位于北京市大兴区礼贤镇、榆垡镇与河北省廊坊市广阳区之间，于 2015 年 2 月启动建设。北京大兴国际机场的建设与发展不仅深刻影响着大兴区的经济发展态势，而且对周围村落的非物质文化遗产和其中

---

* 本文为北京市教委社科项目“文化生态视角下北京新机场拆迁村落非物质文化遗产的保护与传承研究”（项目编号：SM201910017001），北京市大学生科学研究与创业行动计划项目“北京大兴国际机场拆迁村落非物质文化遗产保护与传承的调研”（项目编号：2020J00135）的研究成果，曾获第十一届“挑战杯”首都大学生课外学术科技作品竞赛“红色实践”专项赛三等奖。

** 刘宇思，女，北京石油化工学院人文社科学院 2019 级本科生，中华女子学院管理学院 2023 级硕士研究生；刘文，女，北京石油化工学院人文社科学院 2019 级本科生；李铭睿，女，北京石油化工学院人文社科学院 2020 级本科生；金晓琛，女，北京石油化工学院人文社科学院 2020 级本科生；侯宇，男，北京石油化工学院人文社科学院 2020 级本科生；王禹中，男，北京石油化工学院人文社科学院 2020 级本科生。

深蕴着的红色文化造成了深刻影响。

受北京大兴国际机场建设的拆迁影响，周围传统村落的文化生态发生变迁，为了更好地了解非遗文化内涵、保护与弘扬红色文化和红色精神，项目组通过多种调查方式进行了探讨与深刻的研究，从800余份问卷中整理出了非遗与红色文化的生存现状与影响因素，并从中总结出非物质文化遗产保护的一般规律，针对其痛点从政府部门、相关保护机构和社会三方面提出了对策与建议。

中国革命精神和红色文化作为一种深深植根于中华民族的独特文化，不仅能服务于今天的社会主义意识形态建设，更使红色文化成为凝聚人心的重要力量，成为人心所向。非物质文化遗产则作为一种历史积淀，深藏在各地各村落中，有着非同寻常的历史意义和文化价值。研究二者的融合，不仅能够促进各地非物质文化遗产和红色文化的传承与保护，为其提供借鉴，更有利于推动学术界对此问题的深入研究。

一、调查背景

随着北京大兴国际机场建设的推进，大兴区进入快速发展阶段，在带来巨大经济利益的同时，也伴随着现代化的冲击，其中蕴藏着的非物质文化遗产，不可避免地受到了现代文化的冲击。这种冲击带来传承和保护上的难点：内容跟不上时代，形式相对陈旧，保护力度不足，传承方面后继乏人。因此，对于非物质文化遗产的传承，尤其是对于其中的红色革命文化的发掘和保护就显得尤为重要，大兴区非物质文化遗产保护工作任重而道远。

截至2020年8月，北京市大兴区已拆迁39个村落，其中，礼贤镇拆迁村落15个，榆垡镇拆迁村落24个。河北省廊坊市广阳区拆迁村落4个。这些拆迁村落中深蕴着武吵子、诗赋弦、文吵子、高跷会、小车会、传统医药等代表性的非物质文化遗产项目。随着村落拆迁与非遗生态变迁，依存于非遗的红色文化与红色精神也面临着生存危机。非遗传承后继无人、故事讲述者也出现断层。如何使红色故事焕发生机，使红色文化与非遗文化更好地结合，正在成为亟待解决的难题。目前，政府与民间团体积极参与振兴红色文化、宣扬红色精神。大兴区文化馆积极开展红色文化挖掘活动，《我“河”你的红色故事》正式连载，《武吵子的传说》《把侵略者赶出中国》《守护国家非遗的民间艺人》等与非遗密切相关的红色故事也随着大力宣传逐渐为人所知。

非物质文化遗产保护工作从未停止。在拆迁前，大兴区便有序开展非物质文化遗产传承和保护工作，不断加强传承人队伍建设。尤其是在大兴区创城工作开始后，传播、传承传统文化也成了大兴区的一大亮点。大兴区立足于当地非物质文化遗产文化资源与红色文化资源，举办了以非物质文化遗产为主题的购物节、云端展示、进校园等活动，推动文化事业与产业不断发展，用展演、体验等方式，让非遗走进了千家万户，也让非遗文化得到了传承。其红色文化保护工作进展也可圈可点，大兴区政府部门积极落实非遗与红色文化保护政策。大兴区文化馆成立公众号，线上、线下同时开展宣传工作，整理发表关于非遗故事、红色故事的文章、报道，举办专家评审会、红色文化进校园、非遗与红色文化创意元素大赛等。

学术界关于拆迁村落的相关研究，大多是从政治、经济、法律角度对拆迁政策、拆迁补偿制度、拆迁安置治理以及拆迁矛盾的分析解决等相关方面进行研究，而较少关注拆迁村落文化遗产的保护、传承、发展以及伦理、文化重建问题。至于如何将非遗保护与红色文化传承相结合的相关文献报告也少之又少，学术界的相关研究多从红色文化或非遗单一的角度进行分析，缺少可借鉴的理论和成功案例。

综上所述，当前学术界对于拆迁村落非物质文化遗产的保护、传承与发展的研究未形成完整的理论体系。大兴区对于非遗保护与传承已采取相应措施，但仍存在一些保护不到位、政策无法落实的情况。

二、调查基本信息

（一）调查方式

本文以文化生态理论为学理依据，在 2019 年 11 月至 2021 年 1 月，运用文献研究、田野调查、访谈法、参与观察相结合的方法，在北京市大兴区文化馆、礼贤镇、榆垡镇以及河北省廊坊市广阳区相关部门和地区进行调研。针对北京大兴国际机场拆迁村落非物质文化遗产与红色文化的保护、传承与发展进行研究。

（二）调查内容

北京大兴区的拆迁村落孕育了诗赋弦、文吵子、高跷会等优秀的非物质文化遗产与动人的红色文化故事和红色文化精神。随着村落的拆迁，非物质文化遗产的文化生态发生着重大变迁，在新的文化生态中对非物质文化遗产和蕴含着的红色文化如何予以保护、传承、发展便显得至关重要。因此调查内容主要涉及调研对象的性别、年龄、文化程度、对于非物质文化遗产的态度和了解程度、关于非物质文化遗产活动的参与宣传情况、对非物质文化遗产在当代社会的价值的认知、关于拆迁村落非物质文化遗产的保护与传承的现状、拆迁对于本村镇非物质文化遗产保护与传承的影响、非物质文化遗产对于拆迁村落回迁社区文化建设的作用、对本村镇拆迁村落非物质文化遗产保护与传承的看法和建议、如何推动本村镇非物质文化遗产与红色文化的保护与传承等几类问题。

（三）调查范围

调查地为大兴区拆迁村落中蕴含非物质文化遗产的榆垡镇、礼贤镇及廊坊市广阳区。调查对象为拆迁村落从事文化管理和宣传的人员，非物质文化遗产传承人以及拆迁区的村民。其中，男性占比 34.09%，女性占比 65.91%；年龄层次 20～30 岁占比 31.82%，31～40 岁占比 18.18%，41～50 岁占比 20.45%，51～60 岁占比 29.55%。学历层次硕士研究生占比 4.55%，本科占比 34.09%，专科及以下占比 61.36%。

三、调查结果分析与相关问题

截至 2021 年 1 月，共获取有效调研问卷 800 余份，访谈录音时间约 700 分钟。调研问卷相关数据分析如下：

（一）调查结果

1. 大众普遍对非物质文化遗产的价值持肯定态度，但了解程度不深

（1）大众对于非物质文化遗产只是泛泛了解。

82.97%调研对象一般性了解非物质文化遗产，仅有6.59%的调研对象非常了解非物质文化遗产，10.44%的调研对象不太了解非物质文化遗产。可见大众对非物质文化遗产的认知还停留在一个较为基础的层次上，应该加大非物质文化遗产的宣传力度，深挖其价值与内涵。

（2）大众认可非物质文化遗产的社会价值。

关于对非物质文化遗产的社会价值认知这一问题的回答，通过数据可以看到，96.7%的调研对象认可非物质文化遗产的当代社会价值；在“您经常向别人宣传非物质文化遗产吗”一题中53.3%的调研对象偶尔向他人宣传非物质文化遗产。

从上述两个数据可以看出，群众愿意接受非物质文化遗产文化的宣传，也有一定作为“传输链”向他人宣传的倾向，这是我们乐于看到的，非物质文化遗产是有一定群众基础的。但由于宣传力度不到、宣传方式陈旧，并没有真的走到大众的心里。非物质文化遗产有助于提高文化认同感，增强文化自信；发扬优秀传统文化，培养文化新形态；推动乡村文化复苏，促进乡村振兴，所以宣传工作和活动极为重要，我们应该求新求变，多多创新非物质文化遗产宣传模式，多开展体验式非物质文化遗产活动，增加大众参与度。

2. 非物质文化遗产对区域文化建设影响颇深

根据数据显示，59.34%的调查对象认为非物质文化遗产对乡村文化建设作用很大，40.66%的调查对象则认为非物质文化遗产对城市社区文化作用较大。文化作为一个国家和民族的灵魂，是一切社会现象与内在精神的既有、传承、创造、发展的总和，在国家发展中有着不可替代的作用。而非物质文化遗产形态，其核心是体现红色文化精神。它有助于帮助广大人民群众坚定社会主义信念、树立正确的价值导向，有助于我们了解先辈们艰苦奋斗的革命岁月。文化振兴作为乡村振兴的重要组成部分，在乡村发展中发挥着不可替代的作用。政府及有关非物质文化遗产组织在乡村文化建设上应该更下功夫，也可通过非物质文化遗产带动地方脱贫致富。

3. 关于非物质文化遗产的保护与传承的现状与影响因素

43.41%的人认为非物质文化遗产的保护与传承效果一般，仅有8.79%的调查对象认为很好。可见大众对于非物质文化遗产保护与传承现状的认知是参差不齐的；对于影响非物质文化遗产的保护与传承的因素，列举中的影响因素排序是：公众参与兴趣低>缺乏专业人才>传承人老龄化>培养资金匮乏>外来文化和现代文化的冲击>地方重申报、轻保护> 拆迁>其他。

截至 2021 年，北京共有五批市级非物质文化遗产名录，其中有些是人们耳熟能详的，如昆曲、相声、京剧等，其他如绒布唐工艺等非物质文化遗产既体现了非物质文化遗产的价值又适合作为红色文化传播的载体。随着社会生产方式的变迁，非物质文化遗产的流失会愈来愈多。应该进行抢救性保护措施，通过保留音像资料等形式，如拍照、录制唱片光盘、拍摄纪录片等形式，挽救部分濒危非物质文化遗产。

4. 拆迁是影响非物质文化遗产保护与传承工作因素之一

通过实地走访、查阅相关资料等手段，我们将北京大兴国际机场周围地区拆迁村落的非物质文化遗产信息进行梳理，如表 1 所示：

表 1　北京市大兴区榆垡镇、礼贤镇以及河北省廊坊市广阳区拆迁村落及相关非物质文化遗产项目（截至 2020 年 8 月）

<table>
<tr><th>地区</th><th>村名</th><th>相关非遗项目（含进入各级目录的非遗项目、有相关活动的非遗项目）</th><th>是否已回迁</th></tr>
<tr><td rowspan="9">北京市大兴区榆垡镇、礼贤镇</td><td>曹各庄、香营、东梁各庄</td><td rowspan="2">吵子会</td><td>未回迁</td></tr>
<tr><td>朱家务、郭家务</td><td>已回迁</td></tr>
<tr><td>西里河</td><td rowspan="2">诗赋弦</td><td>未回迁</td></tr>
<tr><td>朱家务</td><td>已回迁</td></tr>
<tr><td>西里河</td><td rowspan="2">民间医药</td><td>未回迁</td></tr>
<tr><td>东宋各庄</td><td>已回迁</td></tr>
<tr><td>东白疃</td><td>高跷会</td><td>未回迁</td></tr>
<tr><td>贺南、辛家安、大马坊、北化各庄、公各庄、崔庄屯</td><td rowspan="2">无</td><td>已回迁</td></tr>
<tr><td>石佛寺、刘各庄、东庄营、祁各庄、田家营、礼贤</td><td>未回迁</td></tr>
<tr><td rowspan="3">河北省廊坊市广阳区</td><td>白家务办事处团城辛庄</td><td>吵子会</td><td rowspan="3">未回迁</td></tr>
<tr><td>白家务办事处团城、白家务办事处大古营</td><td>小车会</td></tr>
<tr><td>白家务办事处南王力</td><td>高跷会</td></tr>
</table>

通过表1可以看出，拆迁村落数量繁多，村落回迁是一项繁重的工作，很多村落回迁工作正在进行中。等待回迁的村落则预留了非物质文化遗产的活动场地。

调查问卷数据显示，认为拆迁对于非物质文化遗产保护与传承的影响很大与较大的调查对象占86.82%。有76.92%的调查对象认为地区在拆迁前相关部门应出台关于非物质文化遗产保护的相关文件或方案。资料显示，以大兴区为例，北京大兴国际机场的修建使周围蕴含非物质文化遗产的村落拆迁，这其中包括东梁各庄吵子会、朱家务诗赋弦……截至2019年9月北京大兴国际机场正式通航，大兴区政府首批回迁的13个村、2万多名村民绝大部分都搬进回迁社区。在榆垡回迁社区空港新苑，共有回迁房1万多套，总建筑面积约160万平方米，所有房屋都达到了绿色建筑二星级标准，并已经预留了非物质文化遗产活动场地。

5. 关于非物质文化遗产的保护与传承的形式

由图1、图2可知，超过三分之二的调查对象（79.12%）普遍认为应该在校园里开展非物质文化遗产选修课或活动，但仅有4.40%的地区学校经常开展非物质文化遗产活动。“非物质文化遗产进校园”是有效保护非物质文化遗产的途径之一，可以培养学生对非物质文化遗产兴趣与爱国主义精神，实现立德树人，增强学生民族自豪感、责任感。学生通过课程进行学习，不仅能够丰富内心的文化底蕴，还可以提高自身的道德素养和人文情怀。学校的非物质文化遗产课程的开设使枯燥的学习变得丰富多彩和灵活生动，既让学生体会到了其项目绝佳的技艺，又传承了伟大神圣的红色文化。红色文化作为一种先进的社会主义文化，是中国共产党成立以来，领导中国人民在革命和建设时期形成的独特的物质文化和精神文化的综合。通过红色文化，学生确立了独立性、自主性、主体性、创造性。

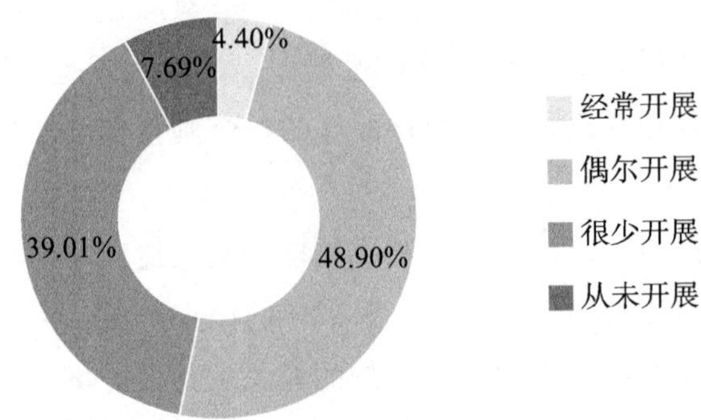

图1　您所在地区的学校开展过非物质文化遗产进校园之类的活动么?

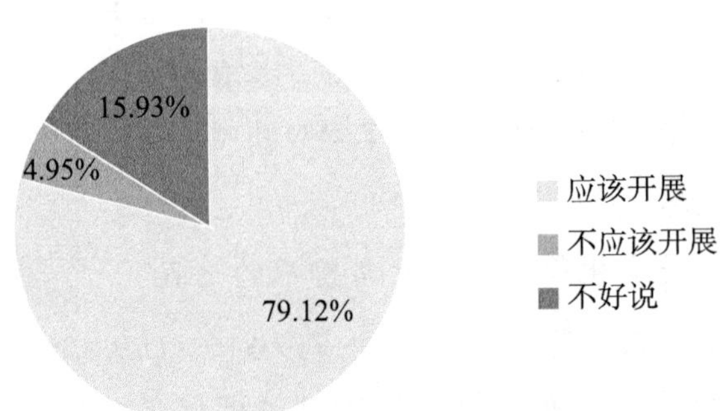

图2　您认为应该在校园开展非物质文化遗产传承之类的选修课程或者活动么?

同时，通过非物质文化遗产的形态来体现红色文化精神也为我们如何正确地保护和利用非遗提供了新的思路。

6. 实地调研

诗赋弦是受大兴机场建设拆迁影响的代表性的非物质文化遗产，为了更好地传承，现在根据现实情况进行创新编撰出了《争婆婆》剧目。

实际上，诗赋弦最开始多是服务于村里的村民。大家在农闲时就地搭台，上好妆，穿戴好，摆好舞台道具，为村民们带来欢声笑语。

如今随着时间推移，曲本的减少，能唱的会唱的人越来越少，唯有村里的老人还可以唱上几折，诗赋弦的传承问题亟待解决。

通过这种直观的传统艺术作品体现红色文化精神，能更好地促进红色文化和非物质文化遗产的融合。

（二）问题分析

随着时代的变迁、社会的高速发展，一些非物质文化遗产渐渐消失在人们视线中，该如何重拾起这些珍贵但即将被遗忘的非物质文化遗产，将其与红色文化融合且保护传承起来，与这个时代共存相生，是我们当今所面临的难题。

我们要究其根本：红色非物质文化遗产为何会有没落之趋势？

1. 文化生态的变迁导致非物质文化遗产文化活动空间的变化

我们现在正处于信息化的时代，而非物质文化遗产文化更多来自中国近代革命时期。经过几十年的高度发展，一些传统的非物质文化遗产逐渐被现代的多元文化所取代。加上现代科技的飞速发展，群众娱乐活动内容越来越多样化。这些现代娱乐方式极大地削弱了人们参与传统娱乐活动的热情和兴趣，造成很多非物质文化遗产项目本身的失传。

国家高速发展会导致部分乡土文化失去生存的空间。建设北京大兴国际机场需要拆迁当地的村落，这时村庄里的非物质文化遗产便面临着生存问题。对文化保护来说，其最大的特点是不脱离民众特殊的生活生产方式。而出了自己的“舒适圈”，离开原有生活区域、生活方式及红色背景下的非物质文化遗产，能传承下来便更是难上加难。因此，为了保护非物质文化遗产，在对拆迁地进行处理时也往往会继续留有非物质文化遗产活动用地，例如榆垡镇回迁社区空港新苑，在建设回迁房时，便预留了活动场地来维系非物质文化遗产与民众特殊生活生产方式之间的联系。

2. 非物质文化遗产生存状态发生变化

“生存”，顾名思义，即为“生”和“存”。“生”也就是非物质文化遗产的产生，非物质文化遗产是我们的祖祖辈辈创造并留传下来；红色文化是先辈们历经艰苦奋斗的革命岁月所留下的成果，构成了一方百姓的精神寄托，蕴含着丰富的红色文化价值。“存”即发展，国家为了不让非物质文化遗产消失，从而采取保护措施。然而伴随着保护的不断深入，一些地方对非物质文化遗产挖掘过度，实际上进行的是“保护性的破坏”，造成非物质文化遗产赖以生存的各种信息不断受到干扰，让非物质文化遗产的保护措施并没有达到预期的效果，并且极大地损害了非物质文化遗产的原真性以及红色文化的红色意蕴。非物质文化遗产与红色文化的融合具有重要意义，在保留非物质文化遗产的红色文化意蕴的同时，应充分发挥其文化教育功能、研究功能、经济效益等。

3. 非物质文化遗产保护与传承人状态

对于传承者而言，老艺人多数处于下面三种境地：停业改行的居多；以农业生产为主，有需求时生产；还在维系本行的，力不从心，收入微薄，日子困顿，并且找不到合适的传承人来传承这份文化。此外，很多传承人由于自身知识水平的局限，对于红色文化的利用水平不足，也让非物质文化遗产的传承缺乏新意，无法吸引大众的兴趣。创作的红色文创产品不能紧跟时代潮流，导致很多非物质文化遗产陷入了人走艺亡的危险境地。传承人应紧跟时代，将创作与新媒体相结合，制作非物质文化遗产与红色文化融合的科普视频，去吸引大众，提高影响力。

4. 学校很少在学校内开展非物质文化遗产文化教育活动

首先，非物质文化遗产进校园面临着师资缺乏、无教材和未纳入课程等问题。很多非物质文化遗产传承者因为年龄、地域等问题，已经无法辗转各地的学校进行文化教育。很多地区的学校即使想要在学校内开展非物质文化遗产文化教育，也因缺少人员、资金的支持而无法开展。

随着网络信息技术的发展，信息传播速度不断加快，很多非物质文化遗产的文化教育活动也从现实转向了网络。这为非物质文化遗产的传承提供了一大助力。通过直播"云表演"、3D、VR 等形式，非物质文化遗产走进校园，建设良好的校园红色文化环境，鼓励更多的青少年加入传承和保护的工作当中，既可以增加非遗在大众面前的曝光率，也为非遗传承增添了一定趣味性。这样一来，线上活动对文化传播的作用便日益增强。

5. 社会对于非物质文化遗产的认知有偏差

保护非物质文化遗产阻力之一便是公众对非物质文化遗产的认知出现了偏差。由问卷调查可知，大众对于非物质文化遗产保护与传承现状的认知是参差不齐的。随着经济的高速发展，外来文化和现代文化对非物质文化遗产这一类优秀传统文化产生了巨大的冲击。

小部分人还将非物质文化遗产视为落后的。当一种行业成为谋生手段时，其经济效益是其发展的重要标准。社会对非物质文化遗产产品、衍生品的消费习惯还有待形成。很多非物质文化遗产项目需要社会大众的消费进行支撑，比如过去的泥人，是孩子们的玩具。因此在非物质文化遗产传承保护过程中，要充分挖掘其独特的文化价值，与市场经济相结合，更好地融入现代人的生活当中。

因此，保护与传承非物质文化遗产任重而道远，在我们面前还有众多难题需要去解决，平衡非物质文化遗产与社会发展是我们首要的任务。在面临社会飞速发展的当下，我们也要坚守那份初心，只有社会各阶层人士共同参与进来，保护与传承才能做到最好。

四、建议与对策

（一）建议

非物质文化遗产作为红色文化的传播载体，需要保持良好的发展前景才能使红色文化得到有效的传播和普及。但目前因为社会的发展，如北京大兴国际机场拆迁村落的非物质文化遗产或多或少不得不做出一些牺牲。想要解决非遗文化丢失的问题必须从国家文化安全的战略高度加强对乡村文化的保护与传承；至于缺乏专业领域人才，则需要抓住对新一代青少年传承方面的教育。针对传承与现代社会发展的矛盾有如下具体的建议。

1. 因地制宜，建立村落博物馆

在非物质文化遗产的保护中，从服务性保护、抢救性保护、生产性保护等方面比较容易开展工作。为了更好地促进红色文化和非物质文化遗产的融合，要求我们对原文化的保留及发展的方式改革创新，赋予其新的红色文化内核，更为直观地体现红色文化精神，建立村落博物馆。建立村落博物馆不仅能有效地带动当地的相关企业发展，还能将村落的特色非物质文化遗产有所保留，并且符合“服务性保护措施”的基本建议。村落风貌、风土人情以档案方式保留下来，如此一来，村落博物馆中既有“风土”，也有了“人情”。非物质文化遗产来源于人类的生产和生活实践，而红色文化是具有社会主义性质的文化。建立村落博物馆使二者融合，同时赋予了红色文化新的时代特点。除此之外，拆迁区非物质文化遗产保护工作也在开展，如诗赋弦等随着村子搬迁的非物质文化遗产项目成为重点保护对象。

2. 出台相关法律，对原生态村落进行重点保护

在一些原生态村落拆迁过程中，原有的非物质文化遗产不能被保护的主要原因在于：原生态村落的拆迁，使乡村非物质文化遗产的传承人与原来相对稳定的受众群体生活环境与活动空间发生了较大的变化，文化遗产传播的社会环境与文化土壤发生了改变。中国的传统文化是红色文化的重要来源之一，红色文化体现了中国传统文化中的爱国主义思想。文化生态的变迁，使得拆迁村落文化遗产的传承与发展受到了严峻的挑战。因为拆迁导致的受众群体生活环境以及活动空间发生的变化是不可避免的。所以我们只能从保护文化遗产的角度出发，利用法律保护的方式，可以在一定程度上保护原有村落的生态环境和文化遗产。

3. 利用社会的传播条件做宣传，并妥善安置传承人

由于现在的生活条件变好，传承人不需要靠传统的方式维持生活，一些非物质文化遗产文化的继承人选择了其他方式维持生计，导致部分非物质文化遗产将近失传。为了吸引更多人加入非物质文化遗产传承，为将近失传的文化做宣传必不可少。首先可以通过传统课程走进校园、电视广播的广告投放、为传承人拍摄独家传承故事并投放等途径为将近失传的文化做宣传。其次可以重点关注残疾人群体，近年来从事传统工艺的残疾人在非物质文化遗产的传承与保护中发挥了重要作用。非物质文化遗产，尤其是传统工艺，由于其依托面广、与人民群众的生产生活密切相关等独特优势，在促进就业、助力精准扶贫等方面发挥了重要作用，同时为一大部分残疾人提供了就业机会与创业空间。通过推广残疾人非物质文化遗产传承培训班，带动残疾人创业就业，使他们融入社会，改善生活质量，为非物质文化遗产传承与发展提供持久的支撑。

传承人是传播文化的重要途径，作为文化的传播者，传承人应是在继承传统中有能力作出文化选择和文化创新的人物，在文化遗产的传承、保护、延续、发展中，也起着超乎常人的重大作用。如果忽略了传承人在其过程中

的影响，那么文化遗产的传承就将面临着严峻的挑战，所以妥善安置传承人也是非遗保护中的重要步骤。

4. 发展多功能集群产业

发展创新产业，并且使功能互补的产业集群分布，让传承人在传承的道路上有迹可循，是非物质文化遗产的产品能够得以保留的重要出路。当然，发展非物质文化遗产产业创新的背后是良好工业基础的支撑。

5. 将非物质文化遗产与红色旅游相结合，增强大众体验感

非物质文化遗产有着不脱离民众特殊的生活生产方式的特点，因此对于非物质文化遗产传承的过程来说，人就显得尤为重要。但由于现代生活中大众的娱乐方式变得更为丰富，非物质文化遗产也就逐渐从大众们的视野中淡化，了解非物质文化遗产的人也就越来越少。而旅游业深受大众喜爱，其中红色旅游得到了普及，有着良好的发展前景。所以，红色旅游业也是使非物质文化遗产“活”起来的新路径。通过红色文化与非物质文化遗产的融合，可以推动乡村文化的复苏，让非物质文化遗产走进现代人的生活。

以上就是本调研小组关于北京大兴国际机场拆迁村落的非物质文化遗产保护的相关建议，旨在于非物质文化遗产传承与红色文化发展之间找到可以平衡发展的关系。若非物质文化遗产和社会条件可以得到恰当的保护和传播，不仅可以丰富大众的文化生活，还可以带动经济的发展。

（二）根据不同类别的非物质文化遗产制定其个性化的保护方案

本调研小组根据不同类别的非物质文化遗产自身的特性，初步拟定了其个性化保护方案，详情见表2。

表2　非物质文化遗产保护方案

类别	内容	特点	保护方案
民俗活动	永定河传说、武吵子、五音大鼓、吴氏太极拳、梁氏八卦阵、挂灯习俗	①社会创造行为 ②风俗、习惯、信仰为主	①出台保护政策 ②宣传方式多样 ③政府部门协同 ④非遗+红色文旅

续表

<table>
<tr><th>类别</th><th>内容</th><th>特点</th><th>保护方案</th></tr>
<tr><td>表演艺术</td><td>诗赋弦、白庙音乐会、道教《北京韵》、道教礼俗仪式音乐</td><td>①表演反映情感
②宣传效果最快
③大多运用工具</td><td rowspan="2">①建立村落博物馆
②出台法律
③社会宣传
④多功能文化产业集群
⑤非遗+红色文旅
⑥残疾人培训班</td></tr>
<tr><td>传统知识和技能</td><td>南海子系列传说、御林古桑园传说、杨氏脏腑点穴指针疗法、古琴传统制作技艺、西瓜种植技术、皮影制作、金氏风筝制作</td><td>①准确理解文化
②重实用轻理论
③历史悠久
④体现群众审美爱好</td></tr>
</table>

五、结论

综上所述，保护与传承非物质文化遗产任重而道远，拆迁带给非物质文化遗产和红色文化的影响是把“双刃剑”，在我们面前还有众多难题需要去解决，推动非物质文化遗产和红色文化融合是我们的首要任务。在社会飞速发展的当下，我们对于非物质文化遗产也要坚守那份初心，我们更需要毅力与耐心，只有社会各阶层人士共同参与进来，非物质文化遗产的保护与传承才能尽善尽美。

新发展理念视域下乡村振兴研究*

刘泽旭　陶　茜**

（指导教师：刘英侠）

摘　要：实现乡村振兴是实现高质量发展的题中应有之义，以新发展理念指导乡村振兴具有重要的时代价值。当前，虽然精准脱贫推动了乡村的振兴发展，但是乡村振兴后遇到的困难和问题不会减少，反而会随着人民对美好生活需要的增加而出现更多的挑战。发展是解决一切问题的基础和关键，而新时代的发展必须是高质量的发展，因此要领会新发展理念的内涵及具体的实践要求，准确分析研判乡村振兴面临的挑战，探讨新发展理念引领下的乡村振兴新路径，以推动农村经济、社会和生态的可持续发展。

关键词：新发展理念；乡村振兴；可持续发展

引　言

要实现农村美、农业强、农民富的战略目标，必须进行顶层设计，必须以高质量的乡村振兴计划推动高质量的乡村发展。乡村振兴是我国政府对推动解决“三农”问题作出的重大战略部署，旨在推动农村经济发展、改善农

---

* 本文受如下基金项目支持。北京石油化工学院国家级大学生创新创业训练计划项目资助：党建引领社区治理的大兴区实践（2023J00126）；北京市高等教育学会2023年面上课题“习近平新时代中国特色社会主义思想概论”课实践教学体系构建（MS2022087）。

** 刘泽旭，男，北京石油化工学院2022级致远专业本科生。陶茜，女，北京石油化工学院2021级安全工程专业本科生。

民生活质量、促进农村社会进步和实现乡村可持续发展。随着城市化进程加速和经济结构转型升级，乡村面临着诸多挑战和机遇。为了使乡村更好地发展，要积极借鉴新发展理念，推动乡村振兴。以科学的态度和务实的作风，不断完善政策，通过加大各种投入的力度以赋予乡村发展活力，激发村民的发展动力，实现经济繁荣，让乡村更加美丽。

一、乡村振兴面临的挑战

当前我国“乡村振兴战略”的实施已经取得了重大成就，获得一系列积极进展，但在取得成就的同时仍然面临一些挑战。

（一）农村产业相对落后导致创新不足问题

当前全党的中心任务是要以中国式现代化全面推进中华民族伟大复兴，农业强国是社会主义现代化强国的根基，没有农业农村的现代化，社会主义现代化就是不完整的，就缺少了重要的基础和依托。中国是农业大国，需要把饭碗牢牢端在自己手中。而目前乡村的现代化水平还不高，还没有实现完善的农业产业化、多样化，各地方的农业现代化差距也很大，有的地方还难以改变传统的农业生产方式和管理模式，在改变过程中，一些农民的思想和接受新生事物的能力还不够，导致农业农村创新能力不足。

（二）乡村的空心化问题加重发展失衡问题

随着城市化进程的加速，年轻的、有技能的劳动力纷纷流向城市，在外就读的大学生也很少返乡创业，这一状况长期持续会导致乡村地区人口流失，加重乡村老龄化问题，乡村振兴的能力降低；另一方面则形成了恶性的循环，使乡村难以吸引更多的人回来，剪断了外出人的“乡愁”，影响了农村经济的发展和乡村社会的可持续进步。长此以往，也会导致城乡之间的联系不够，农村的基础设施建设不足，村民的生活质量无法得到有效提升，形成新的城乡差距，并导致更多的农村人口外流，使乡村振兴无法取得预期效果。

（三）环保意识不足导致美丽乡村建设存在短板

由于学习宣传的问题，一些地区在引进新产业的时候忽视了可持续发展的问题，如由于村民的绿色生活理念认识不足，缺乏保护环境的安全意识，在农田里滥用化肥和农药、过度利用土地资源、无序开发水资源或造成水资源污染等问题，导致农村的生态环境恶化，生物多样性消失，生态系统失去平衡，人们的生存环境受到威胁。

（四）开放意识薄弱导致对资源无法充分使用

在一些乡村地区，村民的开放意识不强，主动作为不够，缺少获取外部资源和市场的机会，无法吸取国外先进的农业技术和管理经验，难以进行乡村产业的转型升级，乡村创新力和竞争力受到影响。

二、新发展理念对实施乡村振兴战略的指导意义

贯彻落实“创新、协调、绿色、开放、共享”的发展理念是新时代乡村振兴发展的必由之路，其中创新是发展的第一动力，解决的是发展动力的问题；协调是持续健康发展的内在要求，解决的是发展不平衡的问题；绿色是永续发展的必要条件和人民对美好生活追求的重要体现，解决的是人与自然和谐共生的问题；开放是繁荣发展的必由之路，解决的是内外联动的问题；共享是中国特色社会主义的本质要求，解决的是社会公平正义问题。

新发展理念的提出对实施乡村振兴战略具有重要的指导意义。

（一）推动农村产业升级与创新创业

在乡村振兴过程中，农村产业升级与创新创业是关键的推动力量。乡村经济的发展需要不断提升农村产业的竞争力和附加值，要适应市场需求的变化，农村产业升级的核心要落在加强科技创新和技术引进方面以形成农业的新质生产力，通过引进先进的农业科技和管理经验，改善农业生产方式，提高农产品质量和产量。同时，培育农村特色产业，发展绿色有机农业、特色农产品、休闲农业等，实现农业的差异化发展。创新创业是乡村振兴的重要动力和支撑。通过创新创业，农民可以发挥自身的创造力和创业潜力，开展多样化的经济活动。在实施农村产业升级和创新创业的过程中，还需要注重营造良好的创业环境和创新氛围，为创业者提供良好的创业条件，推动创新

创业在乡村振兴条件下的常态化发展。

（二）促进城乡一体化和区域协调

城乡一体化和区域协调发展是实现乡村振兴战略的重要路径，对落实协调的发展理念具有重要的意义。乡村振兴的推进意味着城市和农村要进行有机结合和互联互通，通过加强城乡交通、基础设施和公共服务建设，促进城乡间人员、物资、信息的流动，这将有助于提升农村地区的生产力和竞争力，改善农民的生活条件，更好实现城市和乡村之间资源的有效配置和优势互补。城乡一体化还包含城乡文化的互动，在保留乡村文化资源特色、讲好乡村故事的同时，使乡村形成具有区域特色的文化产业。

（三）构建可持续的农业和生态环境保护体系

绿色发展是乡村振兴战略的重要内容，旨在构建可持续的农业和生态环境保护体系。农业的基础是绿色，建立良好生态环境不仅造福民生、凸显农村的优势，对加速推进农业的绿色发展也具有重要意义。坚持绿色发展，让“绿水青山就是金山银山”理念深入民心，推广绿色理念，倡导绿色生活，鼓励村民保护环境，建设美丽乡村，做好基础工作，使生态环境更加美丽。生态兴则文明兴，生态衰则文明衰，通过增强村民的环境保护意识，加大保护生态系统的投入力度，可以为实现人与自然和谐共生创造良好条件。

（四）加强农村与城市的互动、加强国际合作

习近平总书记指出，“开放是人类文明进步的重要动力，是世界繁荣发展的必由之路”❶。乡村振兴战略的重要方向之一是开放发展，增加城市与农村的互动与交流，打开开放之门，坚持主动开放，让农村的特色走出去，让有文化特色的农产品畅销海外，从而拉动农村经济发展。作为开放的大国，中国在顺应时代发展潮流中不断改革创新、不断扩大对外开放水平，提升了国际地位和影响力。实现乡村振兴要通过促进城乡之间经济、社会和文化交流，实现城乡融合发展；还要加强国际合作，吸引外部资源和技术，吸取国外乡

---

❶ 开放是世界繁荣发展的必由之路［N］. 人民日报，2023-01-04（03）.

村的一些先进经验，促进农业转型升级，在激活农村市场的前提下吸引更多的人才和企业进入农村，助力乡村振兴。

（五）促进农民收入增长和社会公平正义

共同富裕理念反映了社会主义发展的核心要求，也是中国式现代化的重要特征之一。在不断推进共同富裕的进程中，我们必须秉持共享发展理念，推动经济实现高质量发展，建立合理的收入分配制度，促进城乡地区协调发展，深化精神文明建设，确保发展成果惠及全体人民。政府在推动共享发展过程中扮演着关键角色，需要加强调节和引导，制定相关政策和措施，确保资源公平分配，保护农民权益，促进收入增长，实现社会公平正义。

村民对乡村发展的积极参与将有助于形成多方共建、共治、共享的良好局面。推动乡村共同富裕、推动发展成果由人民共享，要始终坚持以人民为中心，加快城乡一体化，改善农村生活条件，减少城乡差距。

三、以新发展理念指导乡村振兴发展的建议

（一）以创新理念为指导推动农业智能化与数字化发展

推动乡村振兴的高质量发展，要走智能化、数字化发展之路，“数字产业是数字经济服务乡村产业振兴的必由之路”❶。当务之急是要加大农业科技创新的投入、加强农业科技研发和成果转化，鼓励农业科技企业与农民开展合作，为农业发展提供技术咨询和支持，从而提升农业产品的技术含金量。利用互联网技术，推广“互联网+”农业模式，打通农产品生产、流通和销售的信息链条，提高农产品质量和市场竞争力，推动农村电商发展，建设农村信息化基础设施，推广农村电子商务、农村金融等服务农业的数字化技术。

（二）以协调理念推动农村地区的整体规划与发展

以协调理念为指导、结合区域发展规划制定农村地区的整体发展规划，

❶ 肖顺武，董鹏斌．中国式现代化进程中数字经济服务乡村振兴的困境检视、内在机理与实现路径［J］．经济问题探索，2023（5）：6-9.

如改善乡村教育、医疗条件，构建城乡资源流动机制，搭建共建共享平台等。相关政府部门要加强对农村地区发展的整体规划和指导，通过推动农村基础设施建设、公共服务改善，缩小城乡差距，促进城乡协调发展，推进一体化进程。

要弘扬农村的特有文化，保留民俗习惯，讲好乡村故事，形成文化产业，使文化发展与经济发展相得益彰。当前推动农村的快速发展必须提升农村的教育水平，为农村提供更多教育资源，改善农村学校的教学条件，使每个农村学子都能接受更好的教育。要提升村民的生活质量就要改善和优化农村的卫生医疗体系，提高医疗服务水平，使村民“老有所养，病有所医”。

（三）以绿色发展理念推动乡村宜居宜业

生态文明建设不仅是重要的经济问题，更是关系民生福祉的重大社会问题，要实现“产业振兴、人才振兴、文化振兴、生态振兴、组织振兴”，就必须加强农业生产方式的转型，推动绿色发展理念指导下的发展。要推广有机农业、设施农业等绿色农业技术和模式，增强村民绿色意识，减少农药、化肥的使用，提高农产品的质量。加强生态环境保护，建立健全农村环境监测体系，加强对农村环境的监管和治理，推动农田水利建设和水资源管理，提高农村水资源利用效率，做好垃圾分类工作，依照资源利用再回收原则，循环利用农村资源，使生态环境更加美丽。

（四）以开放的理念吸引人才回乡与创业兴农

现代化的建设目标必须通过人来实现，所以，实施乡村振兴战略必须不断吸引人才回乡。一方面可以以开放发展的理念通过各种政策措施吸引外出的“游子”回乡，另一方面是吸引有能力、有创业意愿的外来者来乡创业，通过引进先进的思想和技术推动农业转型，推广农业特色产品，助力乡村振兴。同时还要建立人才培养体系，提供培训和提升技能的机会，吸引年轻人参与农业现代化和新兴产业的发展，为农民提供技术支持和公开透明的市场环境，使农民更好地参与致富事业，开拓乡村振兴的新空间，促进农民就业和增收。

（五）以共享理念创建公平公正的社会环境

要使“乡村是我家，建设靠大家”的理念深入每位村民心中，吸引、凝聚村民参与到美丽乡村建设中来，使村民形成集体发展意识，对自己的村庄有归属感和认同感，自觉进行美丽乡村的建设。要确保管好用好乡村公共资源，推动公共服务尽快实现均等化，建立农村金融服务体系，使农村具备现代化生活条件，让村民体验到建设的成就和快乐，感受到创造经济价值带来的满足感。

结　论

乡村振兴非一日之功，随着人民美好生活需要多样化、高品质化，乡村振兴仍然任重道远，农业农村要优先发展，必须以新发展理念为指导，在遵循乡村自身发展规律的基础上，打造“一村一品”“千村千品”，挖掘出乡村文明的底蕴，打造发展特色，“注重乡土味道，保留乡村风貌，留得住青山，记得住乡愁”❶。推动乡村文化的创造性转化和创新性发展，要因地制宜发展新质生产力，以创新整合乡村资源优势，推动城乡区域协调发展，既能留住美丽的乡愁，也能敞开胸怀接受新事物和新理念，谱写乡村振兴的新篇章。

❶ 吴春娜．乡村振兴战略的历史背景和重大意义解读［J］．农村经济与科技，2022，33（23）：147.

“枫桥经验”对新时代基层治理现代化的启示*

王　讲　李烁依**
（指导教师：刘英侠）

摘　要：基层治理现代化是国家治理体系和治理能力现代化的重要组成部分，事关增进人民福祉，事关国家长治久安。党的二十大报告针对完善社会治理体系提出健全“共建共治共享的社会治理制度”，在社会基层坚持和发展新时代“枫桥经验”的要求。“枫桥经验”自提出以来历经六十余年时间，不仅对化解人民内部矛盾起到重要的作用，而且在全国各地坚持发展，焕发出更为旺盛的生机活力，成为基层治理体系和治理能力现代化建设的重要参照。进入新时代后更是在党的正确领导下与时俱进，有了新的时代内涵。本文旨在通过讨论“枫桥经验”的发展及时代内涵，探讨新时代“枫桥经验”与基层治理现代化的关系，并对推动基层治理现代化发展提出对策建议。

关键词：枫桥经验；基层治理；基层治理现代化

一、“枫桥经验”的形成及发展

“枫桥经验”是指20世纪60年代初由浙江省诸暨县（现诸暨市）枫桥镇干部群众创造的化解人民群众内部矛盾的经验。在20世纪60年代初的社会

* 基金项目：北京石油化工学院国家级大学生创新创业训练计划项目：党建引领社区治理的大兴区实践（2023J00126）。

** 王讲，男，北京石油化工学院材料科学与工程专业2022级1班学生。李烁依，女，北京石油化工学院人力资源管理专业2021级1班学生。

主义教育运动中，针对改造“地富反坏四类分子”的工作任务，枫桥镇干部创造出在党的领导下“发动和依靠群众，坚持矛盾不上交，就地解决。实现捕人少，治安好”❶ 的“枫桥经验”，通过创新的矛盾化解方式将绝大多数“四类分子”改造成了新人，为全国正确开展社教运动提供了示范。为此，1963 年毛泽东同志就曾亲笔批示“要各地仿效，经过试点，推广去做”,❷ 在全国政法综治领域首先应用的这一经验便成为一面旗帜在全国推广开来，不仅对社会主义建设初期的社会治理工作起到了重要的示范引领作用，如今已经发展成为“新时代枫桥经验”，成为提升基层治理能力和治理水平的重要指导。

2003 年 11 月，时任浙江省委书记的习近平同志在浙江纪念毛泽东同志批示“枫桥经验”40 周年大会上发表的讲话中，从维护社会稳定和促进治安工作的角度提出要牢固树立“发展是硬道理、稳定是硬任务”的政治意识，充分珍惜“枫桥经验”，大力推广并不断创新“枫桥经验”。2013 年 10 月，习近平总书记就坚持和发展“枫桥经验”作出重要指示：“各级党委和政府要充分认识‘枫桥经验’的重大意义，发扬优良作风，适应时代要求，创新群众工作方法，善于运用法治思维和法治方式解决涉及群众切身利益的矛盾和问题，把‘枫桥经验’坚持好、发展好，把党的群众路线坚持好、贯彻好。”❸

党的十九届四中全会《决定》首次以中共中央全会审议通过的形式将“枫桥经验”确定为坚持和完善中国特色社会主义制度，推进国家治理体系和治理能力现代化的有机组成部分，并提出打造“新时代的枫桥经验”的要求，为推进国家治理体系和治理能力现代化提供了根本的依循。2020 年 11 月，习近平总书记在中央全面依法治国工作会议上强调，完善预防性法律制度，坚持和发展新时代“枫桥经验”，促进社会和谐稳定。❹ 这一讲话再次强调了“枫桥经验”在社会和谐稳定方面的重要作用。随着新时代基层社会治理工作要求的提高，各地结合实际从化解社会矛盾、服务群众的角度进行工作方法

---

❶ 毛泽东思想和中国特色社会主义理论体系概论［M］. 北京：高等教育出版社，2021：246.

❷ 中共中央文献研究室．毛泽东年谱：一九四九——一九七六（第五卷）［M］. 北京：中央文献出版社，2013：283.

❸ 坚持和发展“枫桥经验”，习近平总书记这样说［EB/OL］.［2024-07-09］. http：//www.qstheory.cn/laigao/ycjx/2021-03/02/c_ 1127157904. htm.

❹ 促进社会和谐稳定 完善预防性法律制度［N］. 人民日报，2021-02-24.

创新。2023 年 11 月，习近平总书记在人民大会堂亲切会见了“枫桥式工作法”入选单位的代表，在表示问候、祝贺的同时，勉励全国各单位代表要再接再厉，为推进平安中国建设向更高水平发展作出新的更大贡献。[1]

二、新时代“枫桥经验”的内涵

党的十九大明确社会主义进入新时代后社会的主要矛盾发生变化，人民的美好生活需要越来越多样化，需要化解的矛盾和冲突也越来越复杂，对基层治理的要求也越来越高。从基层治理的角度来说，“枫桥经验”实现了在传承中发展、在发展中创新，其工作理念、工作方法和工作载体都在不断增加新的内涵，成为新时代推进基层治理体系和治理能力现代化的重要参考。

在浙江诸暨枫桥纪念馆的展板上明确的新时代“枫桥经验”的内涵是：坚持和贯彻党的群众路线，在党的领导下，充分发动群众、组织群众、依靠群众解决群众自己的事情，做到“小事不出村、大事不出镇、矛盾不上交”。[2]

“新枫桥经验”既有对“枫桥经验”的传承，也有创新。从治理理念上来看，已经从当年的侧重维护社会稳定转变为如今的推动社会全面进步、推进基层社会治理的现代化；在治理主体上，从一元治理转变为多元主体的共同参与和共同治理，形成了共建共治共享的社会治理格局；在治理方式上，从传统的简单的说服教育、谈话沟通转化为以数字治理为牵动的多种方式联动的治理，而且实现了从原来的被动治理转为由制度体系保障的主动治理，从事后治理转为事先预防，夯实了“政府治理和社会调节、居民自治良性互动”的社会治理基础，[3] 构建了基层社会治理的新格局。

---

[1] 金伯中．坚持和发展好新时代“枫桥经验”（思想纵横）[N]．人民日报，2023-11-22.

[2] 浙江诸暨枫桥经验纪念馆——展板前言。

[3] 中共中央关于坚持和完善中国特色社会主义制度、推进国家治理体系和治理能力现代化若干重大问题的决定 [M]．北京：人民出版社，2019：31.

三、“枫桥经验”对推动基层治理现代化的启示

（一）新时代“枫桥经验”是基层治理现代化的典范

加强和创新基层社会治理，需要全社会积极行动起来，激发起社会每个细胞的健康活力，尤其是要用创新的方法将矛盾纠纷化解在基层，将和谐稳定创建在基层。新时代的枫桥镇不仅传承了当年的治理经验，更重要的是在不断创新这一经验，使其涵养新的时代内容，新时代“枫桥经验”的主要做法是“小事不出村，大事不出镇，矛盾不上交，就地化解”，仍然遵循为了群众、发动群众、通过群众。枫桥镇的基层治理工作不仅有方法的创新，更有当地领导干部通过工作方式方法的创新赢得的基层治理成效，作为全国优秀基层党组织，每天都有全国各地的单位和个人来此参观学习，这就是成效的最好证明，也充分展现出“共建共治共享”理念在基层治理中践行的成效。如今，诸暨的基层治理现代化不仅体现为自治、法治、德治的“三治”融合，通过了解百姓诉求，解决百姓关注的难题来提升人民的幸福感、获得感，还体现为依托互联网技术提升了治理的信息化、现代化水平，实现了“智治”的示范。

枫桥镇建起社会综治、市场监管、综合执法、便民服务四个基层治理平台；“建立了包括 13 个专业调解机构、742 家调解组织、3536 名人民调解员的大调解体系，调解成功率超过 97%”[1]；设立了“5+X”的标准化社会组织体系（包括红枫义警协会、乡风文明理事会、乡贤参事议事会、580 志愿服务会、邻里纠纷调解会及一系列居民参与治理的协会、团队）；镇上建有综合指挥中心，枫桥人的生活问题、各种诉求都可以反馈在这个平台的大屏幕上，管理者会第一时间了解群众需求，实现了治理的精细化和个性化；“马上办，让百姓更省时；网上办，让百姓更省心；就近办，让百姓更省力；一次办，让百姓更省劲；自己办，让百姓更省事”的为民服务举措和信息化、便利化的服务设备，赢得了人民群众的高满意度；在枫桥镇枫源村的村口石碑上写

---

❶ 陆健，严红枫，张颖．枫桥经验：基层社会治理的中国方案［J］．小康，2021（11）：38-40.

有“三上三下，民主治村”八个醒目的大字，这是民主议事的决策机制；紧盯“村民合理诉求、群众实际困难、村级财务管理、班子任期承诺、干部办事公道”等最基层的实际问题，形成了“定期问事、规范办事、开放议事、民主评事”的矛盾化解处理合力监督办法，提升了基层治理的效率和公信力，持续推动基层治理向现代化高水平发展。在党建引领方面，构建了“1+3+N”的网格架构（“1”是指1名网格长，“3”是指专职网格员、兼职网格员、网格指导员各1名，“N”包括“两代表一委员”、其他包联干部、基层党员干部、在职党员、志愿者等），通过党员在网格管理中发挥的重要作用，推动“智治”水平的提升。

（二）“枫桥经验”为新时代基层治理现代化提供新思路

2023年11月，在会见全国“枫桥式工作法”入选单位代表时，习近平总书记提出要坚持和发展好新时代“枫桥经验”，为推进更高水平的平安中国建设作出新的更大贡献，这既是对“枫桥式工作法”的肯定，更是对新时代基层治理现代化发展之路的指导意见。

在经济社会快速发展的前提下，要充分认识到，“枫桥经验”之所以能保持旺盛的生机和活力，首先就在于始终坚持党的领导，在于党组织始终是基层治理中的“领头雁”；其次是充分发挥好、利用好百姓参与社会治理的积极性主动性，继续走好群众路线，将多样化的群众诉求变为工作创新的动力源，将矛盾化解在基层、解决在未萌；再次是充分发挥现代信息技术的作用，将其应用于百姓的日常生活和需求管理中，推动基层治理现代化的数字化转型，实现及时精准满足群众需求的效果；最后还要重视文化传承，推动将优秀的传统文化与现代化的治理相结合，提升基层治理的文化品位。

总之，无论是从构建“系统治理、依法治理、综合治理、源头治理”的现代治理体系，还是构建平安和谐的社区，“枫桥经验”提供给我们的是党建引领、人民主体、自治法治德治“三治”结合、群众路线等经验借鉴，它们均统一于新时代基层治理的生动实践，为推动新时代基层治理现代化发展提供了新的思路。

四、基于“枫桥经验”创新基层治理现代化的路径

（一）坚持党建引领，为推进基层治理现代化注入动能

“中国共产党领导是中国特色社会主义最本质的特征，是中国特色社会主义制度的最大优势。”❶ 在抓基层、打基础的关键时期，党的领导始终是坚持和发展新时代基层治理现代化的根本保证，因为基层是社会治理的最前沿，是“中国之治”的根基，抓住了这个根基，就是抓住了党执政的基础，所以必须使基层党建与基层治理实现有机衔接，使基层党组织成为基层治理的“主心骨”，使党员成为“领头雁”。发挥党建引领作用，就是要发挥基层党组织在政治方向、组织凝聚、能力提升、机制建设等方面的引领作用，这是加强基层治理的基础性、牵动性工作。发挥党建引领作用，要通过强党建、重实践提高基层治理的科学化、规范化和民主化水平，推动基层党建高质量发展。发挥党建引领作用，要不断整合各种资源，创新党建工作模式，各地要学习浙江的“党建+基层治理四平台”（党建+乡村振兴、两新组织、流动人口管理服务、阵地建设）、“1+3+N”网格化治理等具体的工作经验，推动党的领导全面落实到基层工作中，使党旗在基层阵地高高飘扬。发挥党建引领作用，还要以完善的政策法规和信息技术手段为保障，通过不断建制度、强队伍、提能力、聚民心来提高党组织的凝聚力、向心力和引领力，推动基层治理的现代化发展。

（二）提高人民群众的自治意识，推进共治共建

党的十八大以来，以习近平同志为核心的党中央高度重视基层治理工作。习近平总书记强调，“基层强则国家强，基层安则天下安，必须抓好基层治理现代化这项基础性工作”。❷ 必须依靠群众是“枫桥经验”六十多年来坚持发展的一条重要经验。人民是历史的创造者，是推动历史发展进步的力量源泉，

❶ 习近平．高举中国特色社会主义伟大旗帜　为全面建设社会主义现代化国家而团结奋斗——在中国共产党第二十次全国代表大会上的报告［M］．北京：人民出版社，2022：6.

❷ 中共中央党史和文献研究院．习近平关于基层治理论述摘编［M］．北京：中央文献出版社，2023：6.

群众自治是基层治理的重要组成部分，加强和创新基层群众自治制度，必须提升人民群众的自治意识，提升人民群众参与基层治理的积极性和自我管理能力，形成多层次基层协商格局。可以通过开展群众自治意识教育，加强人民自治的法治教育，建立村务公开制度，实现群众自治的规范化和科学化，推进基层治理现代化的进一步发展。

（三）完善自治、法治、德治、智治“四治”结合，推进基层治理

“自治、法治、德治”相融合是中国特色基层治理体系的重要特征，是经过长期实践检验、被证明行之有效的基层治理方式，生动体现了中国特色社会主义的制度优势，新的历史时期，面对不断出现的基层治理新情况新挑战，要不断加强“智治”的力度，深化“四治融合”，推进基层治理体系和治理能力现代化。[1]“枫桥经验”在推进自治、法治、德治“三治”结合的同时也没有忽视“智治”的重要作用。近年来，诸暨市在诸暨人才办的指导下多次开展引进新型人才的在线交流会，注意创新型人才的引进与培养。同时，在创新驱动力加持下秉承以科技创新拓宽群众渠道，通过数字化技术创新带来的制度变革改变传统形态下的低效信息传递模式，以“数据+算法”的策略来应对基层社会治理的不确定性，突破信息孤岛、实现数据共享，对群众切身的问题敏锐感知、深度研判、提前预警，以智能化赋能基层社会治理；积极发展“网格智治”，开展“网格+党建”的新模式，以线上网格平台和智能辅助管理为核心，网格管理员、群众志愿者为纽带，以“智治”进一步推动基层治理现代化的步伐，为基层治理注入新的活力。各地要学习借鉴这些智能化赋能治理的新方式，推动基层治理工作再上新台阶。

（四）浸润优良文化传统，助力推进基层治理建设

发扬传统文化在基层治理方面的教化作用是“枫桥经验”始终坚守的理念，有助于塑造人的品行与性格。人们心中的不良心性，亦可通过传统文化的教化作用加以改正，从而提升社会的稳定性，发展稳定向前的基层治理秩

---

[1] 王杰秀．“四治融合”推进基层治理现代化［J］．中国民政，2023（4）：34-35.

序。枫桥干部群众将当地流传下来的优秀传统文化于无形中浸润于人民群众的心中：枫源村文化礼堂的长凳上能看到“宁以清贫清正谈笑，莫为名利财色折腰”的家风家训，“红白喜事龙虾省，传统菜肴得夸奖。红白喜事要看账，乡风文明有会长”的移风易俗顺口溜以及人们口口相传的枫源白话和咏枫源等内容，从而赋予新时代“枫桥经验”以文化底蕴。由此，可以提出基层治理的文化发展理念，创新基层治理的文化发展特色，形成具有地方特色和高质量内涵的文化品牌，以此助力推进基层治理建设。

“两山”理论的形成发展及其意义研究

温　晶*

（指导教师：刘英侠）

摘　要：“两山”理论是习近平新时代中国特色社会主义理论的组成部分，是习近平生态文明思想的核心内容，是新时代指导中国生态文明建设的理论特色和优势所在，蕴含着深刻的唯物辩证法思想意蕴。“两山”理论即“绿水青山就是金山银山”，是指环境保护与经济发展并非矛盾对立，而是相辅相成、相互促进的关系。“两山”理论对我国打开人与自然和谐发展的新局面，实现美丽中国的宏伟蓝图具有重要意义。本文将围绕“两山”理论的形成及其意义展开论述，以对习近平新时代中国特色社会主义思想进行深入的学习与思考。

关键词：“两山”理论；“绿水青山就是金山银山”；生态文明

“两山”理论缘起于浙江，践行于全国，是习近平主政浙江期间提出的一个重要理论，其理论核心是“绿水青山就是金山银山”。“两山”理论作为习近平新时代中国特色社会主义思想的重要组成部分，极具唯物辩证的思想，也是形成习近平新时代中国特色社会主义思想世界观、方法论的实践逻辑，具有鲜明的时代特色、中国特色。“两山”理论以“兼顾论”“前提论”“转化论”丰富了马克思主义的认识论思想，也是对中华优秀传统文化的传承和发展，新时代的“两山”理论，不仅对浙江的区域发展、对中国的生态文明

* 温晶，女，北京石油化工学院材料科学与工程专业 2022 级 1 班学生。

体系构建具有重要的意义，对全球生态经济的发展也具有重要的借鉴意义。

一、“两山”理论的形成和发展过程

（一）“两山”理论的酝酿

绿色发展理念和生态文明思想在习近平总书记心中早已萌芽。早在20世纪80年代，习近平在河北正定工作的时候，就提出了“宁肯不要钱，也不要污染”的理念。

2002年12月，来浙江工作不久的习近平，在主持浙江省委十一届二次全体（扩大）会议时提出，要积极实施可持续发展战略，以建设“绿色浙江”为目标，以建设生态省为主要载体，努力保持人口、资源、环境与经济社会的协调发展。2003年1月，在习近平的重视和推动下，浙江成为全国第五个生态建设试点省。

2003年，时任浙江省委书记的习近平发表在《求是》杂志上的文章中提出“生态兴则文明兴、生态衰则文明衰”的重要论断。2003年7月，在浙江省委十一届四次全体（扩大）会议上，习近平提出“进一步发挥浙江的生态优势，创建生态省，打造‘绿色浙江’”。

（二）“两山”理论的提出

余村位于浙江省湖州市安吉县天荒坪镇，是典型的山村，因境内的天目山余脉而得名。这个村正是习近平提出著名的“绿水青山就是金山银山”科学论断的地方。2005年的8月15日，时任浙江省委书记的习近平来到了浙江余村进行调研，当听到村里下决心关掉了石矿，停掉了水泥厂，现在靠发展生态旅游让农民“借景发财”，闯出了一条生态文明之路时，习近平给予了高度的肯定。调研余村9天之后，习近平以笔名“哲欣”在《浙江日报》头版“之江新语”栏目发表《绿水青山也是金山银山》短评，文中提到：“下决心停掉一些矿山，这个都是高明之举。绿水青山就是金山银山。我们过去讲既要绿水青山，又要金山银山，实际上绿水青山就是金山银山。本身，它有含金量。”❶“我们追求人与自然的和谐，经济与社会的和谐，通俗地讲，就是既要绿水青山，又要金山银山。”❷ 习近平还进一步论述了绿水青山与金山银山的辩证关系：“绿水青山可带来金山银山，但金山银山却买不到绿水青山。绿水青山与金山银山既会产生矛盾，又可辩证统一。”❸

(三)“两山”理论的深化发展

党的十八大以后，习近平总书记站在中华民族永续发展、人类文明发展的高度，明确把生态文明作为继农业、工业文明之后的新阶段，指出生态文明建设是政治，关乎人民主体地位的体现、共产党执政基础的巩固和中华民族伟大复兴的中国梦的实现。

2013 年 9 月 7 日，习近平总书记在哈萨克斯坦纳扎尔巴耶夫大学发表演讲并回答学生们提出的问题，在谈到环境保护问题时他指出：“我们既要绿水青山，也要金山银山。宁要绿水青山，不要金山银山，而且绿水青山就是金山银山。”

2017 年 10 月 18 日，党的十九大报告指出，“坚持人与自然和谐共生。必须树立和践行绿水青山就是金山银山的理念，坚持节约资源和保护环境的基本国策”❹，这是首次将“树立和践行绿水青山就是金山银山”的理念写入党代会报告。

2018 年 5 月 18 日至 19 日，在全国生态环境保护大会上，习近平提出要自觉把经济社会发展同生态文明建设统筹起来，加大力度推进生态文明建设、解决生态环境问题，坚决打好污染防治攻坚战，推动我国生态文明建设迈上新台阶。提出新时代推进生态文明建设必须坚持好六项原则、完成好五大任务。这是对习近平生态文明思想的一次比较完整的表述，而“两山论”作为六项重要原则之一，成为习近平生态文明思想完整理论体系的核心蕴涵和重要支撑。

---

❶ 中共浙江省湖州市委．“绿水青山就是金山银山”的湖州实践［EB/OL］．［2024-06-30］．http：//www. qstheory. cn/dukan/qs/2020-09/01/c_ 1126430043. htm.

❷ 习近平．之江新语［M］．杭州：浙江人民出版社，2007：153.

❸ 习近平．之江新语［M］．杭州：浙江人民出版社，2007：153.

❹ 习近平：决胜全面建成小康社会 夺取新时代中国特色社会主义伟大胜利——在中国共产党第十九次全国代表大会上的报告［M］．北京：人民出版社，2017：23.

2019年3月5日下午，习近平总书记在参加十三届全国人大二次会议内蒙古代表团审议时提出加强生态文明建设的“四个一”，体现了我们党对生态文明建设规律的把握、生态文明建设在新时代党和国家事业发展中的地位以及党对建设生态文明的部署和要求。

2021年10月12日，习近平总书记在《生物多样性公约》第十五次缔约方大会领导人峰会视频讲话中再次提出“绿水青山就是金山银山”，并指出生态环境与财富之间的关系，“良好生态环境既是自然财富，也是经济财富，关系经济社会发展潜力和后劲。我们要加快形成绿色发展方式，促进经济发展和环境保护双赢，构建经济与环境协同共进的地球家园”。❶

二、“两山”理论蕴含的认识论意义

习近平总书记以“两山论”为基石的生态文明思想，是与马克思主义生态观一脉相承的，充分体现了马克思主义的辩证观点，是在继承马克思主义生态观的基础上，结合人类文明发展的经验教训以及基于对人类文明发展意义的深邃思考而逐步形成、发展的，不仅发展和践行着认识论的思想，而且闪耀着真理的光芒。

（一）“两山”理论的逐渐成熟反映了认识论的基本规律

“两山论”系统剖析了经济与生态在演进过程中的相互关系，深刻揭示了经济社会发展的基本规律，是对自然发展规律、经济社会发展规律、人类文明发展规律的最新认识，是引领中国走向生态文明之路的理论之基。

2006年3月8日，在中国人民大学的一次演讲中，习近平对“两山”之间的辩证统一关系进行了集中阐述。他认为，在不同的发展阶段，人们对这“两山”关系的认识是不同的。第一个阶段：用绿水青山去换金山银山，不考虑或者很少考虑环境的承载能力，一味向大自然索取资源。第二个阶段：既要金山银山，但是也要保住绿水青山。这时候经济发展和资源匮乏、环境恶化之间的矛盾开始凸显出来，人们意识到环境是我们生存发展的根本，要留

❶ 习近平谈治国理政（第4卷）［M］. 北京：外文出版社，2022：435-436.

得青山在，才能有柴烧。第三个阶段：认识到绿水青山可以源源不断地带来金山银山，绿水青山本身就是金山银山，我们种的常青树就是摇钱树，生态优势变成经济优势，❶ 因此，可以形成一种浑然一体、和谐统一的关系。

以上这三个阶段，是经济增长方式转变的过程，是发展观念不断进步的过程，也是人与自然关系不断调整、趋向和谐的过程。第三个阶段是一种更高的境界，体现了科学发展观的要求，体现了发展循环经济、建设资源节约型和环境友好型社会的理念，更是人类对人与自然关系的认识不断深化的成果。

（二）“两山”理论蕴含的认识论思想

“两山”理论不仅是“绿水青山就是金山银山”一句话，随着人们认识的提升，逐步总结出由三句话构成这一思想：一是“既要绿水青山，也要金山银山”，二是“宁要绿水青山，不要金山银山”，三是“绿水青山就是金山银山”。因此，可以从认识论的三个层次对“两山”理论的科学内涵进行分析。

1. “兼顾论”

这主要是针对“既要绿水青山，也要金山银山”的论断来说的。“两山”理论认为，“绿水青山”与“金山银山”之间、生态保护与经济增长之间是对立统一的关系，并非始终处于不可调和的对立关系。人类要始终秉持人与自然和谐共生的理念，做到尊重自然、敬畏自然、顺应自然、保护自然，就可能兼顾生态的保护与经济的增长，实现生态经济的协调发展。因此，“绿水青山”与“金山银山”的兼顾是可能的。

2. “前提论”

这主要是针对“宁要绿水青山，不要金山银山”的论断来说的。就是当出现实现经济高速增长和生态破坏、环境污染的矛盾时，以哪个为重的问题。中国的原则是“宁要绿水青山，不要金山银山”，即考虑全局利益、长远利益和子孙后代的利益，宁可发展速度慢一些，也绝对不能以牺牲环境为代价，坚持“生态优先”。

---

❶ 习近平．之江新语［M］．杭州：浙江人民出版社，2007：186.

3. “转化论”

这主要是针对“绿水青山就是金山银山”的论断来说的。主要有两层含义：一是指自然资源、生态环境和生态产品就是经济资源，可以把绿水青山转化为金山银山；二是指绿水青山还是实现源源不断的金山银山的基础和前提。因此，我们要保护好绿水青山，并推动绿水青山为人们带来经济效益，如发展旅游经济带来收入增加等。

无论是“兼顾论”“前提论”，还是“转化论”，始终不变的一条主线是妥善处理好人与自然的关系，妥善处理好“绿水青山”与“金山银山”的关系，妥善处理好生态保护与经济建设的关系。在这些关系的处理中，习近平总书记要求始终坚持“生态优先，绿色发展”。因此，绿色发展要渗透和贯穿于创新发展、协调发展、开放发展、共享发展的各方面和全过程，从而使新发展理念成为我国经济社会发展的指导思想。

三、“两山”理论的重大实践意义

（一）“两山”理论的区域意义

“两山”理论萌发于浙江省，也最早践行于浙江省。正是在“两山”理论指导下，浙江省率先创建成功全国第一个生态县——浙江省安吉县；浙江省率先创建成功全国第一个生态省；浙江省省会杭州市被习近平总书记誉为“生态文明之都”；习近平总书记亲自倡导并在践行“两山”理论过程中不断推进的“千村示范、万村整治”工程被联合国授予“地球卫士奖”。“两山”理论不仅指导浙江省率先建成美丽浙江，还指导浙江省成为美丽世界的“重要窗口”。

（二）“两山”理论的国家意义

党的十八大以来，习近平总书记不断提高对生态文明建设的重视程度，亲自参与实践，形成了以“两山”理论为核心的习近平生态文明思想。

党的十九大将“两山”理论写入党章，使之成为生态文明建设的指导思想。十三届全国人民代表大会第一次会议通过的《宪法》修正案第32条明确指出，要推动物质、政治、精神、社会、生态“五个文明”的协调发展，把我国建设成为“富强民主文明和谐美丽”的社会主义现代化强国，实现中华民族伟大复兴。这段文字虽然没有直接写到“两山”理论，但是把与“两山”理论紧密相关的生态文明、美丽中国等纳入社会主义现代化强国的重要特征中。

可见“两山”理论对于建成美丽中国，加快我国从高速度增长转向高质量发展具有十分重要的战略指导意义。

（三）“两山”理论的世界意义

长期以来，在生态文明建设领域，西方国家都处于引领地位。随着“两山”理论的形成及发展和完善，“绿色发展”“生态产品”“自然资源资产”等源自中国的理念逐渐被世界所熟知。

第二届联合国环境大会高级别会议于2016年5月26日举行，会上发布了《绿水青山就是金山银山：中国生态文明战略与行动》报告，其中肯定了中国生态文明建设是对可持续发展理念的有益探索和具体实践，“两山”理论为其他国家应对类似的经济、环境和社会挑战提供了经验借鉴。如今，不仅“两山”理论被国际社会高度认可，以“两山”理论为指导的生态文明建设经验也已经得到国际社会的广泛认可。

这就是“两山”理论对于建设美丽世界、对于推动构建人类命运共同体所产生的指导意义，也是中国为推动全球生态经济协调发展所作的重要贡献。

结　论

“两山”理论具有深刻的科学内涵、认识论意义和重大的实践意义，因此，推进贯彻落实“绿水青山就是金山银山”理念就成为推动经济社会高质量发展的必由之路。绿水青山向金山银山转化是为了促进绿水青山经济价值的实现；保护更多的绿水青山，治理好生态环境，可以激发生态的积极性和可持续性，增加生态产品和服务有效供给的能力。我们要妥善处理好“绿水青山”与“金山银山”的关系，保护好“绿水青山”，做到兼顾“绿水青山”与“金山银山”。

北京798艺术区发展的现状及问题调研报告

胡宇琛*
（指导老师：李建华）

摘　要：798艺术区是我国工业园区转型成为艺术园区的成功案例，也是城市产业结构转型升级的典型案例。本文对798艺术区的现状进行了实地调研，分析了798艺术区发展中出现的问题，798艺术区需要进行内部企业的合理规划，提升产业园企业的知名度，加强文化产业链的建设，带动周边地区经济发展。

关键词：798艺术区；问题；调研

一、调研与实践背景

在2006年，北京市首先提出发展文创产业。随后，文创产业的收入逐年增加。北京798艺术区是我国工业园区成功转型为艺术园区的首个案例。近年来，北京加大文化中心建设的力度，文化创意产业园区数量不断增加。通过发展传统的产业，并在其基础上进行产业转型升级，结合新媒体、宣传、创新等方面的技术，推动文创产业的发展，实现社会效益与经济效益的统一。随着798艺术区的发展，其周边地区形成了文化艺术集聚园区，带动了周边地区的经济发展，798艺术区已经成为文化艺术园区产业发展的代表。

* 胡宇琛，北京石油化工学院经济管理学院学生。

二、调研与实践对象简介

北京 798 艺术区位于北京市朝阳区酒仙桥路 2 号，为北京的文化创意产业集聚区。其原是由苏联援建、东德负责设计建造的重点工业项目 718 联合厂，后被拆分为多个厂，798 厂为其中之一。2002 年开始，众多艺术机构汇聚于此，逐渐形成艺术群落。北京 798 艺术区总面积 60 多万平方米，大致分为 6 个片区，其中 798 路两侧的 D 区和 E 区文化机构最集中。2020 年 12 月 25 日，北京 798 艺术区被确定为第二批国家级文化产业示范园区创建园区。

三、调研与实践过程

时间：2022 年 6 月 4 日。

调研方式：资料法、访谈法、观察法。

笔者采访了之前在 798 艺术区工作的工作人员。经过工作人员的介绍，她所工作的 798 厂八分厂，原来是电子工业部，主要生产重要的电子器件，应用于国家建设部门的高端军工产品。天安门前灯柱上的音箱，也由该工厂生产。798 厂的厂房由德国所建，为典型的包豪斯风格。厂房具有特殊结构，全向阳和顶窗玻璃，保证了生产光线的稳定。20 世纪 70 年代，由于 798 厂经济效益较低，该工厂内部进行整改重组，整个 798 厂被出租，之后随着一些艺术家的进入，形成了现在所展现的艺术区。目前 798 工厂已经搬到平谷区。

现在我们所看到的就是已经艺术转型之后的 798 艺术区，但是里面依然保留了原有的厂房、机器等设备。经过观察，如今的 798 厂，由于许多艺术家和企业入驻，发展了画廊、网红餐厅、咖啡吧等各种艺术展现形式。在整个艺术区的墙上，有各种各样的涂鸦，无一不体现出别具一格的文艺特色。许多老年人来参观之前工作过的地方，也有小朋友跟随他们的父母来接受文化的熏陶。798 艺术区内的网红店中，有许多的年轻人在拍照、拍摄视频。

但 798 艺术区也存在一些问题。内部经营较散乱，没有形成规模效应。个体经营较多，大多数都是单独的小店，缺乏整体性规划。企业缺乏顶层设计、缺乏合理规划，导致 798 艺术区的特色无法合理应用。

四、调研实践结果及认识

北京 798 艺术区在保留原有特色的基础上，对整个园区进行艺术完善。北京 798 艺术区是中国艺术的典型艺术聚集地。在北京市政府的大力支持下，798 艺术区逐渐发展并形成自己的特色。北京 798 艺术区在其原有的工业基础上，秉承着开放、多元、包容的理念，对原有的厂房进行艺术加工与创新。根据工厂特色，形成独特的艺术风格，也形成独特的传统工业与现代艺术的结合与碰撞。

在今后的发展中，从产业长远发展的角度看，798 艺术区需要进行内部企业的合理规划，加强整体布局设计，提升产业园企业的知名度，加强文化产业链的建设，如上下游企业的建设，从产品设计、产品生产、产品销售这三方面进行整体规划，在产业园内部形成良性循环，从而带动 798 艺术区及周边地区的经济发展。周边企业要加强与 798 艺术区的合作，结合 798 艺术区独有的工业特色，共同创新出属于该艺术区特有的文创产品，吸引更多的游客前来参观，带动其旅游业的发展。通过发展文创产品，带动经济效益的提升，让更多人关注 798 艺术区的曾经与现在，实现多元化发展。

798 艺术区作为一个同时具有工业化和现代化艺术特色的产业，是中国当代艺术面向世界的窗口，曾经的工厂正在以另一种形式为社会作出贡献，并产生新的价值。北京 798 艺术区是北京面向世界的一张名片。798 艺术区所体现了习近平新时代中国特色社会主义思想中的文化自信。文化产业的兴起建立在文化自信、民族自信的基础上，我们要推动中华优秀传统文化的创造性转化、创新性发展。

家族百年·同历兴衰·共情中华
——记我的家族史

熊溢非*

（指导教师：郑艳）

摘　要：家族史是国家史的缩影。家族的故事，见证小家庭与大时代的交融，展示时代的变迁与进步、家族的成长与蜕变以及个人命运的浮沉与流转。有国才有家，国强家兴旺。新征程上，广大青年应当不忘家国历史，永葆爱国之情，常怀复兴之志，与时代同进步，与祖国共奋进，书写中华民族伟大复兴的历史新篇章。

关键词：家族史；命运；时代

本学期中国近现代史纲要课布置了“我的家族史”调研论文。为此，我先后向家中长辈询问了祖辈的历史。聆听着他们的讲述，回望百年风雨如晦，我体会到今天美好幸福生活的来之不易，也深深感受到无论哪个年代，中国人民坚韧不拔、自强不息的精神在代代延续。这种伟大的民族精神，是中华民族饱经风霜而愈挫愈勇、生生不息的力量源泉。本文分别回溯我父系、母系家族的历史，叙述生活在长江三角洲、东北地区两个家族的漂泊沉浮，不忘来时之路，才能走好脚下之路。

---

* 熊溢非，男，北京石油化工学院经济管理学院数管 192 班学生。

烽火岁月中的苏州一家人

我外祖母的祖上居住在太湖西山的马村，原本有些声望，但辛亥革命后，家道就中落了。那时，上海作为新兴城市，周边人纷纷前往，找寻新世界。外高祖父也去上海谋生，但很不幸，打拼没几年，在 1918 年染上肺病去世。24 岁的外高祖母成为寡妇，带着一儿一女迁居回到苏州，那时，外曾祖父仅 4 岁。外高祖母当时靠绣花度日，外加亲戚的一点接济，她积劳成疾，也染上了肺病。1927 年春季，外高祖母唯一的女儿因为感染白喉而夭折，她深受打击。为了仅存的儿子能成家立业，她夜以继日地绣花，每天要绣到深夜。由于操劳过度，在 1929 年的深秋农历 10 月中旬去世，年仅 36 岁。

外曾祖父生于 1914 年，14 岁上完高小。1930 年，经人介绍到苏州鸿战翔南北货行当学徒。在此期间，他过着牛马不如的生活，每天起早摸黑扫地、抹桌子、倒茶水、洗痰盂，仅早晚能有一点练字的机会。他在鸿战翔南北货行连学徒带工作了五年。1934 年端午节，货行由于经营不善倒闭，外曾祖父被解雇，发了两个月薪水作为遣散费。由于为人诚恳，很快便经人介绍到一家总部在上海的糖行苏州分行工作。起初，糖行的设立不受苏州糖业的欢迎，遭到联合攻击和抵制。上海总行则通过采取赊销 10 天期的方式进行销售，立即引起了轰动，遍及苏浙皖的进货信件涌来，从此生意兴旺。不得不说，上海总行颇有经营之道，还附设进口业务，经营东印度公司白砂糖、菲律宾吕宋糖、香港太古糖、日本绵白糖、古巴砂糖等。此外，经转苏州还可以免去在上海送礼请客以及占码头的昂贵费用。1936 年农历 11 月 12 日，22 岁的外曾祖父和外曾祖母在养育巷天星园举行婚礼，虽然当时西式婚礼已是常见，但采用的仍是旧式结婚仪式，不用乐队，只用吹吹打打，男子穿的是蓝袍玄褂，女子穿的是老式粉红色绣花礼服和绣花鞋。

1937 年 7 月 7 日，卢沟桥事变爆发。在苏沪一带，8 月 13 日淞沪会战爆发。日军在金山卫登陆，国军节节败退，苏州遭轰炸，“大中旅社”被炸毁，苏州城的居民开始第一次逃难。据外曾祖父回忆，当时横塘路上皆是逃难人群，大街小巷陆续不断。外曾祖父只能携妻逃至老家西山，后见日寇并未进城，就陆续返城了。过了两个月，迎来第二次逃难。日机轰炸频繁，经常出动数十架飞机轰炸扫射。当时情况紧急，外曾祖父和外曾祖母再次回到西山老家。后来才知道，当时的苏州虽然火光冲天，但发生的是外围战，没有波及城内。因此，众多的苏州园林及城市风貌得以保留。

初期的战争过后，苏州作为沦陷区也慢慢恢复了正常生活，这期间我外祖母出生，外曾祖父也购置了住房。

1945 年 8 月，日本投降，国民党政府命令伪军维持秩序，国民党军队陆续开进苏州城，横行霸道，乘机敲诈勒索，大发战争财，腐败至极！之后，苏州城进入了混乱，国民党统治区陷入了政治和经济危机。当时，外曾祖父的糖行经理为了保命只能逃之夭夭。后来，糖行改名为敬春堂行，外曾祖父担任会计，对当时的社会经济颇为了解。1948 年，法币迅速贬值，物价混乱不堪，常常一日数涨，到晚上往往能涨好几成，老百姓只能一早去排队买米。为了掩盖通货膨胀的事实，国民党中央银行发行了金圆券，原 1 万法币兑换 1 圆金圆券。但因为没有做好充足准备，印刷厂来不及印刷，物价没稳定多久，又涨了起来。上海中央银行一天抛出几吨黄金，仍然压不下来。当时，蒋经国在上海成立“托办司”打击投机商，却四处碰壁。不久，金圆券破产了。

1949 年，国统区政治经济动荡不安，兵危将寡。4 月 27 日，解放军进入苏州。

解放后，外曾祖父所在的糖行在 1956 年进行了公私合营的改造。外曾祖父也顺利转变为社会主义糖厂的一名员工，仍然兢兢业业担任着会计的工作，直到 1976 年退休。

新中国东北的第一代建设者

时间回溯到 1930 年，我的祖父在东北的齐齐哈尔出生。

我的祖辈是闯关东的汉族，但具体已不可考。我的高祖父大概是在哈尔滨开纺织厂的。当时，中国正处于清末的混乱时期，洋务运动的兴起促进了中国民族资本主义的产生，催生了中国民族资产阶级。我的祖上在哈尔滨开纺织厂，维持了相对体面的生活。但是，东三省很快沦陷在日本侵略者的铁蹄之下。所有行业都收归日本人管理。到了我的曾祖父那辈，纺织厂已经营不下去，只得来到了更远的齐齐哈尔。

齐齐哈尔是一座驻防城市，发展一直不是很快。我的曾祖父靠祖上的积累做一些小买卖，维持基本温饱的生活，陆续生育了十个孩子，其中两个夭折。1930年，我的祖父出生，接受了相对还不错的教育。但由于连年战乱，祖父18岁就辍学了。1949年，随着新民主主义革命胜利和中华人民共和国成立，各行各业蓬勃发展，特别是军工企业等重工业，在东三省得到了长足发展。1950年祖父考入哈尔滨工业大学土木工程系，1955年毕业留校任教。1960年起，为填补为我国在新型复合材料领域的空白，与其他同志一起放下所熟悉的工程结构专业，参加了哈尔滨建筑工程学院玻璃钢研究室的组建工作，带领十几名青年教师，在一无资料、二无设备的困难条件下，开展用于火箭头使用的玻璃钢端头复合材料的研制工作。那时的玻璃钢材料还属于新型材料，祖父参与的项目在1964年的国家重大项目中发挥了重要作用，“玻璃钢端头复合材料”作为国家工业新产品获得了1964年中华人民共和国计划委员会、科学技术委员会等三部委联合颁发的一等奖。

当时，东三省是中国最发达最繁荣的地方之一，除了哈尔滨，还有大庆的油田、长春的汽车工业、沈阳的钢铁冶金工业，几乎支撑起半个中国的工业！然而，由于历史变迁，随着石油资源的枯竭，以及轻工业在长三角、珠三角的兴起，东北逐渐成为人口净流出区域，经济逐渐衰落。这是后话。

20世纪60年代，为进一步发展国家的新型玻璃钢等复合材料，在原来哈建工材料研究所的基础上，单独成立了哈尔滨玻璃钢研究所。祖父也进入这家研究所，开始了科研攻关，取得了令人瞩目的成绩，慢慢担任了领导工作。1966年“文化大革命”开始，作为学究型的领导干部，祖父受到了波及，落下了一身的病痛。“文化大革命”结束，祖父恢复工作，继续投入新的工作中，那时他已是哈尔滨玻璃钢研究所的党委书记兼所长。他以身作则，将自己的办公桌搬到车间里办公，带领手下攻克了一道道技术难关。1986年，因为过度辛劳及长期在污染的环境中工作而与世长辞。祖父为国家的国防建设工作作出了突出的贡献。祖父病逝时，我的父亲才上高中。经过家里的变故，他也一改惯常的调皮捣蛋，考上了哈尔滨建筑工程学院建筑系。1991年大学毕业后，父亲来到了北京，进入商业部设计院工作。那时，父亲的哥哥已先一步进入中国建筑科学研究院工作。1992年，邓小平南方谈话之后，国家的经济改革进入快速发展期，整个建筑行业也随之蓬勃发展起来，房地产业迅速成为国家经济的支柱产业。我的父辈们经历了改革的洪流，也得益于行业的发展和工作的经验积累，真正成为国家建设发展的有生力量。目前，他们仍在各自的岗位上发挥着作用。

岁月河山，沧桑巨变，换了人间。在中国共产党的领导下，中国从苦难走向辉煌，实现了伟大逆袭。党的十八大以来，中国特色社会主义进入新时代，党和国家事业取得历史性成就、发生历史性变革，中华大地上全面建成了小康社会，中国人民正阔步走在中华民族伟大复兴的新征程上。历史的接力棒已经交到我辈手上，我辈青年应当胸怀伟大梦想，勇立时代潮头，锤炼过硬本领，争做民族复兴的先锋力量！

基于“形势与政策”课程创新开展“双碳”战略以及ESG评价体系通识教育的项目策划

——“双碳战略-形势与政策-ESG意识型高校人才-可持续发展型社会人才”培养体系构建

何昊阳　闫方琦　杨千雅*

（指导老师：石　泉）

本项目主要围绕“双碳战略-形势与政策-ESG意识型高校人才-可持续发展型社会人才”培养体系（以下简称培养体系）的构建必要性、构建目标、理想构型、构建解决策划四个部分。

在问题背景、情况调研两部分中阐述了培养体系构建必要性；在问题分析、调研信息预处理两部分中阐述了构建目标、理想构型；在培养体系解决、可行性分析两部分中阐述了构建解决策划。

社会可持续发展大局必须需要高校提供可持续发展性社会人才，经过调研结果分析决定以形势与政策课为载体，以“双碳”和ESG评价体系为主要内容，构建培养体系。根据调研结果决定“三位一体、一机构”（或“三位一体、一组织”）的构建思路，培养体系在专业、实践、奖励机制方向三位构建发展，以培养体系教研中心、政策、专业双重能力教研小组两级组织为主责机构。

---

* 何昊阳，北京石油化工学院新材料与化工学院高213班学生；闫方琦，北京石油化工学院人文社科学院会展211班学生；杨千雅，北京石油化工学院机械工程学院能动221班学生。

在培养体系解决中详细提供了主责机构的选拔、构建、考核、奖励、职称、任免方案，并创新提供了以奖励机制促进教师全体对标选拔要求，促成全校各专业、各课程、各研究“双碳”、ESG 评价体系日常贯彻风气。在培养体系解决部分中详细提供了专业、实践、奖励机制三位发展方向，细致包含课程教学班划分、地方组织、企业沟通流程、学分绩点增改细则、评优竞赛评奖细则。为培养体系构建提供了相对详细、具体、细节的落实方案。最后在可行性分析中，依据培养体系构建所提供方案，分析所有、所需的社会条件，明确指出解决培养体系落实的可行性关键点。

一、问题背景

自 1987 年联合国正式提出可持续发展战略的概念起，全球目光转向环境与资源可持续发展，我国积极打造环境友好型社会和培养可持续发展环境创新型人才。2020 年我国提出“双碳”——“碳中和、碳达峰”战略目标，“十四五”规划已明确我国力争“2030 年前实现碳达峰、2060 年前实现碳中和”的目标。推动绿色低碳发展理念逐渐社会生产发展各个层面。

社会发展将在“双碳”战略等一系列可持续发展战略和生态文明思想的指引下开展，需求新的可持续发展型人才、可持续发展型研究，新的学业、择业、从业导向，新导向需要明确的信息披露、碳排放量、减排指标、排放等级，ESG 评价体系（环境、社会和公司治理，包括信息披露、评估评级和投资指引三个方面）将作为重要考量方式。

本项目将聚焦“双碳”战略和 ESG 评价体系，中国高校是中国社会主要人才和研究的提供来源，本项目将“双碳”战略等一系列绿色低碳发展理念、ESG 评价体系意识能力融入高校教育作为的核心目标。

本项目拟定以“形势与政策”课程为载体，将“双碳”战略融入高校“形势与政策”教育，培养学生可持续发展意识，让可持续发展思想与学生的专业结合，打造具有 ESG 意识能力的新工科新文科，形成一个培养体系。

二、情况调研

（一）调研目的

通过背景分析可知，社会需要高校在学生形势与政策教育中添加以“双碳”为首的可持续发展战略和生态文明思想，来培养能够适应未来生产发展模式的新人才。我们接下来要调研该社会需求在高校学生群体中产生的反应，调研结果将为培养体系提供主要的信息支撑。

“形势与政策”课作为“双碳”政策教育的拟定开展载体，调查中应呈现“形势与政策”课当前的开展情况以及未来的发展方向，就此为研究提供基本的载体模型。

可持续发展战略、生态文明思想、“双碳”等作为研究的教育目标，调查中应呈现高校学生对此战略政策的看法，对学习“双碳”的社会需求的看法。

“形势与政策”课以及“双碳”政策与学生专业的关系是教育投产的关键，也是学生学习需求的关键，调查要反复对标学生专业。

我们将调查分为三部分：“形势与政策”、“双碳”、专业。

（二）调研方式及结果

为更全面了解高校学生群体对当下“形势与政策”课程的见解，“形势与政策”、“双碳”以及专业间的关系，我们采取了“线下采访+线上问卷”的方式进行调研，共统计线下采访 10 份，线上测验回收有效题本 970 本，采用专业的统计软件 SPSS 26.0 进行科学统计分析，根据结果撰写调研报告。

（三）“形势与政策”课程调研情况

通过调查结果发现，当前“形势与政策”课程已面向各年级学生每学期开设，课堂规模较大，课时安排充分，依据具体情况安排线上线下结合模式，学生已在“形势与政策”课中了解可持续发展战略、生态文明思想（见表 1、图 1）。

表 1　是否在形势与政策课中了解过可持续发展战略

结果	频率	百分比（%）
否	50	5.15
是	920	94.85
总计	970	100.00

图 1　是否在形势与政策课中了解过可持续发展战略

但缺乏小组讨论、互动交流、成果检验、成果展示，对于“双碳”战略等一系列绿色低碳发展理念、ESG 评价体系缺乏专项教学。

采访调研结果显示，学生需求在“形势与政策”课程中增加汇报答辩、实践运用、情景模拟、研讨交流等内容，部分采访结果显示，希望“形势与政策”增设学分绩点奖励机制。

（四）“双碳”等战略政策调研情况

调查结果显示，学生基本对“双碳”、可持续发展战略、生态文明思想有初步了解，学生基本通过高中政治等科目初步知晓“双碳”战略，了解程度仅限于粗略概念。学生普遍认为对“双碳”等战略的学习具有必要性，但是至今并未进行大量自主学习。综上证明，可持续发展战略的重要性已经深入人心，但是学生多缺乏深入了解的主观能动性以及将思想转化为实践的意识。

（五）“双碳”政策与学生专业的关系调研情况

采访结果显示，学生均认为“双碳”政策的发展会与自己的专业有很大衔接度，能够促进自己今后的发展。人力资源管理专业的学生认为，每个企业都有它的一个碳排放标准，就可以将这些标准加入各部门的绩效考核中；智能制造专业的学生认为，今后在进行生产制造的过程中极有可能污染环境，那么“双碳”政策的落实就会促使企业碳排放量降低，从而改善环境，实现可持续发展，能够做到专业发展与国家发展方向相结合；会展专业的学生认为，“双碳”政策的落实更能让我们绿色办展，实现低碳节约环保，拒绝重复办展、低水平办展，从而实现会展规模化，提高会展利用效率。部分学生表示目前政策教育与专业学习研究的进度和内容缺乏衔接。

但目前依然缺乏与学生专业的具体衔接的教育，学生自身也缺乏衔接能力，学生的专业学习伴随学期进阶增长，但是政策教育没能做到循序渐进、对标专业教学。

三、问题分析

（一）“双碳”教育经验的缺乏

缺乏大量的有成效的实践教育经验，并且“双碳”教育缺乏明确导向，关于“教育怎么做”的问题需要自主摸索，“双碳”本身需要大量人力资源的长期投入，短期实践中难出成效。

（二）技术和政策教育的断层

利用氢能减碳等技术需要人工智能、信息技术、数字技术等方面的突破来实现，“双碳”教育必然会成为技术性显著的政策专业结合教育，这种教育模式是以往政策教育匮乏的，需要具有双重能力的教师和教研团队。

（三）“双碳”深入日常的困难

“双碳”的日常实践，被经常性忽视，单纯思想上的遵循认可，无法有效地将“双碳”战略“投研投产”，以实践等多重手段培养常态化双碳意识至关重要。

（四）就业压力与“双碳”选择矛盾

面对严峻的就业压力，高校毕业人才更关注就业前景与薪资待遇，少有关于环境生态的考虑，此类择业需求在很大程度上导致可持续发展型社会人才短缺，拥有 ESG 评价体系至关重要，ESG 意识培养虽困难但关键。

（五）问题解决与培养体系导向

综合问题分析及调研结果可得，培养体系需要着重建立根据专业的多样化、多元化教育，最优情况下，以专业逐个划分“专业+政策”教研小组，总和各个教研小组构建学校培养体系教研中心。高校教研中心之间建立沟通机制，更高效地将所有经验综合，快速提高“双碳”战略教育的经验储备。

根据情况开展实践教育，发挥教学成果，运用 ESG 评价体系在实践中考量实践单位情况，以“双碳”战略思想指导实践单位生产，即使转化教学成果，每学期开展 1 次以上实践，由各专业教研小组挑选符合专业、“双碳”教育进度、ESG 评价能力的优质实践地点。实践活动结束后快速转化活动经验，指导更新下一学期教研工作。最优情况下，将该实践教育作为学生的必修课。

为提高学生对于知识的掌握程度，在新的培养体系中要多样化、多重化开展教学成果检验，以增加学分绩点等抓手为积极导向，教学成果检验形式要根据调研结果制定，教学成果检验以及奖励机制始终遵守专业特性。

四、调研信息预处理

（一）培养体系课程载体统计数据

关于双碳政策学习形式，在多项选择的情况下，达到 67. 73% 的学生选择将其融入“形势与政策”课程，其次 64. 64% 选择融入思政课程，58. 76% 选择设立专门课程，40. 52% 选择融入团日活动。

数据统计结果符合培养体系构建最初设想，本项目教育体系符合学生需求，具有可行性。根据调研结果，在“形势与政策”课程无法满足“双碳”教学量需求时，可以选择思政课程来配合教育，对于 58. 76% 的“双碳”专业课程设立需求，可以设立“双碳”选修课程来满足额外需求。课程容量允许的情况下，尽量避免以团日活动完成“双碳”教育。

（二）专业教育特征数据

限于专业种类繁杂数量繁多的问题，我们仅针对学院进行了分类调研，调研结果显示机械工程学院、经济管理学院对自身行为能够为实现碳达峰碳中和目标贡献的影响预估较低，尤其经管学院的预期小于半数。要着重对经济管理学院相关专业进行“双碳”意识教育（见表2）。

表2　各学院学生认为我们每个人的行为能够为实现碳达峰碳中和目标贡献的影响

专业	关键的影响（人）	微乎其微的影响（人）
安全工程学院	45	4
机械工程学院	114	12
经济管理学院	335	57
未注明	24	6
新材料与化工学院	108	8
信息工程学院	240	17

五、培养体系解决

（一）课程及教研团队安排

1. 专业链接方向划定

本着专业性投产原则，我们将培养体系与专业结合起来。政策依托课程发挥人才导向作用，真正培养可持续发展型人才。专业与“双碳”政策结合，可分为以下三类：

第一类是专业相关性强的工科专业，例如环境工程专业、化学工程与工艺专业、新能源科学与工程专业等专业。针对这类专业性与可持续发展理念关联较强的专业，我们计划开展多层次多维度的形势与政策课。课程更倾向于教授如何将政策运用到实际生产生活当中，切合实际地训练大学生的“可持续发展”专业技能，深度培养专业性强的大学生的“双碳”思想。

第二类是与专业关联性较弱的综合性管理性专业，此类专业学生相对外缘、对于“双碳”政策预估值较低，例如大数据管理与应用专业、物流管理专业等专业。对这类专业我们计划拓宽的“形势与政策”课广度，发挥专业广度优势，培养学生的创新思想，结合专业构建创新型可持续发展人才。

第三类是文科专业，例如会展专业。针对这类专业，可以将绿色发展理念充分结合，以培养学生人文素质为主，深化思想教育。

2. 教研团队安排

培养体系依照“形势与政策”课教学大班模式，进一步细化以专业划分中班，以高分子专业21级为例，存在高211、高212、高213三班组合为教学中班。互通性较强的专业可由教研小组提议培养体系教研中心决定合并教学。教学班中以6人左右为一组建立课堂小组，设立专项课堂小组单位平时分，增强课堂小组统一性、牢固性，至少每月一次小组作业，题材可为报告、答辩、微作品。

根据各学校教研需求开展指标额定的自主选拔会，设定所需专业教师与政策教师数量，第一阶段发布通知自主报名，择优选拔满额为止；第二阶段若名额剩余则采用指派方法安排教学。对教研小组教师针对性地开展培训会，使教师成为教学体系里拥有“双碳”思维的第一梯队。

3. 评选标准机制

（1）“平时讲‘双碳’才能专业教‘双碳’”

日常教研考核，将普通教师日常开展的包含“双碳”和ESG评价体系的专业教育、研究项目、科研成果作为担任教研小组重要考核指标，促进“双碳”和ESG评价体系投入日常教学和科研。

（2）“思想有‘双碳’才能高效讲‘双碳’”

对于素质考核，将“双碳”和教师教学方案考核创新性结合，使其成为评价教师是否具有“双碳”人才培养意识的指标。在教学上，学校结合专家指导，构建以形势与政策课程教师为核心，多专业教师思想专业化培养的网络，在“形势与政策”课教师拥有专业化技能和专业化思想的基础上，结合网络反馈，完善教学体系。

4. 教师福利、奖励机制

添加培养体系教学，必然会增加教学任务和教学压力，有必要提高教师工作积极性方面，本项目提出以下福利、奖励机制。

其一，对于担任教研小组的教师，赋予额外教师职称，额外职称不受教学、科研、行政类型和职称等级影响，与原始职称并列，用于表明教师的特殊工作奉献和工作经验，可根据额外职称适当提升绩效工资。

其二，对于担任教研小组的教师，依据培养体系教学中所增加的课时额外获取不低于工资时薪150%的奖金。

其三，对以上方案可任选执行或并行。

以学期为单位对教研小组的教师进行考核，在素质考核基础上，考核教学成果，由培养体系教研中心和学校其他相关机构共同评定，考核不通过者取消下一学期额外职称资格以及教研小组任职资格。

（二）成绩考核及评奖安排

根据调研结果显示，学生需求直接关联学分绩点和奖励机制来提升培养体系教育的重要性。本项目制定“绩点+‘双碳’”和“绩点+ESG”的考核奖励形式和培养体系争优大赛。具体实施方案如下。

1. 学分设置

培养体系教学运行后，在原有课程学分的基础上，额外增加0.75学分，培养体系教学下“形势与政策”科目学分为1（“原始0.25+额增0.75”）。

2. 平时分安排

日常学生进行相应“双碳”、ESG专项教学内容，经教师评定可单独结算学分，学分来源于额外增加的0.75学分。

3. 学期结课分安排

每学期“形势与政策”课的结课论文将设置一个可选的有关“双碳”或ESG评价体系的结课论文评选，设置教学班人数30%的获奖名额，经过不同教师交互式评比，获奖者可以直接在形势与政策科目增获0.5绩点（加满至1绩点为止），并且会给予第二课堂上5分创新创业积分。

4. 学年竞赛安排

每学年举办培养体系争优大赛，比赛可上升开展至省部级和国家级。大赛由培养体系教研中心评选，由学校教务处等相关部门和培养体系教研中心颁发荣誉证书。

根据比赛成绩和平时成绩进行综合排名，设置一二三等奖、优秀奖和入围奖，凡是参与比赛者皆可获得奖品。

（三）实践教育方案

为确保不额外增加学生任务，可以将政策实践教育与现存的暑期、寒期社会实践、工程实践等相结合。初期以鼓励动员学生参与社会实践、工程实践等实践教育为主，后期可逐步提升实践教育的地位与要求，将其作为“形势与政策”的一项必修课程。

1. 校外实践以及 ESG 测评

第一部分是实践活动的外部开展，包括地方组织、企业的沟通与交流以及 ESG 评价体系的考察。每学期至少组织一次实践教育，各专业教研小组挑选符合专业、“双碳”教育进度、ESG 评价能力的优质实践地点，由各校院学生工作部等相关部门和培养体系教研中心联系地方党委，在地方党委的支持下参观地方企业。

学校各级组织配合培养体系教研中心，向报名学生简单介绍经营范围，企业文化等基本信息。由教师带队，以教学班为单位构成实践团队，以学院为单位分为实践中心，由企业相关负责人陪同参观、考察企业。

其间学生主要收集数据、纰漏信息，参考、学习、分析企业管理策略、监督流程、生产规划，思考“双碳”政策与企业部门之间的联系。教研小组在实践过程中对地方企业进行 ESG 测评，检验教学成果，帮助地方了解企业“双碳”战略落实成效，增进校地、校企长期合作。

2. 校内成果转化

第二部分是活动的内部开展，包括整理所需材料、书写实践报告、举行答辩等公开活动。在实践活动结束之后，可以采用布置小组任务的方式，通过拍照或者录视频（在允许的情况下）等途径，将实践后的感悟及时转化为教学成果，整理活动中所获得的实践材料，认真撰写实践报告，可以举办答辩会等公开活动，将个人的经验进行分享讲解，还可以对参与活动的学生进行问卷调查，了解学生对实践活动的意见和看法。随后在教师的指导下总结经验，思考制定下一学期实践目标。由各级团学工作组织在微信公众号做推送，对外公布实践成果。

3. 实践奖励机制

第三部分是实践活动的奖励机制，包括学分绩点增改、评优竞赛评奖。这部分需要积极配合的部门：学生工作部，各级团学工作组织，实践地政府，实践地单位、企业、个人及其他群团组织。基于学生上交的实践报告以及实践中的行为表现进行审核评价，给予参与者一定的基础学分，优异者则可以获得更高的学分，可视情况给予绩点加分。选取认真、优秀、有思想高度和思维先进的学生予以评奖，增强学生的积极性。

六、可行性分析

（一）政策可行性分析

根据培养体系构建方案，该实践教育方案需实现政府、企业、学校“三位一体”，政府开展校企合作专项工作，出台相关合作政策，使高校人才在市场中流通，真正做到将人脉注入社会，将发展融入课堂。与此同时，国家应为高校学生提供“双碳”相关行业顶尖专家进行专业培训，将“双碳”理念和 ESG 系统相结合，根据学生专业的特性，提供“双碳”个性化教学，使学生将“双碳”同专业相结合，为社会提供可持续发展型人才。

根据培养体系构建方案，针对培养体系的额外教育经费是社会可持续发展人才培养的关键，国家应设立专项“双碳”战略教育经费，满足培养体系教研团队建设所需费用，用绩效、福利等奖励措施不断吸引优秀教师为学生开展“双碳”、ESG 专项化培训。

（二）社会可行性分析

根据培养体系构建方案，企业要积极参与校企实践合作，大力支持学生进行社会实践，将课堂内容应用于社会，将最新可持续措施带入课堂，将低碳理念投入生产，优质的培养体系是可持续发展性社会人才养成的先决条件，

“企业为教育铺路，就是为自身人才获取铺路”，使学生切实体会“双碳”政策与专业管理、生产的密切联系，提供充分的实训培养条件，培养更多可持续发展型人才。

北京经济技术开发区：创新引领产业发展的典范
——北京经济技术开发区区史馆参访记

谢　焓　肖黎宪*
（指导教师：张　祥）

2023 年 5 月 25 日，张祥老师带领我们到北京经济技术开发区区史馆考察学习。到了目的地后，工作人员的详细讲解，让我们对亦庄有了更深刻的认识和心得体会。

首先，我们了解到亦庄的历史进程。自 1992 年设立以来，北京经济技术开发区（亦庄）始终站在时代的前沿，以创新引领产业发展的战略视角，不断推动实体经济的繁荣和科技创新的突破。亦庄的产业发展之路，既展示了地区坚持科技创新和高质量发展的决心，又成为首都全国科技创新中心建设的璀璨亮点。

之后，在工作人员的带领下我们了解到亦庄的经济和科技发展已经取得了令人瞩目的成效。在考察过程中，我注意到该地区的产业结构比较多元化，涵盖了电子信息、生物医药、新能源等多个行业。其中，电子信息产业是亦庄的主要产业之一，其产值占比较大，尤其是人工智能、物联网等新兴技术领域的发展非常迅猛。这些新兴产业的快速发展不仅为该地区的经济增长注入了新的动力，更为产业结构升级和转型提供了有力的支撑。此外，亦庄还积极推进产学研一体化，促进科技成果转化和应用。区内企业爱思益普就是

* 谢焓，北京石油化工学院信息工程学院大数据 222 班学生；肖黎宪，北京石油化工学院信息工程学院大数据 221 班学生。

典型代表。该公司前瞻性布局新药发现靶点，形成了国内最大的药物筛选靶点库，同时拥有专业的生物学研究服务能力，帮助客户降低研发成本和缩短研发周期。正是这种以创新引领产业发展的战略选择，让亦庄在科技创新领域取得了重要成就。

其次，我们对该地区的科技创新环境和能力也进行了研究学习。我们了解到亦庄是北京市的重要科技创新基地，有多家国内外知名企业和科研机构进驻，如百度、华为、中科院生物医学工程所等。这些企业和机构在技术创新方面的投入和成果非常显著，表明该地区在科技领域的实力和竞争力较强。开发区把绿色可持续发展作为永恒追求，牢固树立“绿水青山就是金山银山”的理念，坚持“高端、高效、高辐射力、低能耗、低排放”的发展理念，全力建设生态文明建设的引领区、宜业宜居的绿色新城，入选全国首批“无废城市”试点。

除此之外，我们还了解到亦庄能够持续推动创新引领的产业发展，离不开优质的营商环境和政府的大力支持。亦庄始终坚持深化改革、优化营商环境的原则，积极发挥政府的作用。通过制定和实施一系列鼓励企业发展的政策措施，如税收优惠、融资支持等，为企业提供了良好的发展环境和支持。同时，政府还积极与区内企业和科研机构合作，建立了一批技术转移中心和创新创业基地，为科技成果的转化和应用提供了良好的平台和渠道。这些举措进一步推动了亦庄的产业繁荣和科技创新。

综上所述，亦庄具有得天独厚的区位优势和良好的发展前景，同时也存在着发展中需要解决的问题和挑战。未来，亦庄将继续深化改革，推动创新引领的产业发展。作为北京市的重要科技创新基地和战略性新兴产业的重要载体，亦庄将继续发挥其产业优势和创新潜力，在构建现代产业体系、提升创新能力等方面取得更多突破。同时，亦庄还将继续加强与国内外知名企业和科研机构的合作，通过引进高端人才和创新团队，推动关键技术的研发和应用转化。通过回顾亦庄的历史和发展道路，我们可以看到一个产业发展的典范在不断崛起。从最初的“小红楼”到现在的科技产业重镇，亦庄的成就令人瞩目。未来，亦庄将继续深化改革、推动创新引领的产业发展，实现更多突破和创新。让我们共同期待亦庄的未来更加辉煌！相信在未来的发展中，亦庄将继续引领科技创新和产业升级的潮流，为推动首都全国科技创新中心建设贡献力量!

参观学习的时间很快就过去了，但带给我们的感受却深入心中，我们不仅看到了“亦”马当先的发展宏图，同时也相信亦庄经济技术开发区就会像这次考察的结束语那般：奋斗成就伟业，梦想凝聚力量。参观时有一块内容写着这样一段话：“今日开发区，是一代代开发区人秉承拓荒牛精神、持之以恒砥砺前行的结果，是一批批开拓者舍小家顾大家、驰而不息改革创新的结果，是政企相融、携手同心、同行同向的结果。明日开发区，将始终坚持党的优良传统与时代精神相融合，以奋斗者为本、以奋斗精神为纲向着亦庄新城再出发。”我们作为新时代的大学生，要深刻认识到我们的未来不仅仅是属于自己的，更要与国家相联系。因此，只有更加努力地学习和实践，才能够不断提高自己的综合素质和创新能力，成为德才兼备的新时代人才。同时，我们需要关注社会发展的趋势和尖端科技的发展，掌握当前社会的前沿知识和技能。要善于思考和运用大数据、人工智能、物联网等新技术，将其应用于实际生产和生活中，为社会创造更多的价值。在学习和工作中，要保持谦虚、进取、创新的态度，始终保持积极向上的心态，不断提高自己的专业知识。要认真对待自己的梦想，并为之不懈努力，让自己成就自己，为创造美好的社会和未来奉献自己的力量。

“红色摇篮”新生演讲比赛演讲稿选录

百年青春心向党　矢志建功新时代

殷　源*
（指导教师：初景波）

光阴似箭，日月如梭，距离中国青年学子集体罢学游行示威的那个春天，已满百年。百年之间，中国已然崛起，如今境遇早已不可与1919年同日而语。我们从中得到的，不仅是一次外交场上的胜利，更是青年精神的一次爆发，东方雄狮在苦痛中惊醒，爆发出巨大的力量。

关于青年精神，李大钊说："青年者，人生之王，人生之春，人生之华也。"百年前的中国，在国际上处于一个极不起眼的地位，可供他人肆意剥削、玩弄。我们的国人也并非全像鲁迅先生笔下那般麻木，亦有这样一批青年人在当时无边无际的黑暗中寻找着些许方向。

青春是划破天宇的流星，虽然绚丽却很短暂；青春是一棵常青树，永不凋零；青春是一段路途，一段人生的路途，无论长短总会消逝。在我看来，青春不只是人生的一段历程，更是一种无所畏惧的心态，一种对世界的无限向往。

在中国，马克思主义与国情社情相结合、与时代发展同进步、与人民群众共命运，焕发出强大的生命力、创造力、感召力。中国青年运动100多年来的历史同样证明，一代代青年在党的科学理论指导下，睁眼观照世界，勇攀思想高峰。

青年，不愧是中国革命的燎原火种，中国大厦的不锈钢钉，中国故事的

* 殷源，北京石油化工学院信息工程学院物联网201班学生。

青春注脚！

青年兴，则国家兴；青年强，则国家强。党的十八大以来，习近平新时代中国特色社会主义思想成为全党全国人民为实现中华民族伟大复兴而奋斗的行动指南。习总书记的嘱托久久在耳畔回响：“新时代中国青年要勇做走在时代前列的奋进者、开拓者、奉献者，毫不畏惧面对一切艰难险阻，在劈波斩浪中开拓前进，在披荆斩棘中开辟天地，在攻坚克难中创造业绩，用青春和汗水创造出让世界刮目相看的新奇迹！”

就像在如今的大学生活中，我们不仅要积极完成自己的学业，还应积极参加各种竞赛项目丰富课余生活，并争取早日加入中国共产党。有的青年不忘初心，如快递小哥雷海为在繁忙的工作之余仍能坚持读诗诵词，在中国诗词大会中一举夺冠。正是诗词的熏染，让他在漫游文学之际，懂得了何以为人，为人以何。在这个浮躁的时代，青年静心制欲，方能不迷失自身，从而以自强不息。

鲁迅先生曾经说过，愿中国青年都能摆脱冷气，能做事的做事，能发声的发声。有一分热，发一分光，就像萤火一般，不必等候炬火。因此，我们所要做、所能做的就是从此刻开始，好好把握、利用我们的青春，在自己的人生路上发光、发热，即使不够光亮，不够炽热，我们也要用实际行动践行我们无悔的青春，为祖国的建设奉献我们的青春年华！

百年青春心向党，矢志建功新时代。时代赋予我们责任，我们创造荣光时代。作为新时代的新青年，我们应尽己所能，心怀天下，怀揣激情与梦想。今天，我们比历史上任何时期都更接近、更有信心和能力实现中国梦。今天，我们比历史上任何时期都更加信念坚定，更加斗志昂扬。

新时代青年更应自强不息

宋　赛*

（指导教师：崔子修）

尊敬的各位领导、老师，亲爱的同学们：

大家上午好，我是机械工程212班宋赛，今天我演讲的题目是《新时代青年更应自强不息》。

2019年暑假，我有幸随队参观了刘公岛甲午海战纪念馆、日俄监狱旧址，直观而又深刻地认识到了近代以来祖国大地的沉痛苦难和那段近代海军的悲壮历史。一百多年前黄海上浓烟滚滚、炮声隆隆，由于装备的落后，北洋水师全军覆灭。致远舰不愿沉默，直接撞向敌方军舰。一位将领有言：虽我泱泱大国力不从心，但吾辈的精神绝不泯灭！而就在前年，山东舰雄踞海南，电磁弹射技术也即将在04舰上应用。人民军队的规模日渐壮大，技术越发先进。东方雄狮，已然苏醒。

可眼下时局动荡、战乱频发，就在2021年8月，阿富汗局势突变，美国再一次上演了“西贡大逃亡”，无数亲美的阿富汗人，无数在阿富汗的美国人被无情抛弃。又想起2015年的也门撤侨，以及2020年疫情时祖国包机迎接同胞回家等类似事件，千言万语全部汇成一句话：生于华夏，何其有幸。但国旗下的盛世来之不易，今天这震惊世界的辉煌是无数中国人民奋斗而得。生于华夏，每人都有机会绽放生命的光彩，可我们必须清楚地认识到，只有我们每一个人都将前途命运与祖国牢牢拴在一起时，光明的前途才会出现在

* 宋赛，北京石油化工学院机械工程学院机212班学生。

不远的前方，唯有对国家和社会作出贡献，幸福才会出现在未来的旅途。斯为泰山而不骄，我们都是泰山。刚刚步入大学的我们，也应心怀家国，追随光并发散光，积极投身创新实践，努力成为“思想纯良有品质、科学素养有内涵、技艺精湛有特色、攻坚进取有胆识”的新一代北石化人。

“青年一代有理想、有本领、有担当，国家就有前途，民族就有希望。”东京、巴黎奥运会的举办，让世界看到了众多中国优秀青年。与此同时祖国大陆上的消防官员、武警官兵中也不乏青年人，还有默默无闻的航天科研人员，冒着生命危险挽救病人生命的医护人员，青年人如初升之朝阳一般光芒四射。

一百多年来，党始终践行初心使命，团结带领全国各族人民绘就了人类发展史上的壮美画卷。此时，我们比历史上任何时期都更接近、更有信心和能力实现中华民族伟大复兴的目标。同时，我们必须清醒地认识到，中华民族伟大复兴绝不是轻轻松松、敲锣打鼓就能实现的，前进道路上仍然存在可以预料和难以预料的各种风险挑战。同学们！时代重任已然落在我们肩上，中华民族伟大复兴就在眼前。这需要新时代青年共同奋斗，更需要在座的各位加倍努力。少年智则国智，少年强则国强，吾辈中国新时代青年，应以崭新的姿态迎接未来的种种挑战，继续考出好成绩，在新时代新征程上展现出当代青年的新气象，新作为。

我的演讲结束，谢谢大家。

迎接党的二十大　学做新时代大学生

王可萱*
（指导教师：初景波）

尊敬的老师，亲爱的同学们：

大家好！我是药221班的王可萱，今天我演讲的主题是"迎接党的二十大，学做新时代大学生"。

首先，我想向大家提出一个问题：什么是二十大？搜索百度相关结果多达五千四百多万条——他们分别解答于山东青岛，香港九龙，新疆克拉玛依，台湾屏东等全国各地。那么究竟什么是二十大呢？二十大是指中国共产党第二十次全国代表大会，是我们党进入全面建设社会主义现代化国家、向第二个百年奋斗目标进军新征程的重要时刻所召开的一次十分重要的代表大会，是党和国家政治生活中的一件大事，其精神要义可以概括为以史为鉴，开创未来，埋头苦干，勇毅前行。

于是我们回首祖国发展历程，历史像是接力赛的跑道，传承着中华民族伟大复兴，一代人有一代人的长征路要走，而几代中国青年都做着同一个梦，那便是让我们的祖国走向繁荣富强，让我们的人民获得幸福和安康。无数仁人志士在历史洪流中标注成长坐标，从五四运动时为国家前途命运振臂高呼的新青年，到战争年代浴血奋战的英雄儿女；从新中国初期奔赴各地支援经济建设的毕业生，到改革开放时期下海创业的追梦人；从脱贫攻坚战场上飞扬青春的青年干部，到疫情一线逆人流而上的白衣勇士……

* 王可萱，北京石油化工学院新材料与化工学院药221班学生。

有先贤抛出慨叹——你说，今天我们做的事情，以后会有人记得吗？答案自然是，会有！一代代中国青年以青春之我、奋斗之我，为民族复兴铺路架桥，为祖国建设添砖加瓦，谱写一曲曲雄壮的青春之歌，无一不彰显着“青年向上，国家向前”。因而我们说，一个国家和社会活力的迸发，离不开朝气蓬勃的青年。

正如习近平总书记在中国人民大学考察时强调，要坚持党的领导，传承红色基因，走出一条建设中国特色世界一流大学的新路，而这使命的承载者便是我们新时代大学生。又如《新时代的中国青年》白皮书指出的，新时代中国青年生逢中华民族发展的最好时期，我们的未来将融汇于中华民族伟大复兴的新征程，这是一个大有可为的时代。要求我们新时代大学生素质过硬、全面发展，将树立正确的思想、坚定的信念作为立身之本，不断提升知识素养，积极主动参与社会实践，坚守永久奋斗的光荣传统，努力成长为堪当民族复兴大任的时代新人。

驻足北石化，学风“宁静致远，务本维新”，教师敬业爱岗，学子勤奋自强，是对天职的坚守，是对求学的渴望，是对梦的追寻……近五十年办学夯铁证，满园桃李芬芳淬真魂！这是北石化无价的精神财富，亦是我们作为新时代大学生焚膏继晷、不懈奋斗、破茧成蝶、华丽蜕变的精神动力！

有人说这世上，最无法撼动的是时间。可我要说，最坚毅执着的，是新时代党领导之下，万万中国青年的信仰，由先人开拓，荡涤今日之后来者，启迪未来之继承者。一少年曾说过，热爱各有不同，青年本该如此，每一代逐日移山的青年，都有自己奋不顾身的热爱，每一份炽烈的热爱，都值得被用心对待。

演讲结束之际，我想以《共青春》主题曲歌词作结：承风骨亦有锋芒，有梦，则刚。去何方，去最高的想象，前往皓月星辰，初心不忘。那未来如何登场？我们青年人，便是未来的模样！

我的演讲完毕，谢谢大家。

勇立二十大浪头　奋追蔚蓝中国梦

胡瀚文*

（指导教师：初景波）

尊敬的各位老师，亲爱的同学

大家好！我很荣幸能够为大家带来今天的宣讲，我是来自致远学院222班的胡瀚文。今天我的宣讲主题是——勇立二十大浪头，奋追蔚蓝中国梦。

中国共产党第二十次全国代表大会于2022年召开，而2022年恰好也是我们新时代新征程中具有特殊意义的一年，2022年我们成功举办了“完美，神奇，让人一生难忘”的冬奥会以及“身残苦练志无敌，斩获金牌升国旗”的冬残奥会。身为新时代青年的我们，该如何从二十大中汲取成长的营养与追梦的勇气呢？

我仍记得上小学时的自己拿起了一本红色的书籍，当时囫囵读过，脑子只留下“共产”“革命”“信仰”的只言片语。后来，长大后的某天深夜，我找到了一本《中国共产党人的故事》，“特级英雄黄继光，战旗依旧火样红”“钢铁战士麦贤得，永做革命螺丝钉”“铁人王进喜，拼命拿下大油田”，我的血脉随着一个个的传奇故事渐渐沸腾，我第一次感到自己的心与共产党靠得如此之近。后来，在国家芯片技术受制于人时，我在想，如果可以，我能为国家做点什么？我坚定地告诉自己：我可以是祖国成功背后平凡的一员，但不可以是祖国发展进程中平庸的局外人。

所以我来到了北石化，选择了智能制造专业，我想为中国制造向中国智

---

* 胡瀚文，北京石油化工学院致远学院致远222班学生。

造的转变贡献一份我的力量。在我看来，新工科实验班是一个将基础专业课知识与人工智能知识相交汇融合的集体，是北石化向人工智能化未来趋势发展的创新尝试，作为智能制造班级的一员，我需要不断强化自己的数学信息处理能力、数学模型构建能力以及信息编程能力和工程实践能力。所以，大学对我来说不是一个放松自己的地方，而是我向智能工程师进修的一个重要的起点，新工科实验班则是可以为我持续赋能的能源之地。智能化是一把必不可少的钥匙，而我们需要用这把钥匙去开启未来的大门。

同学们，回首苦涩往昔，我们要感谢前辈们的辛苦付出，他们为如今中国的成就埋下基石；展望红色未来，既然我们相聚在北石化巍巍学府，当围绕“学党史，悟思想，办实事，开新局”来思考如何绽放自己耀眼的青春，当响应首善之区工程师摇篮的“党建引领，育人为本，双轮驱动，内外支撑”的发展战略。蓦然回首，我们的泪水不会蒸干在地上，而是作为蔚蓝的结晶，凝聚到瑰丽的中国梦中，构成我们心灵的栖息之处。

磨锋出宝剑，苦寒成梅香，望诸位勇立时代潮头，丹漆随梦，终见——奇迹之红！

我的演讲完毕，谢谢大家！

迎接党的二十大　做时代新青年

刘梦宇*
（指导教师：崔子修）

尊敬的各位老师、亲爱的同学们：

百年前，中国共产党第一次全国代表大会在上海、嘉兴举办。在那一次，确立了党的名称为“中国共产党”。百年之后，我们党从 50 多名党员发展为 9000 多万名党员的世界第一大党，这几乎相当于许多小国的总人口数，这个成就是惊人的，是前所未有的。在这庞大的党员背后是 14 亿群众与青年团员的支撑，中华民族从站起来、富起来到强起来取得了举世瞩目的伟大成就。

回首党的成立之初，抗战期间，有一位女游击队员，她勇敢、善战，她的名字让敌人闻风丧胆。一次激战中，她不幸中弹被俘，审讯她的日本军官用尽手段折磨她，可她至死都没有说出和部队有关的任何信息，她就是青年党员赵一曼，18 岁参加革命，30 岁英勇就义，她把人生最美好的青春贡献给了党，贡献给了中国革命。

百年征程波澜壮阔，百年初心历久弥新。2019 年 8 月 10 日，在抗击“利奇马”超强台风抢险救援时，年仅 33 岁的党员李夏英勇牺牲。李夏同志对党忠诚、信念坚定，扎根奉献皖南山区，他心系群众，随叫随到，当地群众都知道“有事情、找李夏”，贫困户称赞他“比自己孩子还要亲”。他多次放弃到县直机关工作机会，甘于在最艰苦、最偏远的乡镇基层奋斗青春，勇于在抗洪抢险等急难险重任务中冲锋在前。他的先进党员精神，既是来自历史的

* 刘梦宇，北京石油化工学院经济管理学院物 222 班学生。

回响，更是新时代的心声，时间的长河川流不息，不管什么样的历史机遇，都会有人正值青春！

2022年，党的二十大在庄严而神圣的人民大会堂召开。此次会议，是在进入全面建设社会主义现代化国家新征程的关键时刻召开的一次十分重要的大会，将科学谋划未来五年乃至更长时期党和国家事业发展的目标任务和大政方针，事关党和国家事业继往开来，事关中国特色社会主义前途命运，事关中华民族伟大复兴。明确宣示党在新征程上举什么旗、走什么路、以什么样的精神状态、朝着什么样的目标继续前进，对团结和激励全国各族人民为夺取中国特色社会主义新胜利而奋斗具有十分重大的意义。我们要深刻认识到，党的二十大将是党的奋斗历程中又一次承前启后、继往开来的大会，大会的胜利召开标志着中国共产党的历史掀开新的篇章，中国特色社会主义迈上新的征程，中华民族伟大复兴展现出新的前景，为我们做好当前和今后一个时期的各项工作进一步指明方向、提供根本遵循。

为迎接二十大，习总书记对我们寄予了深切的期待，让我们要做敢于有梦，勇于追梦，勤于圆梦的新时代青年，我们作为新时代的大学生，更是要担当起这份重担！

说起梦，我们不如落实到中国实际，也就是中国梦。中国梦，需要我们在历史的浪潮中不断前进，把梦转变成现实。中国梦将头脑中的虚幻和我们扎根的大地相连结。为实现中国梦，在党的二十大召开之际，青年要借此契机，学党史，感党恩，听党话，跟党走，以昂扬的斗志和饱满的精神迎接党的二十大胜利召开。

人无精神不立，国无精神不强，新青年需谨遵习近平总书记的教诲，发挥斗争精神。斗争精神是先辈先烈们留给我们的宝贵精神财富，是中华优秀传统文化不可分割的重要组成部分。斗争本领不是与生俱来的，而是在经受严格的思想淬炼、政治历练、实践锻炼中获得的。艰难困苦，玉汝于成。

新时代的伟大斗争，是场不断破解矛盾难题的社会革命，是一场直面问题的自我革命。青年作为国家的希望，民族的未来，要加强思想淬炼、永葆斗争本色，舍弃“佛系”心态、抛弃“躺平”姿态，发扬“越是艰险越向前”的斗争精神，以“咬定青山不放松”的韧劲和“不破楼兰终不还”的决心，不断在思想洗礼中“补钙铸魂”，做坚定理想有信念，发奋学习，知行合

一、本领过硬的有识青年。

青年兴则国家兴，青年强则国家强。青年一代有理想、有本领、有担当，国家就有前途，民族就有希望。中国的未来，期待青年创造新的青春辉煌。党在召唤，时代在召唤，只要新时代的青年们以发挥青年的智慧、风采和力量，相信一定能够乘风破浪、再创辉煌！

青春逢盛世　扬帆正当时

范建新*
（指导教师：初景波）

尊敬的各位领导、各位评委老师、现场的观众朋友们：

大家晚上好！我是机械工程233班的范建新。今天我演讲的题目是《青春逢盛世　扬帆正当时》。

我们今天已经听了很多特别严肃的演讲了，让我用一个颇为轻松的对话来开始好吗？相信在座大多的听众都想过一件事：周末怎么好好犒劳自己。于是乎大家考虑着是去看美丽的风景，还是去吃想吃的美食。无聊时，大家习惯性地打开朋友圈，就能看见各种美图：“看一场梦寐以求的演唱会”“在和大家一起聚餐”“独自欣赏着美丽的日落”，我们下意识地认为这是一种理所当然的生活状态，在一部手机里去感受着这个世界的繁华喧闹。我们在一个信息每天扑面而来的时代，我们每一天就这样进进出出，赶集似的往前走，生怕错过什么，我们自我欣赏着自己的时尚，但这种时尚真的是我们所追求的吗？有着这样一句话：青春，意味着无限可能。在《新时代的中国青年》白皮书中有这样一组数据：北斗卫星团队核心人员平均年龄36岁，量子科学团队平均年龄35岁，中国天眼FAST研发团队平均年龄仅30岁。一批如此青春昂扬的队伍，却挑着大梁、担着重任，因为科研正是属于他们的时尚。自古以来，人们抬头仰望着浩瀚的宇宙夜空，寻找北斗七星来辨别方向，而现在，北斗系统将接过北斗七星的接力棒，在太空中指引着每一个中国人。这

---

* 范建新，北京石油化工学院机械工程学院机233班学生。

一切的一切，不是理所应当的，也从来不是唾手可得的。鲁迅说，人既发扬踔厉矣，则邦国亦以兴起。鲁迅是在对我们青年说，青年强则国家强。然而我们的关心逐渐从自我的成长转移到外面的那些琐事上去，然后相互点点赞，相互评论。如果大家都将自己的格局局限在这样一种琐碎的状态里，我想再宏伟的志向也只是纸上谈兵。你每天都接受着来自四面八方的信息碎片，刷刷抖音，翻翻微博，你似乎什么都知道，但是若有一个真正关乎你命运的大问题放在你的面前，请问你能真正地回答吗？或许我们都病了，我们喜欢蜷缩在琐碎的时间碎片里，我想，我们需要扬起船帆启航了，即使大海仍旧波涛汹涌，即使这个时代并不完美，即使我们并非生而无畏，但我们依旧选择无畏。在如此喧嚣的时代，给自己的内心一点时间，学会背起一些东西，承担一些使命，相信你的光亮足以驱散海上的迷雾。

谢谢！

争做新时代好青年　书写青春奋斗答卷

马周周*
（指导教师：史建智）

尊敬的各位老师，亲爱的同学们：

大家好！我是来自环233班的马周周，今天，我演讲的主题是“争做新时代好青年，书写青春奋斗答卷”。

士不可以不弘毅，任重而道远。习近平总书记在党的二十大报告中指出，“青年强，则国家强”，“当代中国青年生逢其时，施展才干的舞台无比广阔，实现梦想的前景无比光明”。这些论述对新时代青年提出了殷切期望，是广大青年成长成才的重要遵循。在党的二十大的光辉中，世界目光聚焦中国，历史重任赋予青年。

每个时代都是一本书，每一页都有属于青年人的篇章。清末，帝国主义瓜分中国。青年刘步蟾赴英留学深造，他说，此去西洋，深知中国自强之计，舍此无可他求。背负国家之未来，求尽洋人之科学，赴七万里长途，别祖国父母之邦，奋然无悔。多年后，他以身殉国，换甲午海战后民族意识初觉醒。生于二十世纪竞争之时代，新文化青年运动者们作为初春朝日，他们拥护真理、解放思想，若无前人之接续奋斗，何来今人之安宁生活？

青年志存高远，就能激发奋进潜力，青春岁月就不会像无舵之舟漂泊不定。16岁的毛泽东离开韶山外出求学时留下“学不成名誓不还”的誓言；14岁的周恩来喊出“为中华之崛起而读书”，并在毕业赠言中写道“愿相会于中

* 马周周，北京石油化工学院机械工程学院环233班学生。

华腾飞世界时”……时代各有不同，青春一脉相承。

我的爸爸是一名退伍军人，记得在我很小的时候，妈妈带着我去内蒙古看望正在驻训的爸爸，那时候是冬天，环境艰苦、黄沙漫天，我爸把他自己的军大衣给我披着，我觉得这是我穿过最温暖的衣服。每次吃完饭我就安静地坐在我爸身边，听着士兵讲红色革命的故事，唱响嘹亮的军歌，一腔热血涌上心头。还有一次我放学回家，我的手冻得通红，家门口站岗的士兵把他的手套脱下来递给我，当时我就坚定长大后也要为人民服务。长大后，我严格要求自己，在军训时担任方阵的领队，当我站在主席台前敬礼时，我感到无比的光荣。

一代又一代的青年，无一不在尽自己最大的能力报效祖国。吾辈青年也是如此，我们肩负着国家的期待、民族的希望。身处在这个充满机遇的时代，我们都是初春的太阳，大家前景光明、前途无限。我们应该珍惜当下、不负韶华，敢于担当、敢闯敢试，在火热的青春中放飞人生梦想，在拼搏的青春中成就事业华章，在中国式现代化的新征程上贡献“四有”人才的智慧和力量。

我的演讲到此结束，谢谢大家！

争当“四有”青年　高扬奋斗之帆

刘芷轩*

（指导教师：何晓红）

亲爱的老师、同学们：

大家好！我是营232班的刘芷轩，今天我非常开心站在这里，与大家分享我对关于如何做新时代“四有”青年的心得和思考。

时代在不断变化，新时代提出了对青年的新要求。作为新时代的年轻人，我们要做到“四有”，即有理想、有本领、有担当、有作为。

首先，我们要有理想。理想是人生的航标，是我们前进的动力。新时代给予我们更广阔的发展空间，我们要有宏大的目标和追求。无论是个人的理想，还是对社会的理想，我们都应该秉持着追求卓越、努力进取的精神，不停止脚步，不断超越自我。

其次，我们要有本领。新时代的竞争激烈，只有具备扎实的知识和专业技能，才能在激烈的竞争中脱颖而出。我们要注重学习，不断充实自己的知识储备，不断提升自己的综合能力。但我们也不能“一心只读圣贤书”，也要做到“两耳听闻窗外事”。我们要关注时事热点，紧跟时代发展的脉搏，增强自己的综合素质。

再次，我们要有担当。天行健，君子以自强不息；地势坤，君子以厚德载物。担当是一种责任感和使命感，是对社会和他人的关心和责任。无论是工作中的责任，还是对家庭、社会的责任，我们都要主动担负起来。我们要

---

* 刘芷轩，北京石油化工学院经济管理学院营232班学生。

勇于承担困难和挑战，积极行动，为社会进步、人民幸福贡献自己的力量。只有承担起自己的责任，我们才能发挥出我们的价值。

最后，我们要有作为。新时代需要我们不断创新、不断实践，将自己的理想付诸实际行动中。我们要紧紧围绕国家建设的目标，为之贡献自己的智慧和力量。无论是在工作、学习还是社会实践中，我们都要做到敢于担当、勇于创新，实现自身价值的同时为社会发展作出贡献。

一百多年前，古老的中华大地诞生了中国共产党。播撒信仰的火种，点亮真理的强光。这束光，激发了井冈山上的革命理想，星星之火，可以燎原。这束光，照亮了长征路上的正确方向，雄关漫道，万水千山。这束光，辉耀了宝塔山上的民族希望，保卫华北，保卫黄河。这束光，映照了百万雄师横渡长江，天翻地覆，正道沧桑。而一百多年后的今天，这束光依旧照耀着我们，让我们在新时代不断前进，梦在前方，路在脚下。

亲爱的同学们，新时代赋予了我们无限的机遇和挑战。作为新时代的“四有”青年，我们是时代的希望和未来的接班人。让我们勇往直前，踔厉奋发，砥砺前行；积极建功新时代，不断展现新作为。为实现第二个百年奋斗目标，为实现中华民族伟大复兴的中国梦而努力奋斗！强国有我，请党放心！

我的演讲到此结束，谢谢大家！

论“躺平”与“四有”青年

陈鹏云*

（指导教师：初景波）

尊敬的老师、评委们，亲爱的同学们：

大家好！近几年，“躺平”一词成为部分人面对压力时的自我调侃。作为大学生，我们中有不少人迷茫过。

但是，现在，我们看到了党对新时代新青年的殷切期盼与要求——“四有”。从此，我们有了具体的人生规范与目标，我们对于成功的定义不再局限于经济富足，我们将更加注重我们自身的品德修养、思想深度、技艺水平以及创新胆识。“躺平”在此刻已经是下下之策，我们应该跟随党的脚步，以“四有”为要求，不断完善自我。

既然已经找到了出路，那就应当重拾“黄沙百战穿金甲，不破楼兰终不还”的气魄、“仰天大笑出门去，我辈岂是蓬蒿人”的壮志、“安得广厦千万间，大庇天下寒士俱欢颜”的胸襟、“先天下之忧而忧，后天下之乐而乐”的仁爱——这些我们作为新时代新青年应有的品质。同学们，我们现在距离中国富强繁盛的时代如此接近。我们在青春的年华里不应该颓靡，我们在奋进的时代里不应当退缩，中国的未来需要我们，这就是为什么我们要成为“四有”青年，这不只是为了国家和民族，也是为了我们共同的将来，那个所有共产党人向往的大同社会。

现在是向第二个百年奋斗目标进军的关键时刻，我们这一代人，生逢其

---

* 陈鹏云，北京石油化工学院机械工程学院机 232 班学生。

时，责任在肩。我们要高举中国特色社会主义伟大旗帜，坚持马克思列宁主义、毛泽东思想、邓小平理论、“三个代表”重要思想、科学发展观，全面贯彻习近平新时代中国特色社会主义思想，武装我们的思想，同时也要“文明其精神，野蛮其体魄”。

众人拾柴火焰高。同学们，让我们牢记党的嘱托，把个人成长进步融入全面建设社会主义现代化国家新征程之中，努力成为合格的新时代中国特色社会主义建设者和接班人。希望大家能够积极进取，为国家的建设，为社会的和谐，为民族的复兴贡献自己的一份力量。让我们一起为实现中华民族伟大复兴的中国梦而努力奋斗！

我的演讲到此结束，谢谢大家！

学习党的二十大精神
争当新时代“四有”青年

彭博豪*

（指导教师：张　祥）

尊敬的评委、亲爱的同学们：

大家好！今天我演讲的主题是“学习党的二十大精神，争当新时代‘四有’青年”。

党的二十大报告指出“青年强，则国家强”，“当代中国青年生逢其时，施展才干的舞台无比广阔，实现梦想的前景无比光明”，勉励广大青年要“立志做有理想、敢担当、能吃苦、肯奋斗的新时代好青年”。这些论述对新时代青年提出了殷切期望，是广大青年成长成才的重要遵循。

以理想照亮前行的路，做“眼中有光”的新时代好青年。理想是点亮人生方向的灯塔，指引人生方向，为一代代中国青年照亮前行的路。青年的理想关乎国家的未来，青年理想远大、信念坚定，是一个国家、一个民族无坚不摧的前进动力。青年志存高远，就能激发奋进潜力，青春岁月就不会像无舵之舟漂泊不定。时代各有不同，青春一脉相承。时间之河川流不息，每一代青年都有自己的际遇和理想，都要在自己所处的时代条件下谋划人生、创造历史。新时代中国青年处在中华民族最好的发展时期，只有树立远大的理想，才能“眼中有光”，照亮前行的路。无论社会怎么发展，世界如何变幻，青年都要树立远大的理想，把自己的“小我”融入国家和民族的“大我”，

* 彭博豪，北京石油化工学院信息工程学院物联网 231 班学生。

融入人民和人类的“大我”之中，用青春理想指引人生航向，让理想之光照亮青春奋进新征程的脚步。

以担当彰显初心使命，做“肩上有责”的新时代好青年。“士不可以不弘毅，任重而道远。”时代总是把历史责任赋予青年。在全面建设社会主义现代化国家、全面推进中华民族伟大复兴的新征程上，需要新时代中国青年坚守爱国初心、勇担历史使命，争做“复兴栋梁、强国先锋”。一代人有一代人的责任和抱负，一代人有一代人的使命与担当。新时代的十年，以习近平同志为核心的党中央统筹世界百年未有之大变局和中华民族伟大复兴战略全局，带领广大青年积极投身伟大斗争、伟大工程、伟大事业、伟大梦想波澜壮阔的实践中，谱写了一曲曲新时代的青春之歌。脱贫攻坚决胜之时，广大青年积极投身脱贫攻坚战场，用生命坚守初心使命的黄文秀将自己30岁的生命定格在扶贫路上。在乡村振兴一线，处处都活跃着青年人的身影，在乡村振兴中发挥着生力军作用。面对新时代新征程，广大青年要珍惜时代机遇、担负时代使命，在担当中尽责、在尽责中成长，勇做走在时代前列的奋进者、开拓者、奉献者，始终保持初生牛犊不怕虎、越是艰险越向前的刚健勇毅，努力使自己成为祖国建设的有用之才、栋梁之材，用肩膀扛起新一代青年如山的责任。

以吃苦锤炼过硬本领，做“手上有招”的新时代好青年。“青春虚度无所成，白首衔悲亦何及。”青年时期是苦练本领打好基础的阶段，也是增长才干的黄金时期。练就过硬本领不是轻轻松松、随随便便就能实现的，而是脚踏实地、刻苦学习干出来的。只有“艰难困苦”，才能“玉汝于成”。面对日益多元的社会需要和日益激烈的社会竞争，练就过硬本领必须能吃苦、敢拼搏。青年练就过硬本领，关键是加强学习，要真正把学习作为首要任务，作为一种责任、一种精神追求、一种生活方式；要如饥似渴、孜孜不倦学习，既多读有字之书，也多读无字之书。青年练就过硬本领，还必须要有健康的体魄和阳光的心态，要经得起风雨、受得住磨砺、扛得住摔打、接得住挑战。在陕北插队七年，习近平总书记说“七年上山下乡的艰苦生活对我的锻炼很大”。青年人选择吃苦也就选择了收获，选择奉献也就选择了高尚。青年时期多经历一点摔打、挫折、考验，有利于走好一生的路。新时代青年既要“文明其精神”，更要“野蛮其体魄”，因为少年强、青年强是多方面的，既包括思想品德、学习成绩、创新能力、动手能力，也包括身体健康、体魄强壮、体育精神。新时代青年要敢于吃苦，在吃苦中锤炼意志、强壮筋骨，历练能力、提高本领，在做好每一件小事、完成每一项任务、履行好每一项职责中增长本领。

以奋斗书写青春答卷，做“脚下有路”的新时代好青年。奋斗是人生永恒的主题。有奋斗、有创造、有贡献的人生才是有意义、有价值的人生。习近平总书记在多个场合指出：“中华民族伟大复兴，绝不是轻轻松松、敲锣打鼓就能实现的”，我们的“‘赶考’远未结束”。他反复强调“天上不会掉馅饼”，一定要“撸起袖子加油干”；不断告诫“我们现在所处的，是一个船到中流浪更急、人到半山路更陡的时候”，千万不能有“喘口气、歇歇脚”的懈怠想法；勉励大家“幸福都是奋斗出来的”“奋斗本身就是一种幸福”“奋斗是青春最亮丽的底色”，激励大家“伟大梦想不是等得来、喊得来的，而是拼出来、干出来的”。古往今来，任何国家的强大都离不开奋斗，个人要实现个人梦想也离不开奋斗。新时代是奋斗者的时代，也是崇尚奋斗、礼赞奋斗的时代。如今，我们的生活条件好了，但奋斗精神一点都不能少，青年永久奋斗的好传统一点都不能丢。新时代青年要把汗水洒在祖国的大地上，始终牢记“空谈误国、实干兴邦”。不仅要有仰望星空的家国情怀，更要有脚踏实地的实干精神。新时代青年要把国家利益与个人奋斗有机结合，让奋斗的青春始终与党和国家的发展同向同行，用脚步丈量祖国大地、用耳朵倾听人民呼声、用内心感应时代脉搏、用汗水凝聚中国精神，永远听党话、跟党走、感党恩，以理想者、担当者、吃苦者、奋斗者的姿态，诠释新青春、奋进新征程，让青春在全面建设社会主义现代化国家的火热实践中绽放绚丽之花。

作为新时代的青年，我们要牢记自己的使命和责任，不断提高自身素质和能力，为实现中华民族伟大复兴的中国梦而奋斗。让我们一起学习党的二十大精神，争当新时代“四有”青年！

我的演讲到此结束，谢谢大家！